A SELYEMÚTON

MIHÁLY MÁRTA

ENGLISH TITLE: On the Silk Road In China

The first part of the book narrates the historical background on which the continuity of the imperial Chinese state is based. The second part speaks of the people and their cultures, focusing on the historical times on the Silk Road. This book is offered as a primer to the Silk Road and travel guide from Beijing to Ürümqi.

ABOUT THE BOOK

"Kína a Selyemúton" könyvecske két részből áll. Az első a császárkori bőlcselkedéseket, vallási hagyományokat és azoknak társadalmi és művészeti hatásait tárgyalja. Ezek a folyamatos császári uralomnak az alapjai. A második rész művészetük valós, jellegzetes kínai szépségéről, a nők sorsáról és mindennapi emberi problémákról szól. A megfigyeléseim a kínai útazásom személyes élményeire épülnek. Sok kép beillesztésével probálom a mult hangulatát visszavarázsolni.

FEDŐLAP: selyemre festett pipacs

Ginkgo biloba 銀杏

KÍNA
A SELYEMÚTON

MIHÁLY MÁRTA

LONDON, CANADA – 2012

Scada
Publishing

Refer to this book as

Mihály, M.. 2012. Kína a selyemúton. SCADA Electronic Books. CreateSpace https://createspace.com/

Look for

Mihály, M. 2011. Vándorlások. SCADA Electronic Books. CreateSpace https://createspace.com/3691045

Mihály, M. 2011. Papago indiánok az óriás kaktuszok hazájában. SCADA Electronic Books. CreateSpace https://www.createspace.com/3680817

Mihály, M. 2011. Csíksomlyói zarándoclat. SCADA Electronic Books. CreateSpace https://createspace.com/3686469

ISBN 13: 978-1479163823
ISBN 1: 1479163821

Electronic book first published 2012

Bevezető

1995 nyarán Kinában voltam. Az utazást összekötöttük férjem tudományos munkájával. Lacinak ez a harmadik útja volt. Évek óta a harbini erdészeti egyetemnek meghívott professzora és szakmai tanácsadója. Ez alkalommal Pekingben a Kínai Akadémia Sinica vendége volt, előadott az 1995 International Congress for Ecological Modeling összejövetelén. A kínai nyelvet egyaltalán nem ismerem, sokszor éreztem hiányát, Kínában döbbentem rá arra, hogy milyen is irástudatlannak lenni! Borzasztó állapot! Hiába volt jó városi térképem, ha se a térkép címét, se az utca neveket nem tudtam elolvasni.

Toronto-ból repültünk Peking-be. Gyönyörű, tiszta volt az égbolt, csendes és rendkivűl látványos volt a légvonal. Jól láthattuk Alaszkát, a Bering-szorost, Szibériát és az Amur folyó vőlgyét is.

Be kell vallanom, hogy az 1956-os kivándorlásom előtt Kínáról igen keveset tudtam. Olvastam a Nagyfalról, láttam 2, vagy 3 fekete tusrajzot (kalligráfia) Budapesten. Ezek bambusznád hajtásokat ábrázoltak és cifra, kacskaringós írások szegélyezték a rajzot. Állítólag kínai festmények voltak.

A golyósszámológépet (abákus) is csak hírből ismertem. Sohasem számoltam rajta. Tudtam, hogy Kína hatalmas ország és sokan vannak, de soha nem láttam, vagy találkoztam egy élő kínai emberrel.

No, de érdekes volt hallani a nagyszülők, szülők és barátaik véleményét. "Sárga veszedelem"- ként emlegették a kínai népet. Gyerek lévén, nem tartották jó nevelésnek a felnőttek szavaiban kételkedni és nem volt szokás nyílvánosan kérdezősködni. Soha nem derült ki, hogy miért és hogyan voltak veszélyesek, hiszen nem találkoztak velük. Így a veszélyességük részemre titok maradt.

Tanulmányom mindenben igaz vetülete a saját tapasztalataimnak. Néha-néha igen bizonytalan volt az út, de sajnos ezek a kényelmetlenségek mindig útitársai az ismeretlen világ felfedezőinek.

A huszadik század politikai, társadalmi eseményeiről és művészetéről nem írok. Nem kerestem politikai jellegeket. Az őskínai bőlcselkedést, vallási hagyományokat és azoknak társadalmi és művészeti hatásai vonzottak. Igazából Kína múltja, élet-vallásfilozófiáik hatásai és az ebből sarjadzott jellegzetes művészetük után érdeklődtem. Természetesen ebben a keretben a kínai nők nehéz társadalmi élete és kűzdelmei vonzottak.

Nagyon kedveltem a sivatagok életvilágát, a homok gyors és csodálatos színváltozásait, ahogy a teve hátán, a Taklimakansivatag buckái között tevegoltam.

Értékes és valós volt a növények jellegzetes és mesteri formája, szinte csodával határosnak tetszett a vízgazdálkodásuk. Igazából ezek a sivatagok igazi bennszülöttjei. Életművészei a hirtelen, sokszor veszedelmes, jellegzetes légköri változásoknak és igazi mesterei a víztárolás titkainak. Csodáltam szívósságukat. Különösen értékessé változott az árnyék.

Örökre velem maradt a sivatag különleges meleget árasztó levegője, altatóan fárasztó csendje. Lustán elterült, tengerhullámzásához hasonló, aranyszínű, szinte hömpölygő homok tengerek felejthetetlen, amolyan mesebeli világot rajzoltak nekem. Békés, szinte romantikus környezetet varázsoltak. Új élményekkel és felmérhetetlenül sajátos élettani információkkal gazdagítottak. Szép, emlékezetes és igen értékes sivatagi biológia csodavilág volt ez.

Meghatódva látogattam az ősi buddhista barlangokat, imaházaikat és mecseteket. Békességet és nyugalmat éreztem a Buddha-t tisztelő, vagy Allah-t imádó emberek között. Ezek a társadalmak az egekben lakó ősi szellemek segítségével és a természettel karöltve fogadták örökbe Konfuciusz, Tao, majd Buddha alapeszméinek alkalmatosságait és az Egyistenség igazságait. Szerencsés társulásuk ötvözte a kínai emberek ősi civilizációját és a népesség természetadta nyugalmát.

Belső izgalommal, hatalmas tudás-vággyal és ahogy említettem, igen kevés valós információval szálltam le a peking-i repülőtéren. Viszont élményekben meggazdagodva tértem haza. Mindennap különleges és felejthetetlen volt. Találkozhattam az emberi méltóságok legszebb, legkifejezőbb és legkülönlegesebb módozataival. Szerencsém volt, hogy ott lehettem.

Láthattam, hacsak egy maréknyit is az őskínai sajátos művészeti alkotásokból. Belepillanthattam a bőlcselkedők világába, a gazdag vallásos filozófiák lemérhetetlenül erős és ma is élő hagyományaiba. Láthattam ezeknek formáló erejét és éreztem ezek összhatását a kínai ember mindennapjaiban, különösen a nők életében. Lelkiekben erősebbé és tapasztatokban gazdagabbá váltam. Felejthetetlen bepillantás volt.

Mihály Márta, 2012, Kailua, Hawaii

I
Kína

1. Áttekintő

 Manapság, úgy gondolják, hogy az eredeti kínai ember fizikai jellegét legjobban a han típusok hordozzák. Tudnunk kell, hogy ez nem egy tiszta típus, hanem keveréke sokféle nemzetiség külső formájának és azok kúlturájának.

A feltételezések szerint az eredeti ősitörzsek a Sárga folyó vőlgyéből származnak. Itt keletkeztek az első császárságok is.

A han őskínaiak közepes, inkább alacsony, tömzsi emberek voltak. Arcuk (amennyire megalkotható) lapos volt, orruk kicsi, erős pofacsontjaik és sárgásszínü bőrük, fekete, egyenes szálú hajuk és mandulaformájú szemük volt.

Az évezredek során a fent jellemzett ősi törzsek északról délre vándoroltak, egy részük a Changjiang folyótól délre telepedett le, ahol beolvadtak a már ott élő őskínai csoportokba.

Sajnos ezeknek a törzseknek száma egyre csökken. Izoláltan élnek, rendszerint a hegyek között. Ilyenek:Zhuang, Miao, Yi and Yao törzsek.

Mások lassabban, a mongolok, majd a mandzsuriak terjeszkedése miatt vándoroltak délre. Természetesen közben ezekkel és másokkal keveredtek. Ennek hatása a magasabb és szikárabb észak han kínai ember típus. Az évezredek során a Selyemúton beözönlő török-ujgur, perzsa, orosz és sok más népek további új jellegekkel gazdagították a régi han kínai kűlső és belső jellegeit is.

Úgy hiszem, hogy nehéz lenne megmondani, hogy ki az igazi kínai, szerintem, az, aki annak vallja magát!, hiszen a keveredés igen nagymérvű. Jelenleg, úgy gondolják, hogy 90 % a lakosságnak han kínai, és 10 %-a az 55 nemzetiségből származó lélek.

1990-ben 1,151,616,000 embert számláltak. Akkor az évi szaporúlat 1.3 % volt. 22 év alatt ez jelentős növekedést jelez. A népszámlálási nehézségek miatt nem ismerjük a jelenlegi valós szaporúlatot és nincsenek hivatalos adatok a kínai nép összességéről.

Útazási élményeim csak egy igen rövid bepillantás volt e hatalmas, minden értelemben igen változatos, csodálatos és különleges országba. Több ezer éves ősikúltúrája, bőlcselkedők és vallásos filozófiáinak hatalmas formáló ereje, a billió léleknél sokkal több han kínai és 55 változatos nemzetíségek összessége formálta népességét és tette sajátossá, ezt a hatalmas országot.

Hangsúlyoznom kell, hogy, amikor Kínát emlegetjük, akkor az eredeti han kínai és 55 kisebb-nagyobb, néha nyelvileg önálló nemzetiségi államok embereinek együtteléséről beszélünk. A népesség és a területek összességét Kínai Népköztársaságnak nevezi a kormány. A valóságban Kína nem a kínai népek összessége, hanem a han kínai és 55 más nemzetiségek, gyakran erőszakkal fenntartott otthona.

Lényegesen eltérő a nemzetiségek %-os képviseletének aránya, ennek politikai okai vannak. A becslések 25-30 %-ról írnak, de erről a népszámlálás nem adhatott megbízható eredményeket, mert sok helyen nem engedték be a számlálókat. Állítólag nem biztak meg az egyenruhájukban.

A nemzetiségek ma sem valják magukat kínainak. Ez a gazdag társadalom, nemzetiséget és önállóságot formáló ereje egyre hatalmasabb és hatékonyab lesz világszerte, tekintettel a népesség nagymérvű szaporodására és világlátására.

9

A kínai civilizáció a legöregebbek közé tartozik. Elődeik (Homo erectus) 900, 000 ezer évvel ezelőtt Afrikából kezdtek beszivárogni a Shaanxi tartományba (Közép Kína). Több ásatási lelet fossziliája ősi emberi települések nyomát bizonyítja a Sárga folyó melletti barlangokban (Zhoukoudian, Sárkány Hegy), nem mesze Peking-től.

Ez a hatalmas barlang folyamatos emberi településekről tanúskodik, 450,000 -200,000 éven keresztűl. Több évtizedes ásatás és kutatómunka leírhatatlanul különleges és értékes felfedezésekkel gazdagította az elődeik közelebbi megismerését. Több, mint 40 emberi csontlelet is felszínre kerűlt.

Az első teljes Peking Ember koponyát Weng Chung Pei találta 1929-ben a fent említett barlangokban.

Innen tudjuk, hogy a Peking Emberek (Homo erectus), közvetlen elődünk a fejlődésünk során, alacsonyak, a férfiak 160 cm., a nők 150 cm. magasak voltak. Koponyacsontjaik igen vastagok, agyvelő tarlalmuk 850-1300 cm3 volt, hasonló a korai Homo sapiens (1300 cm3) agyvelő tartalmához.

A Peking Ember vadászattal, halászattal és gyűjtögetéssel foglalkozott. Használták a tüzet világításra és húsok sütésére. A feltárt, jellegzetesen betörött koponya csontok arra útalnak, hogy a Peking Ember kanibál fejvadász volt, kedvelte az emberi agyat.

A feltárás folyamatos, a kínai kormány próbálkozik helyrehozni a 20. század barbárságait. Az új jelszó szerint próbálja a népnek visszaadni, ami a népé.

A leletek azt bizonyitják, hogy 10-8,000 évvel ezelőtt az őskínaiak ezen a környéken, a Sárga folyó mellett kezdtek letelepedni, vagyis otthont alkotni. Ez a korszak volt a kínai mezőgazdaság kezdete.

Nagy élmény volt a Yangshao földműves civilizáció idejéből feltárt Xi'an melletti Banpo falú és múzeúmának látogatása. Az őskínai Yangshao-k magvaikat festett agyagedényekben tárolták, ezeket hal, vagy növényszimbólumok festésével díszítették, amely márkája lett a Yangshao civilizációnak. Alkotásaik hihetetlenül formásak. Feltétlenűl előrehaladott művészetről tanúskodnak. Yangshao falút 6-7 ezer évesnek vélik. Itt már kölest termeltek, selyemhernyókat tenyésztettek. Házaikat is láthattuk, csoportosan (talán rokonok?) 40-50 cm.-re a földbe ásták és fából építették.

BANPO SITE MUSEUM XI'AN. CHINA

Kellemes délutánt tőltöttünk a feltárt falú körül és híres múzeúmában. Ismerettséget kötöttünk a barátságos helyiekkel is. Ezen a vidéken alakúltak az első kínai császárságok is.

Selyemhernyó gubókat találtak a Banpo-i neolitikus falúban, ezek korát 6-7 ezer évesnek tartják. Ez elárúlja, hogy a tenyésztés több évezredes sajátosan, csak kínai és igen ősi, titkos mesterség volt, egészen a Kr.u., a VI.-ig.

A legenda szerint sokezer évvel ezelőtt a Sárga Császár felesége teázott, hirtelen egy selyemhernyóbáb a forró teájába esett és a finom szálak letekeredtek a bábról a teában. Attól kezdve a selyemszálak letekerítése szigorúan női munka lett és a módszer elárúlása halálbűntetessel járt.

A selyemhernyó tenyésztése híres és igen jelentős kúltúrális, később jelentős ipari tevékenységgé fejlődött. Innen kapta az évzredes sivatagi ösvény a Selyenút elnevezést.

A VI. Sz.-ban a hernyókat nyugatra csempészték. A legenda szerint a kínai királylány a fejdíszében Perzsiába csempészte a selyemhernyó tojásait. Ott is fontos ipar lett a tenyésztés, de ma is a kínai hernyó termeli a legértékesebb selyemszálakat.

A selyem igen népszerű lett az egész világon, különösen Romában. A rómaiak Seres-nek (a selymek földje) nevezték Kínát. Igen kedvelték a drága kínai selymet. A monda szerint a carrhaei csatában (Kr.e. 58) a római katonák megijedtek és elfutottak a díszes, igen fénylő kínai selyem zászlók láttán.

A selyemhernyókat eperfalevéllel (Morus sp.) etették, de csak a kínai tenyésztők ismerték a hernyók természetét. Tudniok kellett a hernyó, illetve a báb pihenés és vedlés időszakát, mert csak ezután indult meg a mirigyek selyemtermelése. A báb megölésének pontos ideje befolyásolja a szálak minőségét.

A hernyók a selyemszálat gondosan gubává tekergetik, 50 kg. eperlevélből 7 kg. szűrke színű gubót termelnek. Sajnos dacára a sok munkának csak 0.5 kg. nyers selyemszál tekergethető le a 7 kg. gubóból.

Nagy hozzáértést kíván a selyemszálak letekerése. Ezek a szálak rendkivül erősek és igen tartósak. A selyemszál egy fehérje félesség, ezért könnyen festhető. Drága, de szépsége, fénye és puhasága utólérhetetlen. Tetszetős, viselése kimondottan kellemes.

A szövőipar kifejlesztette sok irányú felhasznását. Nagy ujdonság volt a selyem Európában és igen keresett Indiában. A selyemhernyó tenyésztés, illetve a selyem feldolgozása ma is igen fontos ipara a déli államoknak, ilyenek Changijang, Chujiang és Shandong.

Sichuan tartomány az otthona a híres "tussore" selyemnek (hindu név=tasar). Ennek a barnaszínű szálait az Antheraea paphia moly lárvája termeli. Igen hasonlit a selyemszálakra. Talán ólcsóbb, vagy gazdaságosabb a termelése.

Az ország területének csak 13 %-a erdő. A múlt évszázadok helytelen erdőművelése, a füvespuszták túllegeltetése és a pazarló vízgazdálkodás súlyos oka a pillanatnyilag veszedelmesen nagyterületek elsivatagodásának.

2011 az erdők éve volt. Az Egyesűlt Nemzetek Élelmezési és Mezőgazdasági Szervezete tavaly februárjában a Földünk erdeinek állapotáról tett jelentésében (az elmúlt 10 esztendőben) Kínát emeli ki nagyméretű erdősítéseiért.

A sivatagosodás mellett a hatalmas erózió okozta árvizek (különösen a Sárga folyó mentén) késztették Kínát fokozott erdősítésre. A jelenlegi nagy mérvű erdőtelepitéseik bizonyosan növelni fogják a 13 %-t.

Nagy probléma ez, mert minden erdő telepítés, útépítés, vagy bármilyen ilyen irányú terjeszkedés csökkenti a művelhető mezőgazdasági területeket (10 %). A termőföldre pedig egyre nagyobb szüksége van az országnak, mert a lakosság növekedik, a termelékenység foka, vagyis a hozam pedig nem növelhető tovább.

Próbálkoznak a sivatagok hasznosításával is, hiszen 40-45 % -a a termőföldeknek locsolást igényel. A pazarló vízgazdálkodás felhasználta az oázisok vizét, ezek peremén élő bokrok és erdők eltűntek, mert lecsökkent a talajvíz színtje, sok helyen 20 m. mélyen van!

A szél elhordta a vékony termőföldet és sivatag maradt utánna. Az ott élő embereket ezrével telepítették víz közelébe. Az erdőnek leírhatatlan nagy szerepe van a vízhiány csökkentésében. .

Az ország déli részein, sok helyen, évente háromszor is aratják a rízst. Sehol a világon szorgalmasabb és ésszerűbb mezőgazdálkodót a kínainál nem igen találunk, de sajnos a sivatogosodás növekedik.

Több, mint 2800 fajta fát számolnak. Különlegesség a páfrányfenyő (Gingko biloba), őshonos kínai fa. Erdészeti szempotból fontos fafaj, mert könnyű a telepítése és gyorsan nő. Hasznos a gyantája is. Kertünket is díszíti ez a friss, mókáslevelű, különleges fa.

Legalább 300 fajta bambusznád (Phyllostachys sp.) nő Kínában, 2% az összes kínai erdőterületnek. Növekedési zónája széles, majd a hóhatárig terjed. Igen fontos ipari fa. Használják majd mindenre, az épitkezésnél, hajók, zene szerszámok készítésére. Friss hajtásaiból igen ízletes salátát, de bort is készítenek.

Az ősi művészvilág ezekre bambusznád darabjaira írta jóslásait. Hosszú ideig a bambusznád volt a kínai festészet egyedüli médiuma. Én csak ezeket a feketével rajzolt (kalligráfia) bambusznád hajtások festményeit láttam Budapesten.

Később selyemre, majd rízspapirra írtak, rajzoltak és festettek. Művészetük kedvelte a természetből választott médiumokat. Az alábbiakból láthatjuk a kínaiak kedvenceit a közhasználatban és művészetében:

A buddhizmus a lótuszvirágot választotta szimbólumának. A születést, életet, termelékenységet, igazságot és természetesen az örökkévalóságot jelképezi. Rendszerint ezeken űlve ábrázolják Buddha-t.

A barack, Kínából ered, igen nagy tiszteletnek örvend, a taoizmus jelképe lett. Gyönyörű festményeik és verseik tanuskodnak a gyümőlcsről.

Kedvenc virágom, a bazsarózsa (pünkösdi rózsa) a kínai festők kedvence. Talán a leggyakrabban és a legszebben festett virág a művészetükben. Jelképe a kínai nőiességnek, az ősi művészetekben erotikus szerepe is volt. Igen sok féle kerti változata van.

Hosszú éveken át kertemet díszítette egy csodálatos bazsarózsafa (hazája Észak-Kína), tányérnagyságú, meleg-rózsaszín virágjai vannak. Az emberek megcsodálták szépségét és méretét. Most a lányom kertjét varázsolja.

Magyar népdalaink is gyakran emlegetik e szép virágot. Gereblyés László:Dal a pünkösdi rózsáról c. versében írta:

Szerelme, úgylehet, olyan,

> Mint a pünkösdi rózsa,
> Mely bokrából kikandikál,
> Bordón szétnyilladozva.
> Aztán, hogy három nap vírul,
> El is hull már a szírma...
> Akkor se bánom!!...Gyönyörű
> S gyönyört rejtő a titka.

Nagy kiterjedésű örökzöld tea-űltetvények takarják a déli, nedvesebb, ködös trópusi hegyeket (2000 m. magasságig). Manapság a nagyobb űltetvények gépesítettek. A tea nemzeti ital. Igen sokfélét és nagyon finom teát termelnek. A legjobb teafű a narancs-pecco, ez fiatal, gyenge hajtásokból készűl. A hajtásokat a narancsvirággal együtt erjesztik, hervasztják, majd kiszárítják.

Legértékesebb az örökzöld indiai teabokor (Camellia assemica). Fagyálóbb a japántea (Camellia sinensis). Ez megtartja zöld színét a gyors szárítás miatt. Lassú szárítás barna, vöröses színeket (grúz tea) ad a tea hajtásoknak. A tea illatos forrázata kedvelt ital a koffein és alkaloid tartalma miatt.

A kínaiak élvezik a teázást (cukor nélkűl). Fontos ital a tea, mert sajnos jó és megbizható ivóvíz gyakran nincs. Különben azt tapasztal-tuk, hogy a vendég kínai kollégáink jóval kevesebb folyadékot fogyasztottak, talán gazdaságosabb a bél és vesemüködésük, mint a mienk.

Kanadai terepmunkáink során napközben nem ittak, pedig volt víz bőven és sok esetben hőség is volt. Csak reggeli, ebéd és vacsora után fogyasztottak egy-egy pohárral. Igaz, hogy forró vizet Kanadában nem kináltunk. Kínában az egyetemi és más középületek óldalán vízcsapok vannak, ahonnan forróvíz bármikor iható.

Érdekes módon éppen ma hallottam az észak-amerikai ivóvízes üveg-ek felesleges hordozásáról. Az orvosi vélemény szerint a helyes táplálkozás legtöbb esetben fedezi a vízszükségletünket, mivel ezek a nyersanyagoknak 70-80 %-a víz.

Tehát, ha akkor iszunk, amikor igazán szomjasak vagyunk, étkezés közben és utánna, vagy ha erős fizikai munkát végzünk, akkor teljesen kielégített a napi szükséges, egészséges vízmennyiség.

Gondolom ez nem lesz népszerű ötlet a kereskedők szemében, mert mi lesz a sok plasztik üvegekkel és az elpárolgó üzleti nyereséggel. Érdekes módon ez a "a napi 8 bögrés felfedezés"az utólsó egy-két évtized szokása. Tudtommal az efféle vízfogyasztás nem emelte a tár-sadalmunk egészségi színvonalát, sem teljesitményét. Talán ez a di-vat!

A hatalmas számú parasztság szorgalma évszázadokon keresztűl Kína gazdasági erejének tartóoszlopa és fentartója volt. Ez ma is így van. Sok százmillió ember, állítólag az ország 2/3-a földműves, vagy a föld termékeivel foglalkozik. Legtöbbje kis parcelláiban nem használ gé-peket, sokszor a terep sajátossága miatt, de a gépesítetlen termelés több munkalehetőséget bíztosít a széles földművelő rétegnek.

Természetesen manapság milliók termelőszövetkezetben gyűlekez-nek, de ez kis százaléka a termelőknek és a termelékeny területeknek.

A kis parcellás gazdálkodás rendszerint megtermeli a betévő fala-tokat. Ez kölönösen fontos tényező, mert Kínában hiányzanak az alapvető fenntartó, szociális szervezetek, ilyenek a munkanélküli, szociális és betegsegélyek. Sok nemzetiségi csoport éldegél, apró parcellájukon, akiket gondolom sohasem számláltak meg.

Talán, így akarják, jól vannak nyílvántartás és igazgatás nélkűl.

Örökös félelme a kínai iskolázatlan, szegény embereknek az éhség. Ez nem alaptalan aggodalom, mert sokszor a történelmük során számtalan milliók haltak éhen. Az utólsó ilyen tragédia, nem régen (1956-60-as években) történt, ekkor 30-35 millió kínai ember halt éhen. Az éhezés ma is előfordúl.

A földművesek az évezredes szokás szerint öregkorukban a fiú gyermekük gondozására számítanak, de haláluk után az elhunyt szellemük ápolása létfontosságú. Ezért kell a családban a fiú gyermek. A mai gazdasági rendszer sok esetben ezt az ősi szokást meghazudtolja, mert manapság a fiatalok elhagyják öreg szüleiket.

Nagy számba a városokba mennek munkát keresni. Az otthon maradt öregek, úgy értesűltem, hogy sokszor igen gyenge gazdasági helyzetbe és súlyos lelkizavarokban szenvednek. A gondozójuk és a sírjuk, illetve szellemük ápolója is elhagyta őket.

A kínai földművelési módszerek eltérőek a nálunk szokásos termeléstől. Rendszerint igen tagolt felszíni adottságok, hegyek, sivatagok, mocsarak, folyók terjedelme miatt, legtöbbször gépek segítsége nélkűl, de igen nagy hozzáértéssel és hallatlan szorgalommal kertészkednek. Kis parcelláikból mindig sokat, frisset és ólcsón termelnek. A földműves ember a saját munkáját sehol a világon nem számlálja. A kínai nép főleg rízst, zőldséget és igen kevés húst eszik. Szószerint a földművesek a betévőfalatjuk termelői.

A marhatenyésztés, ahogy mi ismerjük nagy legelők és hatalmas vízigények miatt Kínában nem gazdaságos. Igaz, hogy az ország hatalmas, de az ország területének csak 10 % -a alkalmas rendszeres művelésre, ennek is majd a felét locsolni kell.

Ma már szép számmal hatalmas termelőszövetkezeteket találunk, a nagyobb települések, illetve folyók, tavak és oázisok közelében, de a parasztság legtöbbje, különösen a nemzetiségi csoportok a régi módok szerint gazdálkodnak. Természetesen a nagyobb vállalkozásokat a helyszíni adottságok, de különösen a vízmennyiség, erőssen korlátozzák.

Kína a hegyek és sivatagok országa. Területének több, mint kétharmada magas hegyek, vagy meredek óldalak és szurokvőlgyek sokasága. A másik probléma a nagy kiterjedésű kavics vagy homokkal fedett fél és igaz sivatagok terjedelme (13-15 %). Ezek legnagyobb része, vízhiány miatt nem alkalmas mezőgazdasági művelésre. Ahhoz, hogy a sivatag szélein termelhessenek, (ha víz van kilátásba), a géphiány, vagy annak mellőzése és topológiai nehézségek miatt, szinte középkori módszerek szükségesek.

Előbb felszedik a homokot- kavicsot, aztán lekaparják az alatta lévő évszázadok haszontalan törmelékét. Gereblyékkel, csákányokkal, lapátokkal, hát és lábizmok feszítő erejével kaparták, majd talicskával elhordták a kavicsot. Mások, kis szekereken valahonnan földet hordtak és szétterítették. Valamikor ezután jött a víz az oázisból, csapokon keresztül, majd az öntözés gondja. Nagy fizikai befektetés ez, és sokszor a vízhiány miatt eredménytelen.

A vonat ablakából láttam a munkálatokat, Ganzi tartományban. A falú apraja-nagyja ott dolgozott, alig láttam a földet a sok embertől. Ilyen helyen egy új út, vagy az ösvény is értékes termőhelyet rabol el.

Nem jártam délen, a rízsföldeken, de ez alapvető kínai eledel, a legnagyobb fizikai munkát és igen sok vizet igényel. Kínai tapasztalat bőven van, hiszen már 5 ezer éve, hogy termelik ezt a fontos alapeledelüket. Az ország déli részein, sok helyen, évente háromszor aratják a rizst.

Bizonyosan emlékezünk a rízsföldek képeiről, ahol kis kifli-alakú parcellák símulnak egymáshoz és a dombok lejtőjéhez. Egyik sarló-alakú parcellát szorosan követi a másik, legtöbbje csak néhány négyzetméternyi vízzel és tápanyagokkal elárasztott tavacska. Készen áll az életerős rízs dugványok telepítésére. Ez a folyamat a legfárasztóbb, szinte elképzelhetetlenül nagy fizikai energiát felemésztő mezőgazdasági munka.

A rízsdugványt ültető munkás egész nap 15-20 cm-es, bokáig érő vízben, dugvány csomóval a kezében, derékből földig hajolva, hátrafelé haladva az előkészített iszapos talajba nyomkodja a dugványt.

Elképpesztően nehéz fizikai munka ez. Sokat gondoltam a megnyomorított lábú asszonyokra, akik, meggörnyedve, sokszor csecsemőikkel a hátukon a betévő falatjukat ültették. Micsoda nehéz sors ez!!

Az ültetéskor, néha apró halakat is elengedtek a dugványok között. Ahogy nőtt a rízs a gondos gazda többszörösen ellátogatott a rízs földjére, szemlélni és gyomlálni. Néhány, nedvekkel teli kalászt meg is kóstolt. Szemlélődött, tervezgetett. Pihenni a vízszéli zsúpra ült, 1-2 halat is fogott. Az új rízzsel, sorsával és jövőjével megelégedve, békésen megebédelt.

Igen szép előadást hallgattam Dr. R. Jancey biológus barátomtól a békés és keményen dolgozó kínai rízstermelőkről. A mellékelt, jól ismert és kedvenc kínai szoborkép az elégedett, de fáradt rízstermő pillanatait ábrázolja. Dacára, hogy délen gyakran évente háromszor aratják a rízst, a hozam nem elégíti ki a lakosság igényét. Tekintélyes behozatalra szorúl az ország.

A Sárga folyó partjához közel aratták a búzát, amikor vonattal Ganzu tartományon keresztűl, Dunhuang felé útaztam. Kis parcellákon, sakktábla módszerrel, csak az érett foltokat, kézzel aratták. Két férfi lapátra seperte az aratás során kihullott szemeket . Rendkivül nagy szorgalommal dolgoztak, gépek nélkűl. Pontosan úgy arattak, mint mi tettük gyermekkoromba nagyszüleimnél, Erdélyben, 65-70 esztendővel ezelőtt.

Ugyancsak a Sárga folyó szakadékos löszfalában láttam a falba vájt barlang-otthonokat. A vonatról néztem, amikor a család kijött a barlangból és együtt (4 fiatal gyermeket láttam) egy talicska-szerű, szénával teli szekeret húztak az ösvényen. Állítólag a barlangi lakások ma is gyakoriak Kínában. Több százezren élvezik ezeket a biztonságos, ólcsó, nyáron hűvös és télen meleg, ablaktalan otthonokat. Egyedül csak a földrengés veszélyezteti. Sehol autót, vagy gépet a környéken nem láttam.

Nagyon érdekesnek tűntek a vasútmentén elterülő (Ganzu tartomány), főleg vályogból (döngölt vályog), téglalap alakú udvarra épített, vastagfalú házak. Szegényes szomszédságnak tűnt. Az ajtók és ablakok mind délre néztek. Konfuciuszi és a Tao bőlcselkedés szerint ez a kedvező kitettség, hiszen délről jön a meleg, a fény és minden jóság. Az udvarokat az ottani szokás szerint vastag vályogkerítés vette körül. Az erős fallal körülölelt települések őskínai hagyományok és követik a taoi kitettség, a Yin és Yang alaptörvényeit és Konfuciusz épitkezési hagyományait. Kevés ablaknyílást láttam.

A földművelők sorsa mindig nehéz volt. Valakinek táplálni kellett a sok császárt, azoknak feletébb lukszus életmódját, hatalmas udvarait, a feleségeket, no és a rendszerint a nagyszámú konkubánt, azok háremőrzöit is. Természetesen a császárság javait élvezték a jósok, sámánok és papok, no meg a közeli-távoli rokonság. Még a háláluk után is ápolni kellett ezeknek a mauzóleumjait.

A legtöbb földműves soha nem látta a császárt, de annak hatalma istenekhez hasonló, a kozmikus világgal kapcsolatos, megszeghetetlenűl erős volt. Ezek az emberek legtöbbször egész évben, reggeltől estig a földön dolgoztak, de a családjuk még is igen sokszor eladósodott és éhezett.

A földek művelésén kivűl a kínai földműves dolgozott a városi építkezéseken (kínaiak szerették a védőfalakat, minden települést, vagy falut és császári központot erős falakkal védték). A Nagyfal és vízcsatornák építése és a katonai kötelezettség is nagy megterhelés volt. Rossz gazdasági helyzetük gyakran lázadásra késztette őket. Dacára hihetetlen szorgalmuknak, sajnos sokszor éheztek, mindig szegények és legtöbbször írástudatlanok maradtak. Sajnos, az irodalom nem beszél jelentős változásokról.

A pénzhiány mellett több oka van a parasztság iskolázatlanságának. Az összlakosság 40 %-a írástudatlan. Feltétlen meg kell említenem, hogy az írástudatlanság igen bonyolult probléma. A legsúlyosabb oka ennek az a tény, hogy az írott kínai nyelv teljesen kölönbözik a mindennapi beszélt nyelvtől. Az írás szimbólumokkal történik, rendszerint az iskolázott emberek ismerik. A beszélt nyelv tele van mindenféle tájszólásokkal. Ezek között súlyos, eltérő különbségek vannak. Legtöbbször kizárják a közös megértést.

Ezt a nehézséget fokozza az 55 nemzetiség saját írott és beszélt nyelvi sajátossága. Mindenki védi és őrzi a sajátját, hiszen jól tudjuk, hogyha elveszett a nyelv, akkor megszűnt a nemzet. A nemzetiségek nem tartják magukat kínainak, tehát nem írják, vagy beszélik a nemzeti nyelvet. A legtöbb nemzetiség izolálva él. Jól megértik egymást és részükre az a legfontosabb. Több ezer éve így volt és talán továbbra is így lesz.

2. Sajátos eredetiség

 Általános jellemzője volt az öreg civilizációknak az állandó felfordulás és a politikai erők bizonytalansága. Dacára ennek a feudális császári uralmaknak, a kínai birodalom han-jai és természetesen a számtalan ott élő nemzetiségek összessége egy különleges tehettségű, roppant szorgalmas, okos és feltaláló társadalom volt. Szorgalmuk ma sem változott.

Nem másolták le más nemzetek bőlcsészetét, vallásfilozófiáját, építészetét, nyelvét, írásmódját, művészetét és társadalmi szokásait (talán a Nagyfal ebben közrejátszott!). Már Kr.e. 1200-ban megteremtették az első írási módszert, szimbólumok segitségével.

A legjelentősebb és sajátosan eredeti kínai szokás szerint, évezredekkel ezelőtt is, minden tevékenységükről igen pontos leírást és rajzot készítettek, hiszen papirt is gyártottak. Igy válik valóra a jó, régi mondás: a szó elszáll, de az írás megmarad! Valóban minden megmaradt és manapság is új írásos emlékek kerűlnek felszínre, a folytatólagos ásatások leleményeiből.

Kifejlesztettek egy sajátosan kínai fémipart, egyedűlálló művészetet, vallást és életbőlcselkedést. Bizonyosan a feltalálók minden kűlső, az erősen bizonytalan társadalmi helyzetüktől függetlenül, követték ihleteiket, a siker, hírnév, vagy gyors alkalmazás (meggazdagodás) gondolata nélkűl. Szorgalmasan és hihetetlen ügyeséggel, eredetit alkottak!

Az alkotási szellemnek mindig mély gyökerei vannak. Ezeket a gyökereket Kínában főleg a természet közelsége, szeretete, törvényeinek hódolata táplálta. Természetesen a bőlcselkedő Konfuciusz erős, társadalmi erkőlcsökre alapozott útmutatója kétezer év óta időtállók. Elméletei megalapozták a kínai társadalom jövőjét. A taoizmus hangsúlyozta az emberi kapcsolatok fontosságát és egyensúlyát a természettel. Ezeknek a kiegyensúlyozott erőknek (Yin és Yang) felismerése és alkalmazása volt a kínai jó élet titka.

Aztán megérkezett Indiából a buddhizmus. Minden figyelem az Ember élete felé fordúlt. Ez a hit

felébresztette és megtanította a kínai társadalom legtöbbjét az alapos gondolkodás, elmélkedés, tűnődés, igazi merengés (meditation) művészetére. Ezek az évezredek során megerősödtek, természetessé váltak. Ezekkel párhúzamosan megtartották az ősi hitük és szokásaik hatalmas, szellemekkel teli misztikus erejét is. Hittek népi gyógymódjaik hatásosságában így, természetesen a kínai nép örökké együtt élt a természettel. Ezek a szokások ma is élnek.

Egységesítették a súlyokat, kalendáriumot, vizíórát készítettek. Ezzel az órával jelezték a földalatti szeizmikus rendellenségeket.

Már Kr.e. 450-ben feltalálták a keresztes nyílat. Ennek fontossága a hadászatban ismert volt. Bebizonyított, hogy a kinaiak ismerték a puskaport (fekete por) legalább 200 évvel az Európaiak előtt. Természetesen a találmányaik idővel eljutottak Európába, főleg az arabok alkalmazták, akik régi üzleti társaik voltak. Persze a másolók sohasem hiresztelték a találmányok eredetíségét.

3. Ősimisztikumok

 Ősi és igen fontos kínai szokás az elődök vallasos tisztelete. Ennek különböző megnyílvánulásai a mai napig is élnek. Igen nagy szerepe volt őseiknek a természet egyensúlya és a mennyei erők békéjének fenntartártásában. Ezt áldozati ünnepségekkel és ajándékokkal bíztosították. Az átlag kínai életében a legfontosabb cél a kozmosszal és az elhalt elődök szellemeivel békességben élni. Ez ma is így van, csak felajánlási értékek módozatai és az ünneplés eszközei változtak.

A kúltusz vallásos jellegű, szigorúan betartott családi hagyomány. Ennek különleges, hitszerű ereje kapcsolja össze az élő és elhúnyt családtagokat. Az élők felelőséggel tartoznak az elhúnytakért. Tisztelettel, örökös hódolattal, ajándékokkal ápolják az elhalt családtagok temetkezési helyeit és nagy gonddal adóznak feljegyzéseikben az elhaltak pontos családi kapcsolatairól.

Úgy gondolják, hogy az elhúnytak szellemei a másvilágból viszonzásképpen, egészséges és hosszú életet bíztosítanak az élő rokonoknak

A sírhelyek ápolása és a megfelelő szertartások, felajánlások döntő szerepet játszanak mindennapjaikban. Ez kimondottan, elsődleges kötelessége az élőcsalád fiúgyermekének. Ha nincs utód akkor a meghaltak gondozatlan, vándorló szellemei nagy veszedelmeket okozhatnak. Ez nagy tragédia!

Az utódok iránti gondatlanság elképzelhetetlen, mert félnek a tisztelethiánya miatti bosszús, rettenetes következményektől. A tiszteletadás formái igen változatosak. A temetési szertartások bonyolúltak és kőltségesek.

A mai napig is jellegzetesek, különösen vidéken a buddhista kínai temetések. Az elhalt személyt nyított koporsóba helyezik, körülötte a legfinomabb ennivalókkal búcsúztatják. Tele gyomorral és a felajánlott összeggel, úgy gondolják, hogy az elhúnyt rokon megvásárolhatja az útat az egek felé, közel Buddha-hoz. A manapság nyomtatott "lélek-pénz" összege (ami nem valós, néha milliók), amit jelképesen a ravatal mellett adományoznak jelképezi az adományozó tiszteletét az elhúnyt iránt.

Erről természetesen beszélgetnek, miközben, mint régen nálunk is szokás volt, bőséges halotti-torral emlékeznek meg az elhúnytról. Néha napokig tartó, igen kőltséges gyászünnepségek vannak.

Hét nappal a temetés után az elhúnyt személy rokonai ujra ajándékokat adnak az elhúnytak szellemének, ami lehet papirmodel, élelmiszerek, de autó is. A gondos temetési szertartások után pontos névtáblákat helyeznek el a családi óltáron és a falú templomában. Így a családfa örökre megőrzött marad. A nőket legtöbb provinciában nem jegyzik fel, nincs táblájuk, nincsenek!

Természetesen ezek a szokások a túlvilági életet, annak valós és erős hatását sok misztikummal, mondákkal, de főleg félelemmel tőltik fel. Ezek ma is szerves részei a mindennapi életüknek. Nagyjából 2/3 része a társadalomnak követi ezeket, vagy ehhez hasonló temetési tevékenységeket. A temetkezés igen kőltséges, újabban, igen ritkán, főleg nagyobb városokban, a képzetebbek között a kremációs szokások is megjelentek.

A földi, háztáji és alkalmimunkáknak igen nagy jelentősége van Kínában. Sok százezer embernek volt ez a munka a betévő falatja és jövedelme. Ez ma sem változott. Erre a valóságra több, viszonylag friss események derítenek fényt.

1955-ben vasútvonallal összekötötték kelet és nyugat Kínát. Ugyanis Lanzhou iparváros futóhomok buckái és a Sárga folyó földrengéses, magas hegyipartjai miatt ez lehetetlen volt (útleírásom során visszatérek a részletekre).

Amikor elindúlt az épíkezés, akkor a környék teherhordozóinak tömege (több ezer ember) tűntetett a vasútvonal ellen, mert ez az új vágány szakasz (50 km.) megfosztotta öket a napi kenyerüktől, az állandó teherhordozó munkáktól. Évezredeken keresztűl a környező emberek a hátukon cipelték az árút, a képteleneket. Tevékkel, hordozó székekkel, tevehátán, talicskával fuvaroztak. Ezzekkel az alkalmimunkákkal keresték kenyerüket és így bekapcsolódtak a Selyemút kereskedelmi hálózatába.

Úgy gondolom, hogy a tüntetésnek ősihit és politikai jellege is volt. Ugyanis 1955-ig nem volt vasuti összeköttetés a keleti han buddhista kínai és a nyugati muszlum ujgurok között, akik ma sem valják magukat kínainak és önállóságot akarnak. No és nem nagy a lelkesedés a buddhizmus iránt sem. Az érzelmek kőlcsönösen ellentmondóak.

Ezeknek az ellenállásoknak a igazi gyökerei sokkal öregebbek és tipikusan kínaiak. Tele van mindennapjuk a szellemek, babonák és kozmikus elképzelések világával. Ez ősi, berögzött, erős és hűséges kapcsolat.

A szegény, iskolázatlan kínai, ujgur, orosz, tibeti, vagy mongol, aki alkalmi munkás volt, talicskát tologatott, hátán cipelte terhét, vagy csónakjában éldegélt úgy gondolta, hogy a vasút izgatja és boszúra készteti a rossz szelemeket. Bizonyosak abban, hogy a vonat zajos viselkedését, a betolakodó hitetlenek betolakodását a rossz szellemek rajtuk megbosszúlják.

A tanúltabb társadalmi réteg úgy gondolta, hogy a vasútvonal (főleg idegenek építették!) csak arra jó, hogy hozzásegitse a gazdag kűlföldi államokat arra, hogy bejöjjenek és beleavatkozzanak Kína belügyeibe. Végül is a vasúton keresztűl kirabolják öket. Szerintük a vasút csak ezeknek a gazdag idegenek és a hittérítők érdekeit szólgálja.

Hatalmas volt az ellenállás országszerte, 1875-ben az első vasútvonalon (Shanghai és Wusung között). A nagy ellenállás miatt, röviddel az épités után a talpfákat felszedték. Majd 40 esztendő elmultával újrakezdődött a vasútvonalak épitése. Útazás Kínában akkor is nehézkes volt.

4. BŐLCSELKEDÉSEK

Tekintettel arra, hogy a többszörösen hivatkozom a vallásos elemekre, különösen a régi műemlékek, dinasztiák és a sajátos kínai jellegek ismertetése során, úgy gondolom, hogy érdemes igen röviden bepillantani a fontosabb életbőlcselkedésekbe és hitfilozófiákba. Ezek formálták őskína kúltúráját, művészetét, mindennapjaikat és diktálták politikai életét is. Ezek a bőlcselkedések és filozófiák, a kínai kollégáim szerint ma is élnek és nem változtak.

Konfuciusz   Lao Tzu

Mielőtt ezek részletesebb ismertetéséről irok el kell monanom, hogy nincs teológiai képesítésem. A Magyar Értelmező Szótár jellemzésénél a következő meghatározásokat találtam:

Hit: .."olyasmiről meggyőződés, amit nem tudunk igazolni".

Vallás: .."a társadalmi tudatnak természetfeletti erők és lények létezésében vetett hiten alapúló formája".

A fenti meghatározások értelmében a tanulmányom során Konfuciusz elmélete nem hit, hanem társadalmi bőlcselkedés.

A taoizmus sem vallás, hanem egy filozófiai irányzat, melynek Útja (Tao) az ember és természetes környezetének titkos és harmonikus szövetségében rejlik.

A buddhizmus a szótárok szerint világvallás, hiszen az Emberrel, il-
letve az emberi kapcsolatok összességével (Karma-szanszkrit
szó=sors) foglalkozik.

Mohamedán, judaizmus és kereszténység vallások, egy Istenben hivő
emberek vallásos gyűlekezte.

A kínai társadalom legősibb életmódja szorosan a környezetük
természetes életvilágához kötötte és köti őket. A legerősebb hitük a
természetes gyógymódokban, a vándorló füvesfelcserek tudásában
volt. A füvesfelcserek alapelmélete az életerős életmód (qi) fen-
ntartását hangsúlyozta.

Az emberi testet olyannak képzelték el, mint a természetes élővilág
többi tagjait, melyekben 5 fontos elem található:fa, tűz, föld, fémek
és víz. Ezek az elemek, sorrendi kapcsolatban vannak a test fontos
belső szerveivel:máj, szív, lép, tüdő és vese.

A betegségek okozói ezeknek a kapcsolatoknak egyensúlyát károsítot-
ták. Az okok megint természetes károsító elemek :szél, hideg, nyári
hőség, nyírkosság és szárazság. Ezek valamelyikének erős túltengése
megringatja a természetes egészségi egyensúlyt.

Ekkor jönnek a betegségek. A fenti elgondolások az alapjai a
fűfelcserek többezer éves gyógymódjainak. Ezek bizonyítják azt az
igazságot, hogy a kínai ember a természetben és a természettel élt és
él, évezredek óta. A legerősebb hite a természetben és annak
egyensúlyában van.

A fűfelcserek rendszerint a falusi piacokat látogatták. Ott sok esetben
gyógytornaszerű, néha bohócos testmozgásokat mutogattak. Ezzel
természetesen felhívták a piaclátogatók figyelmét a kiterített
gyógynövényeikre. Jellemzően főleg az asszonyok jöttek a bajaikkal.
Keresték a felcser jó tanácsait, vásároltak az ajánlott füvekből.

A gyógynövények valószínűleg hatottak, mert az asszonyok visszajöt-
tek és a füvek gyógyhatása lassan természetes gyógymóddá fejlődött.
Ólcsók és ismeretesek voltak ezek a növények. A fűfelcser megbecsült
és elismert tagja lett a környező falvaknak. Régente ez volt gyógy-
szertár.

Az évek során a települések megnövekedtek, a napi piacok elsor-

27

vadtak és kinyíltak a kínai fűves gyógybóltok. Ezek ma is igen nagy számmal jelen vannak minden kinai, vagy ázsiai negyedben. A tudomány sokat fejlődött és a gyógymód elismertté változott. Nemcsak füveket, hanem állati csontokat, szerveket és bőröket, mint orvosságot használnak. Ma már egyetemet végzett orvosok is specializálnak a természetes gyógymódok alkalmazására.

Édesapám erdész volt, gyermekéveimet a Hargita mellett, az erdélyi havasokba tőltöttem. Ott orvos, bolt, vagy patika nem volt (17 km. volt a legközelebbi kicsi falú). Soha nem láttunk hőmérőt sem! 13 éves koromig egyszer látott az orvos.

Ha betegek voltunk, akkor Édesanyám, vagy Balázs nagymamám (nannyó) kinyította a füves almáriumot és előszedte a megfelelő füvet vagy gyökeret és elkészítette az orvosságot. Mindig jobban lettünk. Nyáron begyüjtöttük és szárítottuk a füveket és gyökereket.

Majd 18 esztendős voltam, amikor az első aszpirint megkóstoltam. Erdélyben és bizonyosan a magyar falvakban is hittek és ma is hisznek a gyógyfüvekben, azért, mert jó ismerősük a növény, a kaszálójukon, vagy a kertben nőtt.Tudták, hogy mit ittak, vagy ettek és hittek a hatásában. A gyógyfüvek hatása egyre jobban elismert és használata globális lett.

A múlt század végén Peking környékén, a fűszerboltokban furcsa csontdarabok jelentek meg, melyeken érdekes, ősi írásszerű jelek voltak. A nép sárkánycsontoknak nevezte, mert hasonló nevü ősi barlandból (Zhoukoudian) származtak.

 Mint gyógyszert árúsították. Igen hatásosnak gondolták és jó üzlet volt. Egy kínai kutatónak feltünt a karcolt írás jellegzetes formája és azt hitte, hogy a jelek a Jiaguwen ősi írásmódot képviselték.

Hosszú kutatás során kiderült, hogy a csontok ősi maradványok, de az írás igazi megfejtése nagy problémát okozott, mert az ősi írásmódot (Kr.előtti századokból) nem ismerték. Ekkor csak a császárság papjai voltak írástudók. Az írott nyelv sohasem volt azonos a beszélt nyelvvel. Az akkori köznyelvet és társadalmi szokásokat sem ismerték. A kutatómunka és az ásatások folyamatosak.

A csontdarabok eredete nagy meglepetést okozott. Ősidők óta az uralkodók minden fontosabb kérdés eldöntésében elhalt elődeik véleményét kérték.

E célból rendszerint a teknősbéka teknőjébe, vagy bivalyok, szarvasmarhák medencecsontjába mélyedést csíszoltak, a megvékonyított csontot forró fémhez érintették és a csontrepedések rajzolataiból a jósok, illetve papjaik döntöttek az áldozati szertartások helyességéről.

Csak ök olvashatták ezeket a repedéses rajzolatokat. A megfejtett választ írásos jelekkel csontdarabkákra (orákulum csontok), vagy bambusznádra vésték. Ezeket, mint titkos erekjéket megőrzésre a császári könyvtárakban helyezték el. A kínai társadalomban az elhalt elődök véleménye abszolut igazság volt és határtalan tiszteletet érdemelt. Ezek az események igen szigorúan szabályozott és titkos áldozati tevékenységek voltak.

Az orákulum-csontok és minden ős, írott, karcolt, festett leleménynek megfejtése, megáldása és a sok rossz szellemek elűldözése is az írástudók, illetve papok feladata volt.

Nyílvánvalóan ők közelebb álltak az uralkodó császárok isteni hatalmához, főleg bizalmukhoz.

Akárcsak máshol, a Kr. előtti évszázadokban, így Hazánkban is, az írást csak a papok tudták.

Jellegzetessége és mágikus vonzóereje volt tanításaiknak, mert a kínai bölcselkedők követői, művészi módon vegyítették össze az új hit-filozófiát az ősi mágikus csodákkal. Szerintem ez érthetőbbé, talán vonzóbbá tette az új elképzelést (hitet ?), hiszen az emberek legtöbbje írástudatlan volt, a hitelesség kérdése nem merült fel. Maga az írás-olvasási képesség amolyan titokzatos, mindent tudó-látó, istenekkel, a kozmosszal és a túlvilággal összekapcsolt, ismeretlen szellemet jelenthetett.

Orákulum bambusznád darabokat Dunhuang-ban, a múzeumba láttam. Ritka és értékes ősi írás maradványok.

A konfuciuszi bölcselkedés alapítója az írástudók osztályából származó K'ung Fu Tzu (551-479 Kr.e.), azaz, köznyelven a "Mester" volt. Neve Kong Qin volt, (Kr.e. 772-479). Nevét Matteo Ricci jezsuita szerzetes (1552-1610) latinosította. A "Mester"törvénytelen gyermeke volt egy kiszólgált katonának és fiatal konkubánjának. Szomorú és szegényes gyermekkora volt.

Ideológiája, nem vallás hanem, bőlcselkedés, útmutatás a kiegyesúlyozott életforma felé. Haladó szellemű gondolataival át akarta szervezni a társadalmat, melyben minden embernek (úgy néz ki, hogy főleg a férfiemberről van szó) megszabott kötelezettségei vannak.

Ezek főleg a konfuciuszi ideális családi kapcsolatokban vált ismerté és mindennapivá. A család feje az apa, aki a feleségének és gyermekeinek felettese. Döntő joga a mindennapi problémák mególdásában csak neki volt. Ez az állapot szólgálói sorsra itélte a kínai nőket, már Kr.e., az V.-ban. Azt hírdette, hogy: az iskolázott nő, értéktelen nő!

A leírások szerint Konfuciusz vallotta, hogy minden ember formálható, különösen akkor, ha a császárság példát állít. Ebből következett, az a gondolat, hogy a konfuciuszi ember felsőbbrendű, mert a konfuciuszi státushoz illően (li) viselkedik.

Világszerte, velük párhúzamosan találkozunk hasonló filozófiai elgondolásokkal. A buddhisták Indiában, Szokrátesz, majd Plato és Aristotelesz megalapozták az új gondolkodási szellemet.

Konfuciusz eszméiben nem volt titokzatosság, nincsenek istenségek, vagy próféták, ismeretlenek a bünök és bűntetések, nem foglalkozott a lelkek megváltásával. Hitt az emberi természet jóságában. Szerinte az átlag ember boldogan követi a jó példát. A méltányosság arany szabályát hírdette. Kihangsúlyozta a kőlcsönös jó akaratot.

A felsőbbrendü embert udvariasnak, mint társadalmi eszményt, kimértnek, nyugodt és megfontolt viselkedésünek gondolta. Megvetette a kirobbanó érzelmeket. Ez a bőlcselkedés nem vallás, hanem az arany középút keresése. Türelmet, békességet és gyakran kompromisszumokat hírdet. Neves prófétája Mencius (372-289, Kr.e.,) volt.

Mondhatnánk, hogy az ősi idők kínai társadalmainak konzervatívabb szokásait szorgalmazta. Útmutató tanítása miatt a kínai nép Konfuciust a Legfelsőbbrendű Embernek tartotta. Útmutatásának hatalmas ereje volt és manapság is szorgalmazott gondolat.

A Han Dinasztia uralma alatt Konfuciusz eszméje nemzeti filozófia lett. Ez volt a kínai császárság társadalmi alap bőlcsesége, 1912-ig. Szabályszerüen imádták a "Mestert", áldozatokkal hálálták útmutató bőlcselkedéseit. Halála után a követői írták: Konfuciusz Bőlcselkedései (The Analects of Confucius) cimmel.

Fontos megjegyeznem, hogy a sok bőlcselkedés alapgondolata, amit ma olvasunk lehet, hogy Konfuciusztól ered, de ezeket a bőlcselkedő nem mondhatta el. Ennek oka elsősorban az, hogy nincsenek írott emlékek a tanításairól az ö életéből. Nincs hiteles életrajza (hagiology).

A másik hitelesítője annak, hogy bölcselkedéseit jóval halála után írták le a kínai nyelv sajátosságaiban rejlik.

Konfuciusz idejében az írott nyelv jiaguwen (orakulum-csontokon) volt. A követői idejében alakúlgatott át ez az ősnyelv a lishu- hivatalos nyelvvé. A közhasználatban ezt a nyelvet ekkor nem beszélték. Emiatt a mond'asok hitelessége kétséges.

A keresztény Bibliát is Krisztus apostolai, illetve követői írták le, több száz évvel az események története után. Számos apostol dologozott a szerkesztésén, így a Bibliának is kezdetben, jó néhány változata volt.

Az utókor sem felejtette el Konfuciuszt, apostolai hatalmas Konfuciusz Templom csoportot építettek (Kr.e.770-476) szülőfalujában, Qufu-ban (Shandong tartomány), amely ma is kedvelt zarándokhely. Itt temették el és sírkövén olvashatjuk:"A kúltúra Szent Királyának, aki elérte az abszolút tökéletességet". Úgy érzem, hogy nem történt gyökeres változás, ezért vált népszerűvé Konfuciusz, hiszen csak a régi, ősi és józan életmódra emlékeztette a kínai társadalmat.

Különleges, a természetben élő filozófiai rendszer a taoizmus, melynek alapgondolata szerint a yin (sötét) és yang (világos) természeti erők egyensúlya irányítja a harmonikus emberi életet. Az Út bőlcselkedése, illetve Yin ésYyang közreműködése a kínai gondolatvilág szerint a természetnek és minden elemének harmónikus fenntartásához vezet.. Ezeknek rendellenessége zavart okoz a természetes világban.

Ezt a felfogást az emberek lelkében a hihetetlenül változatos kínai helyrajzi tulajdonságok és éghajlatuk változásai táplálják. Óriás hegyvonulatok, kegyetlen sivatagok, hempergő folyómedrek évezredes, fojtogató homok-por viharok, váratlan, sokszor igen kegyetlen viselkedése szigorúan ezeknek az eseményeihez fűzte az életüket. Ennek a környezetnek a viselkedése etette, ittatta és tartotta életbe őket. Ez a környezet volt otthonuk, egyesúlya pedig életük központjává változott.

A természetes erők egyensúlyának fontossága már a Shang és Zhuo dinasztiák (Kr.e. 16 század) alatt központi gondolat volt. Ezekre épültek a későbbi társadalmi bőlcselkedések és vallásos filozófiák.

A taoizmus bőlcselkedés a (taojia) Kr.e. az 5.sz. -ban fejlődött ki. Alapítója Laotse, (Lao Zi, született Kr.e. 570 körül), a Zhou dinasztia könyvtárosa volt. A szó "taoizmus", vagyis a kínai "taojia" fordítása talán az Út szó alapgondolatához áll legközelebb.

Az Út az embert és a társadalmat teljesen alárendeli a természet rendszerének, vagyis a taoizmus szorgalmazza a visszatérést a természetes életmódhoz, hangsúlyozza az igazságra épített harmonikus együttélést.

Kínában a taoizmus felújította a régi misztikumok, áldozati szertartások és a házi gyógyszerek használatát. Ezek alapkövei a kínai ősi gyógymódoknak. Ez az egyszerűbb, példanélküli hit közelebb állt az írástudatlan emberekhez.

Ez a gondolkodásmód követte a több ezer éves kínai császári hatalom alatt kifejlődött, természetes, kozmikus alapokra épült godolkodást. A taoizmus (taojiao) népszerű lett, mert a régi szokások felújítása mellett örökéletet is igért.

Az ős kínai nép világszemlélete kozmikus volt, úgy képzelte el a világ rendjét, mint két természetes, közösszármazású erők, a Yin (sötét) és Yang (világos) egyensúlyát. Yang képviselte az embert (férfi), erőt, a világosságot, a napot és az egeket. Összegezve, ezek a jó természeti adottságok a társadalom fejlődése során Yang férfias jelleggé változtak.

A Yin a kedvezőtlenebb kitettséget (észak), a hideg, viharos időjárást (istenek haragjai), gyenge talajokat, általában rossz természeti körülményeket hordozott. Ezek a kedvezőtlen természeti adottságok, a kínai nők Yin jellegei lettek.

Vagyis, igen korán a kínai társadalomban a nők kedvezőtlen társadalmi szerepet kaptak. Ezek Tao jellegek, de alkalmazásuk évszázadokra megalapozta a családi kapcsolatokat, az apa, anya és a gyermekek viszonyát.

Pontosan megjelölik a férfiak és nők helyzetét és jogait a társadalom felépítésében. Yang képviseli a férfiasságot: okos, gyors, pozitiv és intelektuális, mondja a Tao Te Ching. Yin erők a női tulajdonságok hordozói: intuitív, vagyis minden döntése a belső ösztönén alapúl, nem okos és gyenge.

Ezek a megkülönböztető jellegek alkotják a híres Tao bőlcselkedés három parancsolatát:1. Hűség a császárnak, 2. A fiúgyermek hűsége az apjához (lányokról nem beszélnek!), 3. A feleség hűsége férjéhez. A férfiakra ez a szabály nem vonatkozik (hol is lennének a sok konkubán nélkűl?).

A legfurcsább nekem, hogy az özvegy anya is a fiúgyermekének alattvalója. Hová lett az anyai tisztelet és hatalom? Úgy tetszik, hogy ez a hit nem kivánt különösebb változtatást a kínai férfi vezette társadalom megszokott és bevált (Konfuciuszi) életmódjában.

Ezért ezt az új irányt az írástudatlanok széles tömege kedvelte. Annál is inkább, mert sokan (talán a legtöbben) úgy gondolták, hogy a konfuciizmus az elit réteg életbőlcsesége volt.

Az a gondolat terjedt el, hogy az írástudó konfuciuszi ember (ahogy később láthatjuk, csak a férfiakról van szó) az irodában Konfuciusz szellemű, de Tao hitű az otthonában, vagyis ott "hétköznapi" emberré válik!

Az Öreg Mester, bibliája a " Tao Te Ching". Ez az ős tanulmány világhírűvé változott és legjelentősebb képviselője a taoizmusnak (Út). A Tao Te Ching 81 kőleményből áll, melyek, úgy mondják, mélyen befolyásolták a következő évszázadok vallás és filozófia irodalmát. Megértése "taoi" gondolkodásmódot és bőlcselkedést kiván.

Konfuciusz is gyakran idézte tanitványainak. A következő verset a Tao

Te Ching-ből idézem, Hatvany Bertalan fordításában. Ezt mondja az Út
Igéje:

> Járható út nem örök út,
> Kimondott név nem örök név,
> Nemlét ég és Föld forrása.
> Lét a tízezer lény anyja.
> Lét és nemlét forgásában
> Nemlét a titkok csírája,
> Lét a határok láttatója.
> Egy e kettő, csak nevük más:
> Egységük a titkok titka,
> Minden csodának kapúja.

Tao Te Ching megjelöli a természetes és harmonikus útat az élet
egyensúlyához, elmondja a taoizmus mágikus kincseit, a jövőbelátás
titkainak megfejtését. Érdekes Hatvany Bertalan: Az Út és az Ige
Könyve: A Tao Të King (1957).

A szerző (H.B.) művében jó elemzést, példázatokat találunk a hit
megértéséhez. Világszerte sok változata van a fordításoknak, melyet
az ősi kínai nyelv rejtvényessége, az akkori ősi szokások ismer-
etlensége és a Tao Te Ching kor társadalmának csak sejthető, talán el-
térő gondolkodásmódja okoz.

5. Buddhizmus

 Ez a felvilágosodás vallás eszméje. Jelentősen eltér az eddig említett kofuciusz, taoizmus bőlcselkedéseitől. A követői nem az istenek és apostolaik felé fordúltak. A központban az Ember áll.

Filozófiáj a nyugalmas, elégedett és boldog életmódot iparkodik megteremteni, földi életünk során. Felvilágosít bennünket az óhajok veszedelmességéről és azok megszüntetésének módozatairól.

Buddhizmus, a világ vallásfilozófia, Indiából szivárgott Kínába (Kr.e.100 körül), a Selyemúton keresztűl. Alapítója Siddharta Gautama Buddha, aki királyfi volt, Nepal-ban született (Kr.e. 563-483). Fiatalon elhagyta feleségét, feladta nagy vagyonát, királyi tekíntéjét és a szerény, egyszerű, nincstelen életmódot választotta.

Ezen keresztűl hírdette, hogy az életünkben a legfontosabb a felvilágosodás, ezzel a szellemmel megérthetjük és mególdhatjuk a földi gondjainkat. Ha ismerjük a baj okát és természetét, akkor a felvilágosúlt eszménkkel megszüntethetjük a problémát.

A legfontosabb tantétele, illetve dogmája a karma, mely szerint úgy a rossz, mint a jó cselekedetek jelen életünk folyamán, összegyűlnek, de ezek a reinkarnáció (újjászületés) után büntetést, vagy jutalmat kapnak.

A buddhizmus célja megtalálni és megszüntetni az összefüggést okozó érzelmi bajoknak okozóit. Felvilágosúlva, a rossz óhajainkat kell megjavítani és a buddhizmus szellemében, életünket szebbé, jobbá tenni. Nem könnyű feladat.

A felvilágosodás tökéletességét az Öt buddhista parancsolat és a Nyolcszoros ösvények szigorú törvényeinek betartása bíztosíthatja. Ezeket minden buddhista hitet gyakorló embernek be kell tartania. A buddhista hivő szabad akaratú ember, de felelős a viselkedéséért, azok következményeiért.

Tenzin Gyatso (sz.1935), Öszentsége a Dalai Lama, a tibeti Buddhizmus vezető papja. 1989-ben a Nobel Békedíjjal tűntették ki.

Tibeti otthonából Indiába (Dharamsala) menekűlt a szovjet uralom elől. Onnan ihleti, védi, vezérli és hitével reményt ad az elnyomott tibeti népnek. Nagy megbecsűlést és elismerést élvez világszerte példás, békés buddhista szelleméért és kiváló, népszerű filozófiai értekezéseiért.

Öszentsége személyisége megelégedést és boldogságot áraszt. Könyvében (The Art of Happiness) -A Boldogság Művészete cimmel, elmondja, hogyan kereshetjük a boldogságot, mint az éltünk célját : ("the very motion of our life is towards happiness"), hiszen "-minden mozzanata az életünknek a boldogság felé vezet".

A buddhizmus szerint az ember összes fizikai és szellemi tevékenységei megőrződnek, születéstől, ujra születésig, az ember újra megtestesűl (reinkarnálódik).

Igen észszerű, mindennapra bőlcs tanácsot találhatunk Öszentsége a Dalai Lama: Ösvény a Felvilágosúláshoz (The Path to Tranquility) c. könyvében.

Részemre érdekesnek tetszett, hogy május 7-re, amikor én ezt a tanulmányt írni kezdtem, a következőket írta Öszentsége a Dalai Lama :Mi születünk és számtalanszor újraszületünk, ezért lehetséges, hogy minden élőlény valamikor a szülőnk volt. Ennélfogva minden élőlény földünkön családi rokon. (" We are born and reborn countless number of times, and it is possible that each being has been our parent at one time or another. Therefore , it is likely that all beings in this universe have familial connections"). Érdekes és valós űzenet!.

Öszentsége a Dalai Lama buddhista elméletének családi kapcsolatai erős biológiai tények, fejlődéstörténeti értelemben. Minden élőlény DNA szerkezetének a négy abszolut alapvető bázisai jelen vannak a gilisztánál és komplikáltabb formában, az embernél is. Tehát rokoni kapcsolatunk van minden élőlénnyel. Az útólsó évek genetikai kutatásai során kiderült, hogy Európa lakossága 7 női ágról, Földünk összes emberi lénye pedig 31 ős Évától származik. Ezt a hatalmas, igen-igen öreg "családfát" a mitokondrium DNA tulajdonságai tették lehetővé (Bryan Sykes:The Seven Daughters of Eve).

A mitokondrium egy apró szerv, amelynek saját kis kör formájú DNA-je van, amit maga sokszorosít. Nem a sejtmagban, hanem a sejt plazmájában van, így nem vehet részt az eukarikus sejtosztódásban, tehát a mitochondrium DNA-je érintetlenűl öröklődik egyik anyától, a másikra.

Minden sejtünkben jelen van, roppant fontos a szerepe, mert a mitokondrium enzimjei a sejtek energiáját fejlesztik, átalakitják az okszigént. Minél több mitokondria van a sejtben, annál erősebb az energia fejlesztése. A mitokondrium belsejében található kis köralakú DNA darabka sajátos tulajdonságai vezettek vissza a messze múltra és a családfa sok-sok ezer éves rokoni kapcsolataira.

A felvilágosodási eszméje, vagyis a buddhizmus elmélete Buddha 39 napos elmélkedése után egy öreg, híres Bodhi Fügefa (Ficus religiosa) alatt szület (állítólag elmélkedése alatt napjában egy függét evett). Az öreg fa régen elhalt, de számos utóda, hajtásai, mint zarándokhelyek, ma is képviselik a buddhizmust. Több helyen a Bodhi Fát, mint szent Füge Fát tisztelik az emberek és a fa közvetlen leszármazottjai (magja, vagy hajtásai), gyakran látogatott zarándokhelyek. Ilyenek Mahabodhi Templom, Anandabodhi Templom Sri Lanka-ban.

A buddhizmus gyors terjedésére és az eredeti Bodhi Fa vallásos erejére jellemző, hogy a Foster Botanikus Kert (Honolulu, Hawaii) első számú fája is, közvetlen a bejáratnál az eredeti Bodhi Fa leszármazottja (Sri Lanka-ból). Valóban szívalakú levelei vannak. Tudtommal ritka zarándokló hely, ahol a fügefát (vagy akármelyik fát) tisztelnek, mint a hit képviselőjét.

A fügefa levele is, mint vallásos ikonográfia gyakran megjelent a 13. és 14. században Vietnámba, enyhén szív-alakú leveleivel, gazdagon díszített formában. A fügefa kerti változatainak termése már a görögök és rómaiak idejében ismert és kedvelt gyümölcs volt. Kellemes és hűs árnyékáról a biblia is említést tesz. Akár a friss, vagy a szárított füge igen kellemes gyümőlcs.

Több ágazata van a buddhizmusnak. Ilyenek Theravada, Mahayana, Lamaizmus és mások. Főleg Tibet-ben és Japán-ban a Zen Buddhizmus (szimbólumuk a lótus virág) gyakorlott.

Terjesztői a Selyemúton Indiából hozták az új hitet, Kr.e. az első században. Sokszor életveszélyes, kétséges körülmények között utazott a "szent szó" a tevekaravánok között. A vallásos érzelmeit a hittérítő nem köthette a tevék hátára, a sokféle nyelvet sem beszélte, tehát látszólag nem kereskedett. Ezért kezdetben a buddhizmus apostolai gyanus emberek voltak Kínában.

Szóval nem mondhatták el Buddha nagyszerű mennyországához (nirvana) vezető útat, hiszen nem beszélték a kínai és más nemzetiségek nyelvét. Emiatt képekkel, szobrok segitségével próbálták terjeszteni hitüket.

Ez kezdetben igen veszélyes és sikertelen próbálkozás volt, ugyanis az indiai buddha szemei nem mandula formájúak voltak. Arca szigurú vonásokat mutatott és az idegen isten sovány volt. Említettem, hogy Kínában a soványság éhezést és nyomorúságot képviselt.

Az átlag kereskedő a Selyemúton keveset tudott Indiáról, még kevesebbet a Sanskrit nyelvről. Ez megnehezítette az emberi kapcsolatokat, a hitterjesztést, de veszélyeztette az útazást is. Idővel befogadták a hittérítőket. Elképzelték és elfogadták a felvilágosodás ígéretes jövőjét.

A buddhizmus papjai képzett filozófusok, akik szigorúan követik és hírdetik a buddhizmus alaptörvényeit, mely szerint ölés, lopás, törvénytelen közösűlés, hazugság és részegség elkerülendő.

A hit megértéséhez és gyakorlásához kiváló segitség a Dalai Lama könyvei: Ösvény a felvilágosodáshoz ("The Path to Tranquility") és - Hogyan láthatod magadat, valósnak ("How to See Yourself as You Really are").

Mindkettő igen józan tanácsokkal telített, kellemes olvasmány és filozófiai elmélkedés. A buddhizmus ősi, szervezett vallásfilozófia. Papjaik (monks) igen képzett, írók, művészek és kiváló filozófusok. Visszavonultan, rendházakban élnek. Aktív hittérítők. Monostoraik és szerény életmódjuk feltétlen a tökéletes hivatásérzetüket tükrözi.

A lelkek megváltásának lehetősége igen népszerűvé vált Kínában a 8-9. században. A buddhizmus elhatalmasodott. Gigantikus gazdasági és spirituális erőt képviselt. A Tang Dinasztia (618-907) veszélyeztetve érezte hatalmát. Elrendelte az összes Buddhista imaházak bezárását és betíltotta a vallásgyakorlást. Egyedül a Japán Zen buddhizmus menekűlt meg, ezek voltak a hit megmentői. Virágzó buddhizmus

A buddhizmus nem halt ki, dacára a Tang dinasztia tilalmának. Az elkövetkező évszázadok során tovább terjedt, időnként helyileg átalakúlt, vagy valamicskét változott, néha keveredett. Mondhatnánk, hogy a környezethez, illetve hívők szellemi és gazdasági módjához igazodott.

Misztikus elemekket tőltött, mint minden vallás. Sokszor a kedvező taoista elemeket is befogadta, de mindig megmaradt a felvilágosodás alapeszméje. Tekíntettel arra, hogy az imaházakban és a kínai buddhista monostorokban több módon ábrázolt Buddha szobrokat láthatunk, talán érdemes lesz megemlékezni a fontosabbakról.

Némelyek már elhúnyt személyek, akik életük során hűséges követői voltak a hitnek, ilyen (Buddha fia Siddhartha) Buddha Sakyamuni. Mindig keresztbetett

A buddhizmus nem halt ki, dacára a Tang dinasztia tilalmának. Az elkövetkező évszázadok során tovább terjedt, időnként helyileg átalakúlt, vagy valamicskét változott, néha keveredett. Mondhatnánk, hogy a környezethez, illetve hívők szellemi és gazdasági módjához igazodott.

Misztikus elemekket tőltött, mint minden vallás. Sokszor a kedvező taoista elemeket is befogadta, de mindig megmaradt a felvilágosodás alapeszméje. Tekíntettel arra, hogy az imaházakban és a kínai buddhista monostorokban több módon ábrázolt Buddha szobrokat láthatunk, talán érdemes lesz megemlékezni a fontosabbakról.

Némelyek már elhúnyt személyek, akik életük során hűséges követői voltak a hitnek, ilyen (Buddha fia Siddhartha) Buddha Sakyamuni. Mindig keresztbetett lábakkal, lótuszvirágon űl. Mezitelen felsőtestén csak ágykötő van, ékszerek nélkűl.

Wenshu buddha az újjászűletésről és a bőlcselkedésről gondoskodik. Az újraszületés sikerét Dizang buddha irányítja.

Heng és He buddhák őrzik a bejáratot a Buddhista mennyországba. Állitólag Kr.e. ezer évvel éltek. Veszedelmes istenségek. Heng gyílkos fényeket fúj az orrából, He pedig mérgező gázakat fúj a tüdejéből. Gyakran láthatók a monostorokban, mérgesen nézik egymást, a bejáratnál. Talán innen származik a magyar mesebeli sárkány viselkedése?

Esetenként élő személyeket is tisztelnek, ezek a Botthisatwa-k, díszes ruhában és sok ékszerrel ábrázolják őket. A legnépszerűbb Guanyin Bodhisatwa, a megbocsájtás és termékenység buddhája. Sok keze van és minden tenyerén szeme van, így jól láthatja a bajokat. Az újraszületés sikerét Dizang buddha irányítja.

Előfordúlt a veszélyes egyházi hatalom a keresztény világban is. A 18.sz.-ban a spanyol király megszűntette (haza hívta?) a Jezsuita Rendet, mert úgy érezte, veszélyeztette politikai, de inkább gazdasági hatalmát. A Jezsuiták a Katolikus Egyház legjobban képzett férfirendje. Jézus Szövetségben egyesűltek. A rendet 1534-ben Loyola Ignánc alapította, a Katolicizmus védelmére a Reformáció ellen, de főleg hittérítő munkára képezték őket. Manapság is sok középiskola és egyetemek igen elismert vezetői és tanítói. Nagyjából 30 ezer beszentelt pap és testvér dolgozik a Rendben (1991).

A braziliai és argentiniai kormányok (ekkor spanyol uralom alatt) féltek e lelkes és magas műveltségű hittérítők sikerétől. Ugyanis a Jezsuiták missziókat alakítottak (Dél -Amerikában: Argentina és Braziában, Mission Territories néven), ahová a parti őserdőkből a helyi, főleg a környék Guarani törzs indiánjait telepítették le, természetesen hittérítési céllal. Itt a keresztény hit mellett tanították őket földművelésre, kéziiparra, zenére. Az indiánok a missziókban éltek, dolgoztak, teljes bíztonságot és ellátást kaptak. A misszió volt az otthonuk és természetesen keresztények lettek.

Közben megérkeztek a földéhes nagybírtokos bevándorlók, akik ingyen rabszólga munkaerőt láttak a missziókban élő indiánokban. A Jezsuiták nem adták ki az indiánokat a missziókból. Bizonyosan jobb életük volt ott, mert azok sem akartak az új fehér földbírtokosoknak dolgozni. Szerették az Istent, a missziót, papjaikat és hű keresztények lettek. Természetesen az ellenállást és a Jezsuiták tevékenységeit nem szívlelte a spanyol kormányt tápláló gazdag réteg. Egyszerűbbnek vélte a kormány kikergetni, majd megfegyelmezni a Rendet.

Ez a kormányrendelet jogot adott arra, hogy a nagybírtokosok megdöbbentő kegyetlenséggel összegyűjthették a szétszóródott indiánokat. A megmaradtak legtöbbje rabszólga lett, sokan belehaltak a szokatlanul erős fizikai munkába. A Jezsuiták kiűldözése megjavíthatatlan nagy lelki károkat okozott a megmaradt, alig keresztény Guarani indián lelkeknek, akik nem érthették, hogy nemcsak a gondozó papjaik hagyták el őket, hanem az Isten sem törődik velük. Megdőlt a hitük is. A régi erdő, most már ismeretlen, szellemekkel teli, ijesztő környezet volta Guarani indiánoknak.

A leírt eseményeket a "Mission" c. film igen jól ábrázolja. A missziókat, gyönyörű templomokat és otthonukat elpusztította az idő foga. Mostanában megkezdték néhány misszió felújitását. Legtöbbjét betakarta a fél-trópusi növényzet, vagy az emberek elhordták az épületek maradványait. De az összedőlt maradványok környékén ott vannak a Guarani indiánok, koldúlnak, írástudatlanok. Lehetséges, hogy az Istent, vagy a jezsuitákat várják.

Valami fennmaradhatott nekik a régi hitből, talán mint szájhagyomány. Ugyanis dacára a felhagyott, lakhatatlan, papnélküli, missziós romoknak, a Guarani indiánok mégis a misszió körül élnek. Ott alakítottak rezervációkat, de talán hiszik, hogy a régi romokban lakik az Isten. Elgondolkodtam sorsukon.

Átalakúlásokat, néha gyökeres változásokat tapasztaltam a katolikus szertartásokban is (Argentinában Buenos Aires, Basilica, Rosario). Megható és békés társulását észleltem a helyi navajo indiánok ősi szokásai és keresztény szertartások között, különösen távoleső falukban.

Láttam a papago indiánok festett indián angyalait és Máriáját a San Xavier Katolikus Papago missziós templomban (Tuxon, Arizona). Gyönyörű templom, tele papago indián elemekkel, a helyi "első nemzet" törzseinek művészete ez, Isten és indiánangyalok látásaival.

Polinéziai vonásokat tükröz a Molokai sziget (Kalaupapa félsziget, Hawaii) Szent Filoména temploma. Ahol Damien atya (Joseph De Veuster) belgiumi katolikus pap (boldoggá avatták) a leprás telep gondozója volt.

A mély Istenimádás mellett fizikai ápolást és szeretet vitt ezeknek a halálra ítélt embereknek. A vallásos szertartások és természetesen a házfestékkel alkotott fali freskók, Krisztus és Mária is jelentősen megváltoztak ezeknek az embereknek a szemében. Az angyalok is hawaii-ak lettek, bokáig betakarva.

Talán a legmeglepőbb kukoricacsövekből összerakott, Mária szentkoszorúját Arizonaban láttam. A navaho indiánok a kukoricának hatalmas fogamzási erőt tulajdonítanak. Ezt a gondolatot osztották meg Máriával.

Hasonlót láthatunk a faragott székelykapuk pogány (faragott Hold és csillagok) elelmeinél is. Jó példa erre Székelyudvarhely melletti faragott kapuk sorozata, ahol ezek az elemek pompásan keverednek az őspogány és sajátosan székely keresztény elemekkel. Ezek a művészi kapuk Orbán Balázs, a híres székely útleíró sírjához vezetnek.

Itt is és sok más helyen a pogány elemek békességben élnek és keverednek a helyi keresztény közösség művészetével.

A korai keresztény hit is is sok féleképpen ábrázolja Krisztust és Máriát. Amikor a keresztényeket üldözték (Kr.u., első, második század), akkor Krisztust, mint fiatal, délceg pásztorlegényt ábrázolták, báránnyal a nyakakörűl.

Amikor a kereszténység ismertebbé vált, akkor Krisztust, mint római törvényeket hírdető, jobbkezét jogokra intő polgárnak festették (római mozaik). Ravennában (Kr.u. 500 körül) Krisztust római katonai egyenruhába, könyvvel a kezében:"Én vagyok az út az élet és igazság" felirattal ábrázolták. 600 (Kr.u.) körül Essenből (rendház) láthatjuk az elefántcsontból faragott, haragos arcú Krisztust, igen furcsa, szinte ijesztő arckifejezéssel.

Nem lehetett könnyű teendő a múltszázad keresztény hittérítők munkája. Kevés eredeti, korai irodalmi forrás maradt fenn. Szerencsémre olvashattam Pearl Buck írónő hittérítő apjának (Absalom) keresztény missziós nehézségeit.

Absalom Chin-Kiang faluban (Jiangshou provincia) a temető mellett templomot épített. A falúnépe fellázadt, mert az elhunytakat nem lehetett zavarni. Az épületet lerombolták.

Ezután Absalom kibérelt egy döledező bolt helységet, melyet feleségével templommá varázsoltak. A falú népe szegény és írástudatlan, főleg buddhista földművelő volt. Valami módon Istent láthatóvá kellett tenni, hogy Absalom bemutathassa az új Idegen Istent a falú népének. Egy helyi fiatal ember, aki a kereszténység után érdeklődött jelentkezett az első Krisztus szobor megformálására.

Absalom távolléte alatt készült el az első Idegen Isten szobra. Nagy siker volt!.Mindenkinek a faluban tetszett a hosszú fűlcimpája, mandulaformájú szeme, tokája, nagyhasa, bájosan mosolygó istenmása. Érdekes lehetett. Úgy nézett ki, hogy az Idegen Isten népszerű lesz a faluban. Tolongtak a kiváncsi emberek a szobor körűl.

Hazaérkezett Absalom és megdöbbenve látta Buddha szobrát, Krisztus helyett. Azonnal lefaragta a szobor hasát és tokáját. Levakarta a mosolygó arcvonásokat. Megdöbbenve nézte a falu lakossága az átformálódást, lassan szétszéledtek. Ilyen sovány, gyenge isten nem kellett, népszerűtlen volt.

De ezzel nem fejeződött be a tragédia, mert a kínaiak kijelentették, hogy nekik sovány és szomorú arcú isten nem kell. A telített forma jó életet, a mosolygó arc pedig teli gyomrot, illetve jó módot mutat.

Sok kérdés merült fel a Biblia ismertetése során. Kiváncsiak voltak a kínaiak, hogy hogyan engedhette Krisztus, hogy megöljék? Hiszen hatalmasnak hírdetik. Igen gyenge, barátoknélkűli ember lehetett, hangoztatta a falú népe.

Teljesen érthetetlenül, megborzongva követték a Felfeszítést. Ugyanis Kínában csak igen súlyos bűnösnek, csibészeknek adnak ekkora publicitást, mielőtt megölik. Az Isten, láthatatlan, fogalma teljesen hiten alapszik. Ez hosszú ideig megmagyarázhatatlannak tűnt.

A templomnak volt látogatója, mert a prédikáció után Absalom felesége orgonált és énekelt. Szerették hallgatni a vallásos dallamokat. De a templomi szertartás részvételének fő célja nem az új isten volt, hanem a mise utáni ingyenes, bőséges evés. Szegény volt a falú, főleg enni akartak.

Idővel megnövekedett a község és dacára a kezdeti nehézségeknek, Absalom kitartó munkával elvetette a kereszténység magvait, mert a környék fontos keresztény központtá változott. Itt nevelkedett, a kínai gyermekek között Pearl B., Nobel-dijjas író is.

A fentiek egy kis izelítőt adnak a hit igen sajátos fogalmáról, gyökeres változás ritkaságáról, legtöbbször annak lehetetlenségéről. Sokszor arra gondolok, hogy a hitnek, vagy hiányának talán valahol a genetikai formációinkban (DNA) titkos, részünkre ismeretlen jelzői vannak.

Dacára a köztudatnak, Kínában él a hit és az emberek látogatják imaházaikat, mecsetjeiket és monostoraikat. Erről számtalanszor meggyőződtem. Néha nagy tömeg állt egy-egy kiválasztott Buddha előtt, pénzt, máskor gyümőlcsöt, illatos disznósűltet, pálinkát is raktak Buddha lábai köré. Többszörösen az imaház, temple, vagy a mecsetek bejárata előtt, óltárszerű állványokon tömjénpálcikákat gyújtottak az emberek. Köszöntötték Buddhát.

Ezt tettem én is, úgy gondoltam, hogy a mi keresztény szokásaink hasonlóak, hiszen a szenteltvíz és a gyertyagyújtás templomainkban ugyanazt a tiszteletet és köszöntést fejezi ki Istenünk iránt. Xi'an-ban a nagymama kisfiú unokáját hozta magával, bizonyosan megmutatta nagy kincsét Buddhának.

A templomokban és mecsetekben mindig csend és nyugalom volt, sohasem láttam a papjaikat. Rendszerint végiglátogattam minden Buddhát. Igen változatos arckifejezéseik elgondolkoztattak. Arcukról legtöbbször misztikus barátság sugárzott. Az ujgur mecsetben elkápráztatott a tökéletes színharmónia és az arabeszk művészet tökéletessége. A környezet békés, templomainkhoz hasonló megnyúgvást árasztott. Áhítatott éreztem.

A leírott életbőlcselkedések és a buddhizmus Kína közepén és keleti részein ismeretesek. Teljesen különbözik Xinjiang Önálló Tartomány lakosságának hite, nyelve és származása. Ez Kína legnyugatibb tartománya, hatalmas terület, majd fele Észak-Kínának.

Xinjiang tartomány magas hegyláncolatokkal övezett, középen a Taklamakan, keleti óldalán a Gobi és több kisebb sivatag otthona. Határos Oroszországgal, Kazasztánnal, Kirgiziával, Tadzikisztánnal, Afganisztánnal, Pakisztán és Indiával. Délen Tibet (Xizang) határolja.

A sokféle szomszéd elárúlja a tartomány végtelen változatos nemzetiségi, vallásos és fizikai adottságait. Ebben a provinciában főleg ujgurok (75 %), mongolok, kínaiak és az említett szomszédok különböző nemzetiségei laknak. Ezek:kozákok, kirgizek, tadzikok, üzbékek, tartárok, huik, mandzsurok és daurok. Főleg muzulmánok. Ezek az emberek legtöbbje arab eredetű, tehát közelebb állt életmódjukhoz az iszlám hit.

Amikor az 1950-es években az országot összekötő vasútvonal megépűlt (Lanzhau-nál) Kína kormánya politikai célokkal nagy számú han kínait telepített a gyéren lakott, főleg muszlum hitű területre, hogy felhigitsa az ujgurok magas nemzetiségi képviseletét és végetvessen ősi önállósági követeléseiknek.

Sikertelen próbálkozásnak tűnik. A kormány úgy beszél az ujgurokról, mint kínai kisebbségről. Az ujgurok nem vallják magukat kisebbségnek, sem kínainak és büszkék arra, hogy muzulmánok.

Az ujgurok nyelve az Altaik nyelvcsaládhoz tartozik. Xinjiang önálló provinciának, több, mint 16 millió lakósa főleg ujgur (uigur). Hivatalos nyelvük ujgurtörök, az egyik változata a sok féle török tájszólásnak. A tartomány főleg 2 ujgur dialaktust használ. A nemzetiségek nyelvgazdagsága megváltoztatja, sok esetben mellőzi a kínainyelv használatát is.

Az ujgurok ősi törzse, a sárga ujgurok (állitólag, 10 millió), szétszórva, főleg Peking környékén élnek. Gyakran átvették a buddhizmust a sok és kegyetlen vallásos összeütközések miatt. A han kínaiak a buddhizmus kedvelői.

A nyugati ujgurok a Kelet-Turkesztánba élőknek a leszármazottjai. Ezeknek az embereknek kűlseje elsőpillanatban elárúlta, hogy nem kínaiak. Nyelvük sem hangzott annak. A magasabb, nyúlánk, jóképű férfiak legtöbbje kis sapkát viselt, népies himzésekkel, vagy csipkeszerű domborúlattal.

Kérdeztem az idegenvezetőnket, Turpan-ba, hogy kik ezek a formás férfiak és miért viselnek sapkát. Azt válaszolta, hogy kínaiak és a hajukat védik a sapkával. Ez nevetséges hazugság volt és tovább nem érdeklődtem.

Az iszlám hitet Mohamed (Muhammad) próféta, Allah küldöttje alapította a VII. században. Az iszlám hitben csak egy Isten van, aki előtt minden Iszlám meghódol. Mohammed 610-ben a Hira hegy (Arábiai félsziget) barlangjában elmélkedett az Egyistenség lehetőségein, amikor megjelent Gábriel Arkangyal és kihírdette, hogy Allah, az Egyisten, tökéletes és mindenható. Az Arkangyal öt választotta Allah prófétájának.

A vallását gyakorló iszlám útmútatója a Korán (Qur'an) és Sunnah. Az irodalomjegyzékemben megtalálható a Korán, az iszlámok által legelfogadottabb angol fordítása, cime és szerzője. Az iszlám törvények forrása a Hadith, vagyis "ösvény", melyben Mohammed életét, illetve vallásgyakorlását példázzák.

A vallásgyakorlás szertartásszerű.

Az iszlám ujgur elsődleges imája a mecsetben a -shahada- vagyis az Egyistenségnek és Allah prófétájának, Mohammednek a megvallása. A hívő imátkozik, majd megtisztulás végett adakozik ("zakat"), hiszen mások segítése természetes és alapvető tevékenységük. Fontos mozzanata és élménye a hitnek a mecset látogatás mellett a böjtölés, majd zarándoklat Mekka-ban.

Rendszerint a mecset melletti, magas, karcsú toronyból (minaret) a müezzin napjában ötször imára hívja társait. Ilyenkor minden tevékenység megáll (az utcákon, sokszor még a forgalom is!), imájukkal köszöntik Allah-t. Igen képzett papjaik (immám) fontos közéleti személyek, tanítanak, hírdetik Isten hatalmasságát és terjesztik hitüket.

Általánosságban mély hitű emberek, azt láttam, hogy napi imáik rendszeresek. Pár évvel ezelőtt a toronto-i repülőtéren a váróterem sarkába 4 fiatal ember kiterítette az imaszőnyegét és térdepelve, arcukot a szőnyegen nyugtatva imátkoztak. Mindenki elcsendesedett körülöttük.

Ellentétben a keresztény hittel, az iszlámoknak Allah jó életet ígért és nem tíltotta a meggazdagodást és nem szorgalmazta a földi szegénységet. Ennek eredményeként hatalmas és igen gazdag muzulmán birodalmak keletkeztek (Ottoman, Bizantiniai, Mogul Dinasztia Indiában).

A birodalmak gazdagsága lehetővé tette a komoly tudományok (orvosi, csillagászat, hajózás) korai fejlődését. Tőlük tanúlták az európaiak, még a Viking-ek is a pontos térképezést, tengeri közlekedést. Csillagászati és orvostudományok megelőzték az európai ismereteket. Gyűlekező helyeik, mecsetjeik látogattottak, most is szépek és rendezettek. Hatalmas, elegáns mecseteket, rendszerint mellette iskolákat építettek és építenek ma is.

Az iszlám vallás sem adott a nőknek semmiféle társadalmi szerepet, női jogot. A férjhezment asszony a férje tulajdona lesz. Úgy viselkedik és öltözködik, ahogy a akarja.

A sivatagok 35-40 fokos melegében a férfiak ingújban tőltik napjaikat, az asszonyok tetötől- talpig, sötét többrétegű, sokszor gyapjú ruházatban, betakart orral, szájjal, szédelegnek a hőségtől.

Az elkövetkező sorokban idézek a Koran-ból. Angolból fordítottam. Ez a rövid idézet tökéletesen jellemzi a nők sorsát:

a férfi a nők feletesse, mivel Allah öt jobbnak teremtette, és a férfi eltartja a nőt. Tehát a jó nő szófogadó és őrzi a titkot, melyet Allah is őríz. Aki nem engedelmes (lázadozik) azt figyelmeztessed, számüzzed az ágyból és verdd (ostorozdd) meg. Ha szót fogad neked, akkor ne legyél ellene.

"Men are in charge of women, because Allah hath made the one of them to excel the other, and because they spend their property (for the support of women). So good women are the obedient, guarding in secret that which Allah hath guarded. As for those whom ye fear rebellion, admonish them and banish them to beds apart, and scourge them. Than if they obey you, seek not a way against them." P. 84. Surah 4. Women. Part 5. In The Glorous Qur'an).

Minél kevesebbet tudnak a muszlim nők a világról, annál engedelmesebb szólgálói a férfiaknak (Konfuciusz,- nei- világa, 2,300 évvel ezelőtt). Igy rendelte a törzsfő! Sok helyen a hűtlen feleséget kövekkel agyonverik. Úgy látszik, hogy szeretkezni a házasságon kivűl csak a férfiaknak lehet. Ilyen ölésről nem olvastam a Korán-ba. Az ölés a Korán szerint igen súlyos cselekedet.

A Korán-t olvasgatva azt találtam, hogy a Szentkönyv azt mondja, hogy tisztességesen takard be a testedet, de, hogy mennyire azt nem mondja. A női beburkolás, úgy gondolom, hogy inkább törzsi jellegű és az évezredek során ezt a törzsek vezetői (hallatlan hatalommal rendelkező, rendszerint öreg férfiak, akiknek jogosságát nem ismerem) törvénynek gondolják. Ezzel szabnak szellemi és fizikai határokat, emellett hatalmas pszichológiai sarjasztást gerjesztenek a női társadalomnak.

Úgy érzem, hogy a legtöbb bajt a törzsi, filozófiai-vallásnak vélt külömbségek (a legtöbb háború okozó is) okozzák az iszlám társadalmakban. Nincs összetartozási szellem és jó akarat a törzsek között, az államon belűl. Állandó törzsi marakodásokkal telített az életük. A törzsi szokások elválaszthatatlanok a nemzetiség vallásnyelv gyakorlásától. Mindegyik éppen a különbözőségével akar hatalmat.

Az iszlám vallásban két fő ágazatot különböztetnek meg:Sunni és Shi'ite muszlumokat. A Sunni (Arab szó=viselkedési parancs) muszlimok úgy gondolják, hogy a hitet és életmódot csak a Koran, Hadith és Sharia tanítatthatja, illetve irányíthatja, nem élőszemélyek.

Shi'ite muszlimok vallják Allah hatalmasságát, Mohamed-t, de ellenzik a Sunni muszlimok követőinek jogszabályait. Több közremüködést bíztosítanak az emberi kapcsolatoknak. Főleg Irán, Lebanon, Pakisztán és Iraq-ban gyakorlott vallás.

Az ujgurokkal kapcsolatos olvasgatásaim során egy rendkivül érdekes tanulmányra bukkantam. Vásáry István akadémikus (az ELTE Orientalisztikai Intézet Török Tanszék egyetemi tanárja) tanúlmányában Kőrösi Csoma Sándor világhírű őshazakutatásáról és annak indítóokáról ír. Érdekes módon kapcsolódik össze ez a téma az ujgurokkal, akikről, később bővebben írok.

Csoma Sándor, Erdélyben, az eldugott Kőrösön született, 1784-ben. Szegényes gyermekkora meghazudtolja élete céljának reményekkel teli, gigantikus vállalkozását. Szegény, szerény vasakaratú székely vándorlegény volt, aki elindult az ismeretlen nagyvilágban megkeresni a magyar őshazát. Hihetetlenűl nehéz vállalkozás volt ez 1820-ban!

Terveiről így ír, Teheránból:"Én, hogy mind tulajdon vágyódásomnak eleget tegyek, mind pedig nemzetemhez való háládatosságomat és szeretetemet megmutassam......elindúltam nemzetem eredete felkeresésére". (Szilágyi, 1984).

Az 1800-as évek folyamán sok, igen téves gondolat keringett Hazánkban az ősmagyarság eredetéről. Népszerű volt az a gondolat, hogy az ujgurokkal vagyunk rokonok. Az ujgur népnevet az ugor népnévvel kapcsolták össze, vagyis testvérnép rokonságra következtettek.

Úgy gondolják, hogy ennek a rokonságnak hite és eszméje vezette Körösi Csoma Sándort, amikor a kor szellemét követve, felfedező útjára indúlt Kelet-Turkesztán és Mongolia felé. Remélte, hogy az ujgurok között megtalálja ősmagyarjainkat, az ugurokat.

Kőrösi Csoma Sándor nem jutott el Mongóliába, az akkor ismeretlen és veszélyes útvonal miatt. De céljait nem adta fel, Kabul-ba, majd később Kashmir-ba (Tibet) megy. Itt találkozik Moorcraft angol kormánybíztossal, aki valószínűleg felfedezte tehettségét és szorgalmát.

Ihlete Csomát az akkor teljesen ismeretlen tibeti nyelv és kúltura tanúlmányozására. Hihetetlenűl hasznos és rendkivűl értékes 20 esztendő alatt Csoma Sándor megalkotta a tibeti nyelv és kultúrális tudományok alapjait. Szerkesztette az angol-tibet szótárt.

Munkássága rendkivűl jelentős, mert a világnak ez a része ekkor ismeretlen volt. Székely- Magyar ember vitte a tibeti nyelvet a nagyvilágnak és meggazdagította Hazánk ismerettárját is. Úgy érzem, hogy különösen manapság, a globalizmus korában, igen nagy szükségünk van erre a világhírű, szerény, szegény és székelymagyar példájának követésére és méltatására.

Talán sajnálta, hogy nem jutott el Mongoliába, de 20 év után újra útnak indúlt. Sajnos, megbetegedett és elhalt. Hihetetlenül értékes magyar hírnevet alkotott nekünk. A kapcsolatnak (ugor és ujgur) nincs tudományos alapja, vagyis az ujgurok nem rokonaink.

A hetvenes években Hawaii-ban megismerkedtem egy idős hawaii asszonnyal, aki egyetemre járt, hogy megtudja, hogy mit tanítanak az őshawaii szokásokról. Nagy örömömre sok-sok órát tőltöttünk együtt, mert én is azt a tárgyat hallgattam. Sokszor összejöttünk egy jó hideg teára, szerettem társaságát, hawaii báját és természetességét. Sokat tanúltam Tőle, megismertem valamennyire a gondolkodásának menetét, vagyis azt, hogy csak abban hitt, amit látott. A bűn ismeretlen fogalom volt részére, harmónikusan élt az embertársaival és a természettel, de úgy élt, ahogy ő azt jónak látta.

Felháborodva mesélte déd és nagyszülei tapasztalait. Röviddel a hittérítők letelepedése után (1840 körül) igen nagy szorgalommal és erőszakkal a tengerbe dobálták, vagy összeszedték a fából faragott, vagy köből csíszolt hawaii isteneik mását. A hawaii-ak faragott isteneiknek imádását, azok tiszteletét és mezítelenségüket bűnnek (?) vélték. A misszionáriusok rövidesen hozzáláttak a keresztény templomaik építéséhez, ahol különlegesen "őltözködött, férfi és női istenek szobrait" (Mária, Kisjézus, Krisztus) látták. A "megtérített " benszülöttek nehezen képzelhették el a nem látható Istent és annak hármas fogalmát, de könnyebbé vált a gondolat, amikor az Isten három személyiségét összekapcsolták a hawaii három istenség tetteivel és létükkel, mert a hawaii istenek másai láthatók, vagy fizikailag tapasztalhatók voltak.

A mezitelen bennszülötteket nyakuktól a bokáig felőltöztették, különösen a templomi összejövetelekre. A használt ruházat a New England-i templomok (US) adománya volt. Ezzel kapcsolatosan jegyezték fel egy bennszülött vasárnapi öltözetét, aki egy színes nyakkendővel a nyakán, mezitelenül szundikált a magas templomkerti fűben. Bizonyosan neki már nem jutott más ruhanemű. A helyi emberek, akik templomaik falait és mennyezeteit építették csak ilyen bebugyolált, hawaii angyalokat ábrázolhattak. Ezt láthatjuk a vulkánikus kitörés lávafolyása elől kimentett Hawaii templom mennyezetén.

Borzasztó felháborodással nézte, amikor az előadáson a levetített képekről látta viszont a faragott isteneiket a világ különböző múzeúmaiban. "Nélkülünk, virágok nélkűl, egyedűl, üveg mögött, táncok, énekek nélkül vannak bezárva, és nincsenek itthon, velünk", kesergett a barátnőm.

Vajjon ki vitte oda és honnan szerezte a múzeum, mert szerinte isteneik mását soha nem ajándékozták. Sajnos ezekre nem tudtam (akartam) választ adni, de sejtettem, hogy mi történt. Ezek az események többszörösen megerősítették azt a gondolatot bennem, hogy bármilyen természetű is a hit, minden hívőnek hatalmas kíncse és életének, vagyis emberi méltóságának létfontosságú alkotó eleme. Nagy tiszteletet érdemel.

Tekintettel a nagy számú és eltérő eredetű nemzetiségekre, a fent említett bőlcselkedő irányok, vallásos filozófiák és azoknak változásai mellett számos más hittel is találkozunk Kínában. A Tang Dinasztia (618-907) alatt többen követték a kereszténység, majd a közép keleti és perzsiai vallásokat.

A Jezsuiták magas műveltsége és kiváló hittérítő munkájuk híre Kínába is eljutott. Sajnos a kereszténység, illetve a katolicizmus, nem terjedt el, dacára a Jezsuita misszionáriusok kemény próbálkozásainak a XVI-VII. században. A császárságot meghatotta a Jezsuiták nyelvi, művészeti, matematikai ismeretei és hallatlan mnemonics (emlékezeti munkák megkönnyítése) képességük, de a keresztény vallásfilozófiai ellentmondásai megijesztették őket.

1601-ben Matteo Ricci jezsuita, császári ösztöndíjjal engedélyt és állást kapott Peking-ben. Feladata a hivatalos kalendárium szerkesztése volt. A Jezsuitáknak főleg a tanúltabb emberekkel volt kapcsolatuk, hiszen a munkaterületük ezeket a kapcsolatokat kivánta. Nem hittérítőknek hívták őket.

Ez időtájban tíltották be a Rend vallásos müködését Európában, mert az illetékes kormányok politikai hatalmukat féltették a Rend erős befolyásától. Ezt a helyzetet kihasználták a Dominikus és Franciskánus Rendek a Fülöpszigetekről. Szép számmal hittérítőként Kínába mentek. Ezek munkájuk során a köznép megnyerésére törekedtek, helytelen módon azzal vádolták a Jezsuitákat, hogy azok csak az elit, kormányzó osztályt szólgálják és besúgóknak nevezték őket.

Az alaptalan hír a Pápához kerül, aki 2 kűldöttjével megüzente Qing császárnak, hogy vallásos kérdésekben csak neki, a pápának van joga dönteni. Hát ez nem így volt Kínában. 1724-ben döntött a császár: megtíltotta a keresztény hittérítést Kínában, mint heterodox (téves hitű, eretnek) hitet. A Jezsuiták csak tudományos munkát végezhettek, a fővárosban.

Szomorú, hogy a rendek közötti hamis vádak és civakodások megszűntették a császári megbízható, keresztény kapcsolatokat. A Jezsuiták kiváló munkájára a feledés lepedője terűlt. Nagy tudású, szorgalmas emberek voltak: jól beszélték a nyelvet, lefordították és kiadták Euclidnak a geometriáját, több száz nyugati tudományos cikket közöltek, amellett, hogy bizonyosan lelkükmélyén hittérítők maradtak. Sajnos munkájuk hivatalos kiértékeléséről, vagy méltatásáról nem találtam nyomot. Ekkor a kínai lakosság legtöbbje a buddhizmust választotta, kivéve az ország észak-nyugati részét, ahol főleg Allah-ban hisznek.

Nagy jelentősége van az iszlám művészeteknek az építészeti stílus és díszítő elemek terén. Mivel a Korán nem kedveli az emberitest ábrázolását, ezért kialakúlt mecsetjeikben az egyéni, igen tetszetős és művészi arabeszk díszítés.

No, de a művészi ihletet, vagyis az alkotás szellemét nem lehet megállítani.

Az arab arabeszk (Arabesque) művelői ügyesen visszahozták a régi görög-római építészet díszítő elemeit (ilyen díszítésüek például a korintiai oszlopfők). Az arabeszk világhírű, igazi stilizált művészeti ág.

Növénylevelek, virágszírmok, magok, gyümőlcsök, erősen tekervényes, hajlongó indák sokaságából, néha fantasztikus állatok természetellenes mozgásából, művészi módon összeálított alkotás. Szemnek igen nyugtató, színharmóniája tetszetős és feltétlenűl sajátos művészet az arabeszk. Szentképek, vagy szobrok helyett a mecsekben ezek fedik be a falakat, oszlopokat és boltíveiket.

Tőlük származnak a világ legtetszetősebb és örökkétartó, rendszerint geometriai díszítésű ima és perzsaszőnyegek is. Nagyon kedves emlék a gazdagon díszített, fent jellemzett selyem imaszőnyeg, melyet a turpan-i szövődében vásároltunk.

A keresztény vallás történetében is majd 500 esztendős vita volt Isten, Krisztus és a Szentek ábrázolása körül. Nagy gond volt a III-VI. századok keresztény templom (bazilikáknak nevezték ekkor) falainak díszítése. A szobrokat teljesen kitíltották, mivel azokat pogány ábrázolási elemeknek tartották és féltek azok esetleges zavargásaitól. Hogyan ábrázolható az igazi Isten, amikor láthatatlan? Mi, a hitben nevelkedett keresztények úgy hisszük, hogy az Isten ember, vagyis a mi formánk földi megjelenése. Ez igen nehezen felfogható fogalom, ezt csak hinni lehet.

Végül a sok vita és gyötrődés után, a VI. században Nagy Gergely püspök bejelentette, hogy a festett képek Jézusról és követőiről szükségesek, mert a hívők legtöbbje írástudatlan volt és ezek az ábrázolások szükségesek voltak a bibliai események megértéséhez és megőrzéséhez. A cifra, tetszetős Krisztusok voltak a kedveltebbek.

6. Dinasztiák

A kínai császárság uralma folyamatos volt Kínában Kr.e. 21 sz.-tól (Xia cs.), Kr.u. 1911-ig (Qing cs.). Ez a hosszú, több, mint négyezer éves uralom egyedülálló jelenség a világ kormányrendszereiben. Az uralkodó császárság majd ezer évvel Kr.e. kialakította a feudális kormányzás kétrétű jellegzetességét. A császár teljes hatalmú, mennyei, kozmikus erőkkel megáldott kormányzó volt. A jósok, majd a későbbi írástudó papok és filozófusok malasztalták a dinasztia hatalmát, közben igazgatták a köznép életmódját.

Mindkettőnek közös feladata volt a kozmikus égi erők egyensúlyának fenntartása, mert erre épült a császárság. Ezt az egyensúlyt csak az égi erők malasztalásával, vagyis hatalmas áldozati szertartásokkal és bőséges áldozatokkal lehetett bíztosítani. Emiatt nagy szerepe volt a sokféle babonáknak, misztikus jóslásoknak és az áldozati szertartások folytonos betartásának.

Minden császár leváltásának, illetve bukásának vezető elemei bőlcselkedők, mennyei jellegüek voltak. Igy súgalta a dinasztiát fenntartó papok gondolkodása. Szerintük a császárság uralmának gyengülését, a kozmikus erők (árvíz, szárazság, éhség, gyakran parasztlázadások, stb.) egyensúlyának ingadozása, majd felborúlása jelezte, vallották a jósok. A kozmikus erejű császár, csak ezeknek az egekkel kiválasztott, misztikus jósoknak, a későbbi papjaiknak tanácsát fogadták el.

Mivel a császár hatalma teljes volt: ha jó volt a császárnak, akkor minden ellenzék nélkűl jó volt a népnek is. Másféle ellenzék ismeretlen volt. Úgy tűnik, hogy a császár emberfeletti hatalma ezekre a nagyszámú, titkos, valótlan, máskor ijesztő áldozati szertartásokra és nagyszámú áldozatok felajánlására alapozott. Ezek az áldozatok meggyengítették a kormányzást. Ezt az ellenzék jól tudta és a sok babonás áldozati események égisze lehetőséget adott az istenek vezérelte kormánycserére.

Az ősöket engesztelő szertartás áldozatait, vagyis a feláldozott emberek és állatok csontjait gyönyörű bronz edényekbe rejtették és a föld alá ásták, mint ereklyét őrízték. Művészi, kalligráfiával ellátott bronz áldozati edényeket alkottak, amelyek most is gyakran felszínre kerűlnek, rendszerint a csontmaradványokkal. Emberi csontmaradványokat is találnak.

A feltárások kegyetlen, igen titkos és jóslásokra alapozott áldozati eseményekről tanuskodnak, melyekre később visszatérek. Az ásatások folyamatosak, mert az ősi maradványok legtöbbje, mélyen a föld alatt van.

Hihetetlen tulajdonságokkal ruházta fel a kínai nép a császárjait, a dinasztiák vezetőit. Szinte szentekként tisztelték őket. A köznép szerint a császárok az egek fiai voltak, akik összeköttetésben álltak nemcsak a földi elemekkel, de a túlvilággal is. Ezért a köznép szemében hatalmuk teljes volt. Jól tudjuk, hogy ezek a magasztos erők és túlvilági kapcsolatok igen misztikusak, félelmetesek, de nem valósak.

Természetesen a császárok emberfeletti tehettségét, kozmikus miszticizmusát és jóságát magasztalták az uralkodó réteghez közelálló ősi guruzslók, írástudó jósok, majd a későbbi császári papság. Ezek táplálták a császárok hatalmát, ámították az írástudatlan tömeget áldozati szertartásaikkal.

Ez a hamis elképzelés mindkét félnek hatalmas politikai és társadalmi előnyöket bíztosított. A kapcsolat sok esetben, a mai szemmel nézve furcsának tűnik, de máskor hasonlit az újabb kormányrendszerek módszereihez, csak a nevük más.

157 kínai császár és hitveseik mind halandó emberek voltak, nem az egek kiválasztottjai. Pontosan olyan nagy adminisztrációs, hadászati

és emberi változatosságot mutattak uralmuk alatt, mint más uralkodó osztályok, bárhol a világon.

Például Kublai Kán kiváló hadvezér volt. Taizong császár (626-649) a Tang dinasztia tudósa és adminisztrátora keményen dolgozott, példásan, egyszerű módon élt. Ugyanakkor olvashatunk azokról, akik igencsak megfeledkeztek magukról, például Chengdi császár (Kr.e. 33-37), aki kakas-viadalokra járt (álcázva), elkergette feleségét, majd két fiát megölette, hogy nagy szerelmét, Zhao Freiyan konkubánt hivatalosan császárnővé nevezhesse.

Ez a jól szervezett, sokszor mágikus, máskor mennyeinek mondott hatalmas császári erő gyakran csalfa reményekre, máskor igazságtalan és embertelen bánásmódra adott jogot és lehetőséget.

A császárok híres, drága és roppant elegáns udvart tartottak, ahová csak különleges engedéllyel lehetett bejutni. A híres császári palotában Pekingbe, melynek neve is mondja Tíltott Város (Forbiden City), halandó emberek nem mehettek be.

Hivatalosan egy császárnak három felesége, hat kiválasztott barátnője (nem ismerem a kapcsolat természetét), és 72 konkubánja lehetett. Több császárnak 3 ezer konkubánja (?) is volt. Ezek erkőlcsére több száz háremőr vigyázott.

A Császári Palotában megtalálhatók ezek lakhelyei. Legtöbbjét, csak a térképen láttam, amikor a császárság gyönyörű kertjében látogattam. Itt, e szép környezetben, a sok konkubán megnyomorított, apró "aranyliliom" lábfejekkel, néha órákig, vagy napokig, talán hetekig csoszogott a háremőrök között, amig a császár kegyeire várakozott.

A konkubán tekintélye és szerepe teljesen elfogadott volt. Több esetben politikailag is jelentős szerepet tőltöttek be. Számuk a császár, a földesúrak, vagy a gazdagabb férfiak anyagi mércéje volt.

A konkubánok általában apró (7 cm. alatt) lábfejüek, szépek, vonzók, és a nemi örömek nagy mesterei voltak. Jól ismerték az ékszervilágot, és természetesen elkényeztetett életmódot is. Nagy ára volt a nemi örömek kielégítésének.

Több esetben fiú gyermekeket is szűltek és ekkor veszélyeztették a császárnő szerepét és jogait. A sok feleség, a még számosabb konkubán nem mindig szerették egymást, gyilkosságok is megestek. Nagy szerepük volt a konkubánoknak a császár mindennapjaiban, sok esetben, titkosan részt vettek a dinasztia kormányzásában is. Rendszerint a császár kőltségén és annak mauzoleumába temették őket.

Nagyon fontos szerepe volt a konkubánoknak nemcsak a császárok, vagy az anyagilag tehetősebb kínai családok, illetve családapák életében is. A kínai társadalomban ha a fiatal férj elégedetlennek találta feleségét a nemi kapcsolatuk, vagy fiúgyermek hiánya miatt, akkor családja természetesnek tartotta, hogy a férj konkubánt hozott a házhoz. Ha tehette, akkor többet is, hiszen sokszor valamelyik fiú gyermeket is szűlt a hivatalos feleség előtt.

A női féltékenységek, civakodások nem tartoztak az irodalomi feljegyzései közé, sem a gazda témakörébe, de volt belőlük jócskán. Összeesküvések és gyilkosságok is megestek.

Fontos tudnunk, hogy régebben a házasság után a fiatalasszony visszament a szüleihez, amig nem lett terhes. Addig csak látogatta a férjét. Talán ez a távollét tette természetessé a konkubán szerepét?

A feleség a konkubán jogosságában, vagy életmódjában sohasem szólhatott bele. A házassága elején gyermektelensége miatt még nem volt családtag. Ekkor az egész család, különösen annyósa szólgálója lett és élete végéig mindenkinek engedelmeskedett. A fiatalasszony csak akkor vált családtaggá, ha fiúgyermeket szűlt, ezért minden nő fiúgyermekről álmodott.

Szinte természetessé változott, hogy az idősebb férfiak (sokszor nagypapák) nemi óhajaikat igen fiatal, aprólábú szeretőkkel, a nemi élet friss művészeivel ébresztgették. A tehettséges ébresztgetés luxszus életmódot, politikai, gazdasági lehetőséget bíztosított a konkubánoknak és könnyen elhitették az öreg emberrel, hogy megfiatalodott. Ennek sikere egyenesarányban volt a konkubán értékével.

A kínai férfivilágot jogosította a konfuciuszi bőlcselkedés, és taoista életfilozófiák hatalma a nemi örömeik beteljesűlésére is. Sokszor a megengedett 3-4 feleségnek ezt is el kellett fogadni, hiszen említettem az ideális engedelmes konfuciuszi jellemet, no és Tao szerint az asszonynak csak Yin tulajdonságai voltak: nem volt okos, gyenge, határozatlan, majdnem értéktelen volt. Szólgálói engedelmességre intették. Az elsorvasztott lábfejével még el sem futhatott!

A házasság nagyon egyszerű esemény volt. Fizetett közvetitők hozták össze a fiatalokat, rendszerint már gyermekkorukban. A fiatal pár az esküvőn látta először egymást. A vőlegény elhozta a menyasszonyt az ö családjához, ahol egy nászszoba várta őket. Sok esetben a családdal együtt, a házi óltáron ajándékkal köszöntötték Buddha-t.

Nincs formális házasságkötési igéret, vallásos ünneplés. Viszont az egyességüket ajándékokkal hitelesítik az elhúnyt elődök házi óltára előtt. Valamikor, különösen vidéken 3 napos vidámság, evés-ivás követte a házasságot. Ilyenkor igen gazdagon, régi szokások ünnepléseivel gazdagították a násznépet.

7. ARANY LILIOMOK

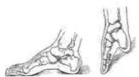 Fontos megemlékeznem Kína régi szo-
kásáról, a lábfej sorvasztásról, hiszen majd
ezer éven keresztűl megnyomorította a kí-
nai nőitársadalom legtöbbjét.

A legapróbb lábfejüek voltak a férfiak a leg-
kivánatosabb választottjai. Ezek az "arany liliom" lábfejüek gyorsan és
jól mentek férjhez, emellett jó menyasszony pénzt is hoztak a házhoz.
Ha a "liliom lábfej" hosszusága 7 cm. alatt volt és formája a
lótuszrűgyre hasonlított akkor könnyen a császárok, vagy igen gazdag
földesúrak feleségei, konkubánjai lehettek.

A normális méretű lábfej visszataszító volt a kínai férfiaknak, ritkán
vették feleségül őket. Ezeknek a lányoknak igen kegyetlen volt a sor-
suk, mert a család megvetette nagylábait. Sokszor eladták és feles-
legesnek vélte őket a saját családja. Állandó cselédje lett minden-
kinek.

Ezek alapozták meg a kínai nők életmódját és tették őket jognélkűli
szólgálókká. Konfuciusz szerint az okos (tanúlt) nő nem jó feleség, ér-
téktelen. Hatásköre a nőnek csak a családon belül (nei) volt, a külső
világ szigoruan a férfiak birodalmához (wai) tartozott.

A nők életét Konfuciusz három hűségparancsa irányította: "Ha leány
vagy akkor engedelmeskedjél apádnak, ha férjhezmentél a férjednek,
ha özvegyen maradtál akkor fogadjál szót a fiadnak!"

"Légy hű és alkalmazkodó, nyugodt és jókedélyű, beszédmodorod csendes és megértő legyen. Elegánsan és tartozkodóan viselkedjél. Legyél jó kézimunkás, szorgalmas hímző". Mondotta, illetve hírdették az apostolai. A fenti szabályok betartása Konfuciusz bőlcselkedései szerint erényes nő fejlődéséhez vezet.

A fenti, majd később a taoi elképzelések amolyan íratlan törvényekké változtak. Megfosztották a nőket minden joguktól és megalázó szólgálói sorsukból nem menekűlhettek. Annyi bizonyos, hogy a nőknek választásuk nem volt!

A kínaiak minden tettükről pontos irott beszámolót készítettek, de sajnos a lábfej sorvasztásról nem sokat írtak, nincsenek statisztikai feljegyzések, vagy kiterjedt irodalom. A misszináriusok feljegyzései szerint legalább 15%-a kislányoknak belehalt a sorvasztási fertőzésekbe. Annyit tudunk, hogy a sorvasztás a X. sz.-ban kezdődött, a császári udvarokban. Sajnos rohamosan elterjedt a köznép körében is.

A férfi nemivágyainak növelése volt. Minél kisebb (7 cm alatt)) volt a menyasszony lábfeje, annál többet ért és annál nagyobb nemi örömeket ígért!

A legtöbb lánynak nem volt választása, mert normális méretű lábfejjel egy férfi sem vette feleségűl. Csak a földhözragadt szegény család és néhány kivételes törzs tartotta meg a lánygyermek normális lábfejét. A természetes lábfejű lányokat eladták szólgálónak, vagy tehetősebb családok "kis menyei " (becenév) lettek. Ami azt jelentette, hogyha a házaspár meddő (ezt csak női hibának vélték!) volt, de a családnak fiú útód kellett, akkor ezek gyermekeket szűltek. Számuk a család anyagi helyzetétől függött. A házasság, illetve a lábfej sorvasztás ennél a sorsnál többet ígért.

A kínai családban a lánygyermek anyagi megterhelés volt, hiszen amikor férjhezment akkor a férje családjának lett ingyenes cselédje. Fentebb említettem a nőiség konfuciuszi jellegeit, de a Yin taoista jellemek sem tartották a nőket jobbnak. Tao szerint a lánygyermek tehetetlennek vélt, buta lény volt, sorsát az apja, vagy fiútestvére döntötte el. Mindkettő szerint a lány haszonnélkűli teher volt.

A lányok célja a biztos férhezmenés és fiú gyermekek szűlése volt. Ez ma is így van, különösen vidéken. A fiatalasszony vajmiféle elismerést, vagy családi szeretetet akkor kap, ha idejében fia születik. Vidéken csak a fiúgyermek számít most is utódnak, ha kislányt szült a fiatalasszony akkor az anyósának örökös ellensége és szólgálója lett.

A lábfej sorvasztása sok régi babonával, misztikummal összekötött, előre megtervezett, évekig tartó, kegyetlen gyermekkinzás és a nők fizikai és phichológiai megnyomorítása volt.

A módosabb családok már 3-4 éves korban, a szegényebb, földetbérlő paraszcsalád lánygyermekeinek néhány évvel később kezdték tekergetni a lábfejé

A leírott visszaemlékezés valamikor 1700 as években, Puwei falúban (Yongming megyében, Hunan Provinciában) történt. A kislány családja a Yao ősnemzetiség tagja, a Yi törzs közvetlen leszármazottja Volt. Elődeik a mongolok elől menekültek mai otthonukba (megemlékeztem erről az ősi törzsről a han kínai jellemzésénél).

Általában, ezek az emberek földtelen szegény törzsek voltak, de a nők nem dolgoztak a földeken. Otthon, elkülönitve szöttek, varrtak és hímeztek. Jellemzőjük a nőitársadalmuk titkos, sajátos írása (nu shu) volt. Ezzel tartották egymásközött a kapcsolatot. Nagy jelentősége volt ennek a titikos nyelvnek és komoly tradiciókat hagyott maga után. Állítólag a majd kihalt "nu shu" nyelv különlegségivel ujra több nyelvész foglalkozik.

A Yi törzstagok otthona emeletes ház volt és természetesen délre (taoizmus szerint) nézett. Az alsó részben laktak a család férfi tagjai és rokonok. Itt volt a tűzhely, az asztal padokkal, és elkülönítve itt laktak az állatok is. Ennek a szobának nem volt ablaka, az ajtón szellőzött.

Az emelet volt a női családtagok otthona, apró kis szobákkal, üvegnélkűli ablaknyílásokkal. Itt laktak és dolgoztak a lányok, mama, nagymama és nagynénik. Nagyon ritkán hagyták el ezeket a szobákat, ahová a férfiak nem mehettek be. Az asszonyok együtt tervezték a Yi család minennapjait. A kis gyermekek, mint mindenhol, a házak körül, a falú utcáin játszadoztak. Ezekre a játékos pillanatokra és sok nevetgélésre emlékezik főhősünk Peony. Hat éves volt, amikor a lábfej sorvasztás kérdése felmerült.

A sorvasztás egyetlen célja volt, hogy a leánygyermek korán és könnyen férjet találjon. Minél kisebbre sorvasztották a lábfejét (7 cm. alatt) annál nagyobbak voltak a lehetőségei a jó házassághoz és fiúgyermekek szülésére (?). Peony édesanyja már készitgette a hosszú, erős vászonszallagokat.

A sorvasztás kezdetét csak mágikus szakértők, az isteni, sorvasztási jósnők dönthették el, hiszen csak ezek ismerték a kozmikus világ megfelelő, békés, kedvező helyzetét és a jó-rossz szellemek gondolatait, a kedvező kozmikus állapotokat. A jósnő a házhoz jött, természetesen fizetésért és megvizsgálta a lány szemét, arcát, hátát és lábait. No és amolyan ház-tűz néző is volt ez!

Ha valami különlegesen kedvező jelet fedezett fel akkor a környező falú házasságközvetítő látogatását is ajánlotta. Az is eljött. Peony csak álldogált és aggódva hallgatta anyja és nő rokonai társalgását, a sütemények és tea fogyasztása közben. Csak 6 esztendős volt. Szívesebben játszott volna.

Néhány nap múlva visszajött a jósnő és elmondta, hogy Peony lábai kölönösen szépek és az izomzatuk erős. A jó sorvasztás gyönyörü, "arany liliom" lábakat ìgér, de hangoztatta a további látogatások szükségességét. Szinte garantálta, hogyha Peony mamája jó munkát végez akkor ez a "jelentéktelen" kislány férjhezmehet gazdag és társadalmilag fontos személyhez.

Anyja azonnal, finom selyemből picike, 3.5 cm. hosszú cipőt hímzett, finom selyemből. Ezt a helyi templom Guanyin istennő lábaihoz tette, hiszen az istennő hallotta és látta a szenvedések könnyeit. Ezzel jelezte a sorvasztás kezdetét. Kérte Guanyin segitségét.

Másnap az egész család, Peony apja is jelen volt, amikor a Jósnő meglátásai szerint, gondos körültekíntéssel és jó sorvasztással Peony a Tongkou gazdag családba fog férjhezmenni. A házigazda megköszönte az ígéretes lehetőségeket, de bejelentette, hogy ök egy szegény család, nem tudják kifizetni a közvetítések kőltségeit.

A női családtagok aggodalmasan krizanténum teát és süteményeket kinálgattak. Peony nem értette, hogy miről beszélgetnek. De felfigyelt, amikor a Jósnő bejelentette, hogyha a lába olyan tökéletes lesz, ahogy ö jósolta, akkor majd a gazdag vőlegény fizeti a kőltségeket és a hatalmas menyasszonyi árat is.

A nyár végén elindúlt a folyamat, a "Pici Lábú Leány" istennőnek rízsgombócokat ajándékoztak. Kérték öt, hogy puha, rízsszerű legyen a csontja és segitsen elérni az "arany liliom" láb hét legfontosabb tulajdonságát: pici, keskeny, egyenes, hegyes, szépen görbűlt, selymesen puha legyen és hasonlítson a lótuszbimbóhoz.

Peony csak annyit tudott (hogyan érthette), hogy a lábfejének megnyomorítása növeli a házassága esélyét és közelebb hozza öt a legboldogabb pillanathoz, amikor fia születik. Nem ismerhette 6 esztendős korában e célok természetét. Imátkozott a Pici Lábú Istennőhöz, akiről úgy gondolta, hogy majd segíti az elkövetkező években.

Peony anyja, nagynénjei és nagymamája a női szobákban gyűlekeztek, itt készítették az lábásztatáshoz szükséges folyadékot, körömvágót, varrótűt, cérnát és a 3 méter hosszú, 5 cm széles enyhén keményített vászonszallagokat.

Meghívták a szobába az összes női rokont, hogy tanui lehessenek az eseménynek. Alapos lábmosás-körömvágás után a forróvízben ázott szallaggal anyja a nagylábúj kikerűlésével, Peony 4 lábujját igen szorosan összetekerte, majd a talp alatt a boka kűlsején visszahúzta a szallagot, és a 4 lábújjat a talp alá hajlította. Egyre szorosabban és többrétegben a talpára nyomta Peony 4 lábújját, ahogy feltekergette a szallagokat. Ezek a száradás után még szorosabbak lettek.

Amikor mindkét lábfej készen volt, akkor a mama levarrta a szallagok végét és lányát a szobakörüli gyaloglásra kényszerítette. Peony hihetetlen fájdalommal döcögött, felfordúlt a gyomra, hányt és hangosan ordítozott a fájdalomtól. Amikor megállt, akkor az anyja lökte, időnként meg is verte, kötelezte a gyaloglásra, hogy a leszorított lábujjak betörjenek.

Minden 4-ik nap levette anyja szallagokat, alaposan megmosta Peony lábait, majd letisztította a véres, hólyagos bőrt. Még szorosabbra tekerte a szallagokat. Ez a 4 napos kezelés folytatódott, állandóan őrizték öt, hogy minél többet gyalogoljon.

Közben a szomszéd asszonyok piros-bab gombócokat hoztak abban a reményben, hogy ettől csontjai gombóc-puhaságúra változnak, és lábujjaik könnyebben hajlanak, majd eltörnek. Közben egyre kisebb cipőket varrott anyja és 2 hetenként ezekbe gyömöszölte kislánya kellemetlen szagú, sebekkel teli, duzzadt, sajgó lábfejét.

Peony erős fájdalommal, hetekig gyalogolt szobájában, amikor hirtelen hatalmas pattanásra figyelt fel. A lábujjak csontjai töredeztek el, egyik a másik után. Mamája gyorsan letekerte a szallagokat. Peony megijedt, amikor meglátta élettelen, büdös, elsorvadt, gennyes, véres, élettelen lábfejét.

Ekkor anyja megragadta a lábujjait, meghúzígálta és egyenként benyomkodta a talpa alá.

Peony ordítozott a fájdalomtól, de anyja újra betekerte lábfejét. Több, mint 3 esztendeig tartott, mire a lábfej 6 cm.-re sorvadt. Ekközben 2 hetenként egyre kisebb cipőbe nyomkodta sajgó lábfejét. A sok szenvedés után megnyomorodott, egy év után az emeletről az anyja a hátán vitte le az udvarra, mert menni nem tudott, lábfeje használhatatlan volt.

10 esztendős koráig és később is, évente Gupo istenséghez vitték, de nem gyalog, hiszen menni még nem tudott, hanem a gyaloghíntón hordozták. Itt a fiatal lányok és a várandós asszonyok tömege imátkozott, ajándékokat, apró selyem cipőket hoztak. Természetesen kérték Gupo istenséget, hogy fiúgyermekük legyen. Ez amolyan búcsújáró hely volt, a lányok és a várandós asszonyok gyűlekeztek itt, könyörögtek fiúgyermekért.

Nagyon hasonló szokással találkoztam, igen messze Santa Fe öreg amerikai várostól 40-45 km-re (Új Mexico, USA), északra, a híres Santuario de Chimajó, katolikus pueblo búcsújáróhelyen.

Ez 1813-ban épült, a helyi indiánok, amerikai spanyolok és nagyszámú látogató naponta misét hallgathat itt. Festői szép hely, a Santa Cruz folyó partján. Chimajó, tewa indián (tsimajo) szó, jól repeszthető követ jelent. Valamikor a helyi indiánok itt bányászták az obszidiánt az éles nyilaikhoz.

Híres búcsújáró hely. A templom mellékóltárának a padlóján egy hatalmas nyílás van és az onnan gyűjtött por sok betegséget és bajt meggyógyított. Ezekről a csodákról a sok írott köszönet, elhagyott botok tanuskodnak.

Szemben, ezzel a szép temlommal áll egy kis, jelentéktelen kűlsejű kápolna Santo Nino –Elveszett Gyermek- névvel. Látogatásom alatt több várandós fiatal indián, spanyol és kiránduló mama jött a kis Jézus gyermeket meglátogatni. Legtöbbje apró cipőket tett a Kisded lába elé. Elgondokodtam a hasonló cselekedet lelki, vagy hit gerjesztette rokonságán, talán kapcsolatán.

11 éves volt, amikor Peony-t a jósnő és a házasságközvetítő eljegyezték az ígért gazdag ember fiához, aki ekkor 12 esztendős volt. 6 évvel később férjhezment. Az esküvőn látta először a férjét. Egész életén keresztűl csak a sarkai élén topogott. Sanyargatott, elsorvadt, érzékeny lábfejei örökké gondozást kivántak. Speciális cipőben aludt és életén keresztül dugdosta sérűléseit.

A kis lábfej állítólag növeli a férfiak nemi érzelmeit. Ehhez az érzelemhez nem tudok hozzászólni. De gondolom, hogy ez buta és valótlan elferdítése az anatómiai valóságnak. Azt állították, hogy a megnyomorított lábujjak idegeinek és izomzatának hatásai kedvezően hatnak a női hüvelyre és növelik a férfiak szekszuális örömeit. Hihetetlen!

A lábujjak, illetve a lábfej izmai nincsenek összefüggésbe a női nemiszerv izomzatával! Különben az évekig sanyargatott lábfej izmai teljesen elsorvadtak, a vérkeringés rendszertelensége szinte megbénította a kettébetörött lábujjakat. Olyan csúnya lett a lábfej, hogy állandóan betakarták, szégyelték. A konkubánok hímzett selyem papucsokkal "íhlették"hódolóikat. A szegényebbek rongyokba takarták.

A lánygyermek rendszerint Kínában nem kellett. Ahogy halljuk most sem rajonganak értük. Születésük után még a mai napon is könnyen a párna alá dugják. Igy volt ez mindig. Panaszkodik Wang Lung, amikor az első kislánya született, olvashatjuk a híres regényben (Pearl.S. Buck: Good Earth, p.61.).

Úgy látszik nem tudják, hogy Y (fiú) chromoszómája csak férfnek van. Mi lesz, ha majd köztudattá válik ez a biológiai tény? Különben, dacára az erős előd és családfa tiszteletnek, a leány gyermeket a legtöb provinciában nem tartják számon, nem jegyzik be a falúban őrzött

KINA - A SELYEMÚTON

templom évszázados családfa lajtsromába, tehát nincs!

Ezt Adrienne Clarkson, kanadai kormányzó életrajzában (Heart Matters, 2006) olvastam. Visszalátogatott a kínai falúban, ahonnan a családja származott. Minden férfi családtag neve jelen volt a listán, de, mivel ő nő, ezért nem jegyezték fel. Hozzá kell fűznöm, hogy most az átlag kínai női esetekről írok, nem a nagyvárosi, tanúlt lányokról. De Kínában ezek az átlag, főleg falusi lányok alkotják a női társadalom többségét, a lakosság 1/3-t.

Vajjon hogyan magyarázhatta meg az anya a kinzást leányának? Idővel, ahogy a láb növekedett a lábujjak a talp súlygolyóra hajlottak, összetörtek, majd elsorvadtak. Amire felnőtt a kislány, a lábfeje használhatatlan, járása fájdalmas és bizonytalan volt, ugyanis a láb tovább növekedett, csak a lábujjak a talpra nyomódtak, vájták a húsát, bőrét. Megnyomorodott.

A természetes lábú kínai paraszt asszony sorsát kiválóan bemutatja "O-lan" asszon személyében, Pearl S. Buck:Good Earth c. mesterművében. Az írónő jól ismerte sorsukat, közöttük nőtt fel.

Képzeljük el a sok millió parasztasszonyt, aki csak mászogatva járt, sarkára támaszkodva fájdalmakkal teli billegett és dolgozott. Várandósan, megterhelve kertészkedett. Majd szűlt és később lányának lábát sorvasztotta, hogy férje legyen.

Hogyan férhetett össze ez az őrűlt szokás a kor nagyrabecsűlt és magasztos konfuciuszi és taoista elméletekkel, a buddhizmussal? Ezek a híres bőlcselkedések és filozófiák kihangsúlyozták, azt hogy testünket szüleinktől kaptuk, ezért az tisztelnünk kell óvni kell. Vagy csak a férfiaknak volt tisztelt a testük? Hol voltak a hatalmas, a gondoskodónak vélt, mennyei császárok? A nagyszamú jós és nagyrabecsűlt papság?

Kétségeim vannak, arról, hogy a nők elhitték volna, hogy a lábfejük megnyomorítása megváltoztatja nemiszervük mivóltát. Hiszen a lábfejük csúnya és szagos volt, takargatták. Vajjon, a fizikai fájdalmak mellett mit gondolt az átlag kínai nő, aki picilányként jó lábakon futkározott és mire felnőtt nyomorékon kezdte életét, mindezt a férfiakért. Remélem, hogy a legtöbbje nem emlékezett jó, egészséges, futó lábaira.

Kevés hivatalos adat van az elgennyesedett lábakról, az éjszakai jajgatásokról. Valamikor a múlt században betíltották a lábsorvasztást, de a harmincas években gyakran volt látható az idősebbek között.

Kölönben voltak olyan szerencsés törzsek, akiknél ez a kegyetlen sanyargatás nem terjedt el. Ilyen volt a hegyvidék hakka törzse (Michener:Hawaii), az ujgurok és mongolok. Ezek a lányok nehezen találtak férjet a törzsükön kivül. Szerencsére manapság már tíltott ez a borzalmas női csonkítás. De, sajnos ez sem változtatta meg a nők társadalmi értékét.

No, de talán jó lesz, ha elmondhatom, hogy voltak és vannak a Földünkön másféle kegyetlen módszerek a női nem megnyomorítására. Nem tudom, hogy találok-e valami hasonlót férfitársaim évezredes szociológiai történetében? Olyanfélét, ami a nőinem életének (nemi élet is) a megszépítését, vagy élvezetét szólgálta, de a férfiak életében valamiféle fizikai vagy szellemi megcsonkitást, vagy lelkiismeret furdalást jelentene? Eddig nem találtam!

A XVIII században Európában a darázs-derék volt divatban. Ez, illetve a 17 inches derékátmérő vonzotta a férfiakat, amint láthattuk és olvashattuk Margaret Mitchell:Elfújta a szél c. regényében és a híres filmen. A falemezes és halcsontos fűzők asztmás lélegző állapotokat, több esetben összeesést okoztak az európai asszonyok életében. No, ki tudja, hogy miért tetszett a férfiaknak.

Vagy, miért vonzóbb a karikákkal, mesterségesen meghosszabbított női nyak, hiszen ez is éveken keresztül igazi kínzás (szépitkezés?) Afrika egyes vidékén. Nem volt alkalmam megtalálni a választ.

Talán a legszomorúbb a női csikló metszése (clitoridectomy, a női klitoris, illetve csikló metszése és összevarrása). Asszonyok végzik ezt a nőiméltóságot teljesen meggyalázó, szörnyű mesterkedést. Ráadásul mindez a lányok nemiérettségének ünneplésekor (Afrikában) történik.

Sajnos legtöbbször a metszés eszközei fertőzöttek, vagy anatómiailag helytelenek. Ezért sok esetben, fiatalon és ártatlanul, ezek a szűz leánykák életreszóló fertőzéssel és fájdalmakkal szenvednek. Állítólag ez az állapot növeli a férfiak nemi örömeit. Megalázó!!

Remélem, hogy a jövőben a nőinemzedék szellemileg és gazdaságilag képes lesz arra, hogy jogosan (hol van a kormányrendelet ?) távoltarthassa magát e sokféle, férfiak állitólagos nemiérzelmeit növelő, gyalázatos mutilációktól.

Hosszan foglalkoztam az ős bőlcselkedők ismertetésével. A bevezőmben írtam, hogy az utazásaim során a kínai nők szólgálói sorsának gyökereit és életük sajátos kínai mivóltát próbáltam megtalálni. A tapasztalataim azt jelzik, hogy legtöbbjük életében nem sok változás történt Konfuciusz bőlcselkedése óta. A kínai útazás, az ősi szokások, és a látottak viszont feltárták a nőitársadalom nehézségeinek okozóit.

Konfuciusz bőlcselkedései, Laotse Yin és Yang Útjai teljesen aláásták a nők társadalmi szerepét, sajnos már jóval időszámításunk előtt. Ezek az erős őskínai hagyományok, bőlcselkedések és vallások a férfiakat magasztalták és az élővilág legfelsőbb színtjére delegálták. Valóban Kínában is a teremtés koronái lettek. Ezek az évezredes bőlcselkedőerők hatalmasak, szinte megtörhetetlenek.

A Nagyfal dinasztiáinak bőlcselkedői és hitvilága jogilag is bíztosították a kínai férfiak szellemi felsőbbségét és tökéletességét. Emellett ezek az égi hatalmak a férfivilág nemiérzelmeit is több módon (házasságok, konkubánok, szeretők) még jogilag is kielégítették, törvényesítették.

Ezek törvényszerű szokások lettek, az álláspontok a ma napig is élnek és elfogadottak, különösen a vidéki, a kevésbé képzett emberek között.

Az igazi oka ennek a szegényes és lealázó női degradációnak messzenyúló és ősi. Ha közelebbről megnézzük, akkor azt találjuk, hogy minden ma elismert, nagyobb vallást férfiak alapítottak.

Természetesen, mint a jó szenteknek, a férfiaknak is maguk felé hajlott az alkotás keze. Az égből jött sugárzásokból igazi, földi férfi mennyországot alkottak maguknak. Abban a reményben, de erre nem is volt szükség, mert az égi sugárzásokból tudták, hogy a nők eltűrik (engedelmesség, a legfőbb erény!) jogos hajlamaikat, ápolják a hitet, gondozzák a családot, hitben nevelik a gyermekeket és még az óltárterítőt is kimossák. Ezt a mennyei állapotot veszélyeztetné a női egyházvezetés. Pedig bőven van női képesség!.

8. Ritka maradványok

A múlt század elején a Yangtze folyó mellett találtak egy 200 évesnél öregebb, üres koporsót. Igen illatos, könnyü, időtálló fából (Paulownia tomentos) faragta valaki. Igen jó állapotban volt. Több réteg lakkfesték takarta a koporsót, de a fedelét faragott angyalok, tündérek és misztikus elemek díszítették.

A fedél belsejét egy gyönyörű faragott kutya feje díszítette. Ez közvetlenűl az elhalálozott holttest arca felett volt. A fekete koporsót a faragója papirral és írott szerelmes verseivel bélelte ki.

Két kis urnát találtak a szép koporsó belsejében. Az egyikben a kutyája neve volt. A szebb dobozban 3 teljesen megkövesedett, borsónagyságú tárgy gurigázott. A vizsgátok során kiderült, hogy az egyik a himvessző darabja a másik kettő pedig a többszáz éve száradozó férfi herék voltak. Ebből kiderült, hogy a koporsót egy háremőr faragta.

A koporsó készítés oka az volt, hogy legtöbb háremőrnek, kivéve a nagyon magas rangúakat (nem ismerem a fokozatokat), a császárság nem fizette a temetési kőltségeit. Beszámoltam arról, hogy a temetési kőltségek hatalmasak voltak. Ezt a császárság nem fedezte, mert a hiányzó nemiszerv fizikai megcsonkítás volt.

A fogamzó képességük, legfontosabb férfias jellegük ezeknek az embereknek elveszett, meddők, impotensek és csonkítottak voltak. Ezért nem vehettek részt a templomok szertartásain, mert az istenek elé csak tökéletes, ép testűek mehettek. Haláluk után lelkük vándorolt, mert nem maradt utód, aki majd gondozza szellemüket. Ez rendkivül bánatos gondolat volt az öregedő háremőrnek, vagy a meddő férfiaknak.

Nincsenek adataim a háremőrök számáról, de a konkubánok népszerősége tekíntélyes számra következtet. Azt sem tudom, hogy kik voltak ezek a férfiak és hogyan választották öket erre a sorsra, illetve szerepre (nem hívhatom foglalkozásnak). Gondolom, hogy rabszólga sorsú, jogok nélkűli, talán idegen foglyok, vagy elítélt bünözők lehettek.

A leletek azt bizonyítják, hogy dacára annak, hogy a koporsót faragó férfi elvesztette nemiszerve funkcióját, mégis a szerelemről írt és verselt. Tehát nem vesztette el nemi óhaját, a szerelmi vágyakozását. Ha ez igaz, akkor igen keserves lehetett az életük, mert éppen a titkos szerelem gyönyöreire őrködtek. Ez a legkegyetlenebb módja a férfiúi méltóság elrablásának!

9. A császárság rendszere

XIA császárság (Kr.e. XXI-XVI század). Nincsenek írásos emlékek, de valószínüleg ezt az első császárságot a Sárga folyó mentén kialakúlt, köfalakkal körülvett, előrehaladott civilizációk fejlesztették ki, ilyenek a Banpo-i Yangshao civilizáció, Xi'an mellett, melyről beszámoltam.

SHANG császárság (Kr.e.16-11 század). Sikerüket erős és jól szervezett katonai felkészűltségnek köszönhették. Felfedezték a bronzot, tökéletesítették annak feldolgozását. Különösen az áldozati szertartások bronz edényei magas civilizációt mutatnak. Hadieszközeik, szerszámaik kiválóak voltak. Ez a dinasztia szervezte meg a kínai írásmódot, szimbólumokkal

Zhou császárság (Kr.e.11 század-221). Tökéletesítették a bronz felhasználását és kialakúlt az első kínai társadalmi rétegződés, a feudális kormány rendszer. Ez az első korszaka a kínai intellektuális fejlődésnek. Konfuciusz, Menciusz és Lao Tzu tanításai ismererté válnak. Ebből a periódusból származik az első selyemre festett tájkép. Nagy a kivánalom az elhaltak temetéséhez szükséges ékszerek, edények és köznapinak vélt tárgyak után. Virágzott a temetkezési kúltusz. Megnövekedtek az igények a gazdagok körében a zene iránt.

70

Az alábbi ásatási leletek fényt vetnek az ősi társadalom rétegeződésére, a miszticizmus szerepére, a sámák fontos szervező erejére és a szegény nép sorsára is.

Az utóbbi évtizedekben a kínai Akadémia ásatásokat kezdett, a kutatások folyamatosak. Felfedezésük igen jelentős tényeket világított meg, a régi főváros császári palota földalatti maradványaiban, Anyang-ban. Megtalálták a földalatti áldozati edények tárolóját és a bronz, agyag edények gyártási helyiségét. A felfedezések előrehaladott gyártási módokról és az uralkodókat szólgáló széles és roppant tehettséges artizán rétegről tanuskodnak.

A Shang és Zhou császárokat kiváló írástudók, csontrepesztők (scapulimancy), jósok és sámánok vették körül. Etetésükről a császár szólgalatában lévő parasztok, cselédek (a föld alatt éltek) serege gondoskodott.

Ekkor melegebb volt az éghajlat arrafelé. Bivaly csordákat neveltek, hogy kielégitsék az orákulum-csontszükségletet. Százak (emberek és állatok) életét áldozták fel misztikus szertartásokon az őseik orákulum-csontokon leírt, titkos tanácsaiért. Ezeket az áldozatokat szebbnél-szebb kalligráfiákkal díszített bronz edényekben mutatták be. Az orákulum csontokat a helyi templomokba, vagy a császári könyvtárba tették. Azután a csont maradványaikat, mélyen a föld alá ásták.

Az ásatások sok értékes ékszert, állati és emberi csontokat hoztak felszínre. Ezek felderítették a társadalom korai rétegeződését. Valószínűleg a legalacsonyabb emberi réteg a korai császárok birodalmában feláldozódott a hatalom sikeréért.

Természetesen ezek az áldozati, erőssen szervezett ünnepségek ellenőrzői, magyarázói és végrehajtói is a sámánok, majd az írástudó papok voltak. A sok ünneplés, felvonulás, illatos olajok, elegáns kabátok és csillogó ékszerek és harangok megtévesztőleg hathattak az egyszerűbb kínai emberre. Féltek, emberfelettinek gondolták őket. Ez a hamis hiedelem kisérte a császári uralmakat.

Tudnunk kell az ősi tömörített, vagy vert falak kínai használatáról. Már az első 3 dinasztia ezekre az alapformákra építkezett. A Nagyfal első szakaszai is ezzel a módszerrel épültek. Minden fal, azonos módszerrel készült és megmaradt a Ming (1368-1644) dinasztiáig. Minden falút, kisebb-nagyobb települést fallal vedtek körül. Közepén külön fal védte a császárt, vagy a falú vezetőségét. Ezeknek maradvanyai sok helyen láthatók.

A fal építése hihetetlenül nagy emberi, fizikai erőfeszítést kivánt. Vékony talajréteget döngettek, amig kökeménységű lett, új rétegek hozzáadásával, mozgatható faráma vezénylésével növelték a magasságát. Ilyen alapra épült a Zhengzhou föváros, már a neolitikus időkben. Erről a helyről írtam a Longshan földműves kúltúrák kifejlődésénél. Ennek magassága 9 m és 6.4 km hosszú, köralakú fal. Ezzel a módszerrel épültek Peking, Xi´an-t körülölelő falak, és a Nagyfal is. Sok ezer ember vesztette életét.

A nyugati társadalmak is építettek maradandó sírhelyeket, ilyenek a piramisok. Ezek is hatalmas munkaerőt és sok ezer rabszólgát használtak, de szerencsére szokásuk rövid életű volt.

QIN császárság (Kr.e.221-206). Qin császár egyesítette az önálló kiskirályságokat, 221-ben. Qin Shi Huangdi császárnak nevezte ki magát és ezzel megalapította a Qin Császárságot (róla nevezték el Kínát). Megteremtette Kína gazdasági, kúlturális és adminisztrációs strukturáját. Nagy mérvű szigorral, sokszor kegyetlen módszerekkel Qin császár fektette le a mai Kína politikai, gazdasági és kúltúrális kormányzás alapjait.

Az öreg dinasztiák falai az egyesítés során hasznavehetetlenné váltak, ezért a biztonság érdekében Qin császár elkezdte a Nagyfal építését, a régi falak összekötését. Szabályozta a kínai nyelvet, felépítette az ország vízrendszerét. Szabályozta a hivatalos kínai írásmódot, a képes, illetve szimbólumok használatát.

Összekötötte a Selyem Út hálózatát Közép Kelettel. Egységísette a súlyokat, kalendáriumot létesített. Kegyetlenül szigorú ember volt. Elégetett minden előző írásos emléket, csak a sajátját pártolta. Azt mondja az irodalom, hogy 470 ellenzékét élve eltemette.

Hatalmas összegeket kőltött a saját mauzóleumjának építésére és környezete tökéletesítésére. A császárok egész életükön keresztűl hittek abban, hogy örökké fognak élni és földi életükhöz hasonló, vagy még annál is nagyobb lukszust igyekeztek teremteni. Sírhely maradványaik tele vannak leírhatatlanúl gazdag ősi maradványokkal. Virágzott a nagyszámú őstörzsi tradició, jóslat, babona és boszokányság minden fajtája.

Ennek kőltségei és a hatalmas épitkezések nagy terhet róttak az ország gazdasági életére, 209-ben kitört a paraszt lázadás, amely megdöntötte a dinasztia hatalmát. Qin császár mauzóleumát jóval halála előtt megtervezte, Xi´an mellett. Azóta is több, mint 7,500 agyagkatonájával (Terra-cotta) őrizteti "örök életét", alussza császári álmait. Később ennek ismertetésére visszatérek.

HAN császárság (Kr.e., 206-Kr.u., 220). Nagyjából megtartotta Qin császár szervezettségét, de óvatosabb volt a már kialakúlt társadalmi rendek megzavarásával. A Han császárok a 400 éves uralmuk alatt nagy mértékben fejlesztették a mezőgazdaságot, szabályozták az elvadúlt folyóik jelentős részét. Állami bronz feldolgozó üzemeket, sóbányákat, teksztil gyárakat, agyagfeldolgozó központokat létesítettek. Uralmuk alatt kialakúltak jobb kereskedelmi vállalkozások is.

Megismerte és nagyrabecsűlte India, Perzsa és a Római birodalom a kínai mestermunkákat. Soha annyit nem kőltöttek a meghaltak mauzóleumjaira, mint ebben az időben. Sajnos az uralkodó császárok hatalmas adó-rendszere paraszt-lázadást okozott. Ebben az időben alakúlt ki az új földtulajdonos osztály, akik elégedetlenek voltak a Han császárok kormányzásával. Végtére a vallásos ellentétek, a Sárga Turbánosok (Yellow Turbans) buktatták meg a Han Dinasztiát. Kőltekezéseikre jellemző az alábbi sírhely.

Többször említettem a sírhelyek fontosságát a kínai császárok uralma alatt. 1968-ban Hopei provinciában, 140 km.-re Pekingtől megtalálták Liu Sheng királyfi síremlékét, Kr.e. 113-ból. A kínaiak úgy gondolták, hogy a zsád (jade) megvédi a testet a lebomlástól, ezért halottaik mellé az ásvány darabjait rakták. Ha az elhalt személy császár, vagy magas származású volt akkor az egész testét betakarták zsáddal (a szép és jó minőségű zsád igen drága).

Ez történt Liu Sheng holttestével is! A temetési öltöny 2,498 nagyon vékony, testi hajlatokhoz símúló, csíszolt, vagy faragott zőld zsád lemezből volt összevarrva. Ez betakarta a testet, mint egy páncél. A lemezek 0.5 mm. átmérőjű kis lukakon keresztűl kapcsolódtak egymáshoz. A kapcsolatok fűzőanyaga több, mint 12 szálból csavart színarany. Összsúlya a felhasznált aranynak 1011 gram.

Kiszámították, hogy egy kiváló mesterembernek 10 esztendő kellett a búra elkészítéséhez. Ez csak a ruhája volt. Rengeteg ékszer és más használati tárgy bíztosította a királyfi testének örökéletét. Ez a leírás erősen jellemzi a kínai feudális gazdagok, Qin császár kőltekezéseit.

Ezt a művészi alkotást a múzeumba láttam. A zsád páncél magasszintű arany-ásvány művészetről tanúskodik. Azon gondolkodtam, hogy mi történhetett a drága zsádpáncél alatt ezzel a nemes testtel? Nem kérdezősködhettem.

HÁROM Királyság és HAT Császárság (220-581). A Han dinasztia bukása után Kína Három királyságra szakadt:északon a Wei, Shuan nyugaton és Wu délen vette át az uralmat. 317-ben rövid időre egyesűltek Chin vezetése alatt. Az északi nomád törzseket a császár nem tudta kivédeni. 317-ben a Toba türkök áttörtek a Nagyfalon és elfoglalták észak Kínát. Majd kétszáz évig császárok voltak északon.

Uralkodásuk alatt jó üzleti kapcsolatokat építettek Közép Ázsiával, ez lehetővé tette a kozmopolita társadalom kialakílását. Okosan felhasználták a kínaiak fémipari és kúlturális előnyeit. Ebben az időben terjedt el a buddhizmus és a Toba török uralom alatt keletkeztek a ma már világhírű buddhista barlangok, melyek kincsesházai a felvilágosúlt világvallásnak. Ilyenek a híres Moguo Barlangok, Dunhuang-ban. Ismertetésére később visszatérek.

SUI császárság (581-618). Az ország újraegyesítése a VI.sz. végén tökéletes katonai hadművelet volt. Leverték az északi törzseket, majd elfoglalták a déli vidéket és megalapították a Sui Dinasztiát.

TANG császárság (618-907). Támogatta az ország egyesítését és terjeszkedni kezdett. Észak-keleten a császáság elfoglalta Koreát, lerohanták a déli Yunnan-t, nyugaton a Tarim Basin-t, majd a Taklimakansivatagot csatolták birodalmukhoz. A megnövekedett területekkel minden irányban felélénkűlt kereskedelem. Nagy forgalom volt a Selyem Úton, megnyíltak a tengeri útvonalak a Dél Kínai és az Indián tenger felé. A bronz, a szén és ón iparágak tökéletesítése bíztosította Kína gazdasági hatalmát.

Fellendűlt az érdeklődés a kőltészet, irodalom, szinházak és filozófiai áramlatok iránt. Híressé váltak a dinasztia fal-festményei, a buddhizmus legfontosabb művészeti formái. Fejlett a díszítő tárgyak, vályog és porcelán-szerű vázák, tároló-áldozati edények művészete. Hsüan Tsung, Ming Huang (712-től) Császár támogatta ezeknek fejlődését. Több helyen lázadások voltak. Jellemző a konkubánok erejére, hogy a 755-56 –os lázadást An Lu-shan császár szeretője Yang Kuei-fei okozta és majdnem megbuktatta a császárságot. Végűl is a paraszt-lázadások leverték a Tang Dinasztiát.

SONG Császárság (960-1279). Eltekintve a kezdeti civakodásoktól (Kitan és Nuzhen törzsekkel) a Dinasztia békét és jólétet bíztosított a kínai népnek. Erős volt a gazdasági helyzet, virágzott a művészet. Kiváló kézműves iparuk és gyakorlatias gondolkodásmódjuk alapja volt a sokféle ipari felfedezésnek. Ilyenek voltak a puskapor, mozgatható nyomda és a kompassz. A realista festészet (Zen imresszionizmus) uralta a művészeteket.

Új irányok mutatkoztak a kerámia művészetben. Megjelentek a Ch'ai égszínkék porcelánok. Virágzottak a buddhista művészetek iskolái. Ezek felgyorsították a cserekereskedelmet. Kína a leggazdagabb és legfejletebb nemzetté fejlődött. Irigykedve figyelték északi szomszédaik, a Mongolok. Híres vezérükkel Genhis Khan-al, a nomád lovas harcosok körülvették a nyugati és déli részeit az országnak. Megsemmísítették a Song császárság hadseregét.

A mi iskolai tanulmányaink veszedelmesen erős lovaskatonai erőnek emlegette a mongol hadsereget. Ez igaz volt. Az ősi mongolok nomád emberek voltak. Jobb legelőkért vándoroltak a hatalmas mongóliai füvespusztákon juhaikkal, kecskéikkel és természetesen lovaikkal. Állandó és kegyetlen belső törzsi háborúskodásban éltek. Az évszázadok folyamán szervezetté és híres lóháton harcoló, igen sikeres, jól szervezett lovashóditókká váltak. A Nagyfal majd ezer évig védte Kína északi részét a mongol betörésektől.

Ez az erős, egyesített mongol törzsek lovascsapata 1211-ben Temujin (Genghis Khan) vezetésével áttörte a Nagyfalat. Hatalmas felfordulást és félelmet okoztak a kínai lakosság körében. Szokásaik ismeretlenek és a kínaiak szerint barbárok voltak.

Később Genghis Khan a birodalmához csatolta egész Kínát, kiváló hadvezérnek bizonyúlt.

Megbékéltek a kínaiak, mert ez a dinasztia szervezetté vált, nőtt és erősödött az ország. Ekkor Genghis Khan birodalma kelet Európától a Csendes Óceánig terjedő, legnagyobb császárság volt. A birodalom gyarapítása amolyan családi hagyománynak tűnik, mert Genghis dédunokája Babar (1483-1530) elfoglalta India egy részét (Mogul Birodalom), majd az unokája Kublai Khan Kínai Császár lett (1259).

Később megalapította a Yüan Dinasztiát, mely több, mint száz évig uralta Kínát. Uralma alatt meggazdagodott az ország. Aranyairól és módos életéről írásaiban Marco Polo emlékezett meg. Ez a jó hír felébresztette az európai kereskedők érdeklődését.

YÜAN császárság (1271-1368). A beözönlő mongolok, az első idegenek hatalom volt Kínában. Nem ismerték a szervezett, kínai társadalmi életformát. A köznép vándorló volt, állatok tenyésztésével foglalkozott. Észak Kínában telepedtek le, alapítottak egy új fővárost, Khanbaliq (modern Beijing) néven. Az északi területeken a művelt termőföldeket legelőkké alakították át. Összeszedték a kínaiak lovait, akiknek ezek az állatok voltak az egyetlen teherhordóik.

Nem voltak népszerűek a kínaiak körében. De ennek ellenére erősítették a kínai északi határokat, miközben háboruskodtak Burmaval és Japán-al, de céljuk a bíztosabb kínai kereskedelmi vonal megteremtése volt a Európa felé.

MING császárság (1368-1644). Kína virágzott a Ming császárság uralma alatt. A figyelem a művészetek felé fordúlt, különösen a festészet vált divatossá, de nem az újszerűt, hanem a régi stílusokat ébresztgették, vissza a múltban jelszóval. A művészek felébresztették a módosabb európai gyűjtők érdeklődését.

QING császárság (1644-1911). Ez a hosszú korszak, igen mozgalmas és jelentős történelme Kínának. A Qing császárok elhatározták, hogy teljesen új mandzsúriai (Kína észak-keleti provinciája, Heilongjiang, fővárosa Harbin) társadalmat alkotnak Kínában. Kangxi császár Kínához csatolta Formózát, Yunnan-t, Tibet-t és Mongóliát. Vietnam és

Korea is Kína védelme alá kerültek. Hosszú éveken át igen termékeny volt az állam gazdaság, elégedett volt a társadalom.

Hírtelen természetes katasztrófák (időjárási rendellenességek) néhány év alatt tönkretették az ország iparát és mezőgazdaságát. A legyengült császárság áldozatává vált a belső és külső ellenzék kormány ellenes cseljeinek.

Az első kegyetlen politikai esemény az 1839-i Ópium Háború volt. Ez teljesen megringatta a Qing dinasztiát. Anglia nagy mennyiségű ópiumot hozott be Kínába, Indiából. Ez Angliának igen jövedelmező kereskedés volt. A Qing dinasztia császárjai ellenezték az ópium behozatalát. Az opiumtilalom háborús összeütközésre késztette Kínát Angliával. Anglia megnyerte a háborút, ami végtére ópium piaci, igen szomorú vereség volt. Az ópium fogyasztás elharapódzott, egyre nagyobb lett az éhség, milliók meghaltak.

A nép fellázadt, ez volt a kegyetlen T'ai P'ing lázadás, Hung Hsiuch'uan, (Egek Második Fia) császár vezetésével. A császárság idegen segítséggel megfojtotta a felkelést. Az ópium, a punti és hakka törzsek közötti háború teljesen tönkretették az ország mezőgazdaságát. Kitört az éhség, 25-35 millió ember veszetette életét.

A világ, de főleg az európai hatalmak kihasználták a császárság legyengülését. Mindenkinek területi követelései voltak. Franciaország elfoglalta Vietnam-t, és Taiwan japán uralom alá került. 1900-ben az akkori császár özvegye Cixi vette át az uralmat. Cixi meghalt 1908-ban és fia, a 3 esztendős Puyi lett az utólsó császára a dinasztiának.

A fent leírott, nagyszámú császárság nemcsak az ország hatalmas koráról tanuskodik, hanem elárulja annak folytonosságát és változatosságát is. Kirándulásaim során tapasztaltam ezt a hallatlan változatosságot az emberi formák, életmódok, a sok eltérő nyelv használata, a különleges épitészet és a sajátos művészetek terén. Az említett császárságok sajátosságukkal egyéni nyomott hagytak az kínai társadalom összetételében.

10. A KÍNAI NYELVRŐL

 A hivatalos kínai nemzeti nyelv guoyu, vagy putonghua. A Mandarin nyelvcsaládból származik és ezt beszélik Peking környékén. Ezt tanitják az iskolákban is, "lingua franca" néven, ez a nemzeti, hivatalos nyelv. A beszélt nyelv nem azonos az írott nyelvvel.

A kínai nyelv a Sino-Tibeti nyelvcsoportba tartozik. Az írott, és a beszélt nyelv igen sok nyelvújításon és szabályozáson ment keresztűl az elmúlt évezredek során. Ez bizonyosan folyamatos, hiszen lépést kell tartani mindjájunk nyelvének a világ légi- ipari és a nemzetiségi társadalmak fejlődésével.

A beszélt nyelvben két nagy nyelvcsoportot különböztetnek meg, az északi és délit, az utóbbi a régebbi. Nyolc nagy dialektust különböztetnek meg és használnak ezeken belül. Az eltérés közöttük igen éles, akadályozza a kőlcsönös megértést. Ezeknek több féle regionális változata ismerős.

 A legnépesebb a han kínai nyelv, 80 % -a lakosságnak ezt használja, ezt beszélik a szétszórt, legnagyobb muszlim hui kisebbségek is.

A hui nemzetiségű kínaiak a legnépesebbek, számuk több, mint 25 millió. Szétszóródva élnek az ország minden részén.

A han kínai nyelven belül is számos változatot használnak, főleg az ország dél-keleti részein. Ilyenek a Kantonese, Hakka és Fukien dialektus. A másik hatalmas, nyelvi dialektusban gazdag csoport a különféle 55 nemzetiségnek anyanyelve. Ezeket 4 nagyobb nyelv családba oszthatjuk: Tibeti, Hani, Tujia és Yi (Tibeti-Burman nyelv család),

Mongol, Kazák és Ujgur (Altaic nyelvcsoport). Zhuang, Dai, Bouyei és Dong nemzetiségek anyanyelve (Thai csoport). Ezeken belűl is hatalmas nyelvi változások vannak.

A Yao és Miau ősnyelv gyökerei ismeretlenek, de ezek a nemzetiségi nyelvek hivatalosak a déli hegyvidékek autonomiáiban.

Ebből láthatjuk, hogy sok esetben a nyelv "hivatalossága" mellékes kérdés. A legfontosabb a megértés.

Az irott nyelv nincs kapcsolatban a beszélt nyelvvel, mert az szimbóliumokat használ. A régi írott nyelv több, mint 50 ezer szimbóliumot ismert, manapság ezek számát 3-4 ezerre csökkentették.

Az idegenek segítésére (tájékozódás végett) 1979-ben bevezették a Pinyin nyelvet, ahol a szimbolumok helyett betüket használnak, mely az angol kiejtést követi. Sajnos ezeket nem láttam.

Ez csak igen szűk összefoglalója a kínai nyelvproblémáknak. A nyelv használata igazából erősen regionális, mivel igen nagy számú a nemzetiségek anyanyelv használata. Természetesen ez a nagy számú dialektus írásbeli különbségekhez is vezet. Ez a másik oka a nagy mérvű kínainyelv írástudatlanságának. A valóságban a beszélt és irott nyelvek száma hatalmas, talán ismeretlen.

11. KÍNAI NÉPESSÉG

Az utólsó népszámlálási kísérletek 1992-ben voltak. Ekkor 1,151,616,000 lelket számláltak. 1991-ben a lakosság 1.3 %-al növekedett. Ugyan ez alacsony szaporúlat, de ez 20 évvel ezelőtt volt. Ekkor átlagban 137 embert számláltak /négyzet km-ként. A lakosság 52 %-a férfi és 48 %-a nő volt.

Újabb népszámlálási eredményekről nem tudok. Bármilyen szemszögből vizsgáljuk a nagy számú lakosság igen sok gondot okoz a kínai kormánynak. Nincs elegendő termékeny föld, a terméshozam alig növelhető.

A kormány több intézkedéssel próbálja csökkenteni a szaporúlatot.

Nehéz probléma ez, mert a gyermekvágy szinte leküzdhetetlen, sajátosan magán érzelem. Az egyének nemi beteljesűlése és együvétartozásuk jelképe. Ezt nehezen lehet kormány rendelettel szabályozni.

A nők 25, a férfiak 27 éves koruk után házasodhatnak. Teljes információt, fogamzás elleni gyógyszereket, mindkét nem sterilizációját és abortuszt kaphatnak az államtól ingyenesen. Ha városban laknak és csak egy gyermekük lesz, akkor kedvező lakáshoz juthatnak. Ha vidékiek, akkor 2 gyermekük lehet, de nincs lakáskedvezmény, esetleges anyagi megtorlás is lehetséges.

Ösidők óta Kínában mindig a fiúgyermekek gondoskodtak megörege-
dett szüleikről és az elhalt elődök sírhelyeinek gondozásáról. A lány
csak teher volt. Ezekről részletesen írtam.

A társadalom egy része a mai napig is a lánygyermeket hasznavehe-
tetlen lénynek tartja, különösen vidéki falvakban (2/3 a lakosságnak).
Gakran megfojtják azonnal születése után. Ez a kormány részéről is-
mert és elfogadott tevékenység.

A lakosságnak 2/3-a, igen nagy szám. Úgy tűnik, hogy ezek nem igen
tartják be az 1, vagy 2 gyermekes ajánlatott.

A fenti kormány rendelet sok bonyodalmat okozott és okoz a nagy-
számú nemzetiségek életében. Ezt az eljárást fajtájuk kiírtásának
tekíntették. Tűntettek. Itt változtatni kellett a törvényeken. Nem írnak
népszámlálási eredményekről, így ismeretlen az évi szaporulatuk.

Úgy hallottam, hogy a tehetősebbek, vagy tanúltabbak ismerik a
magzatvíz nemhatározó tulajdonságát, tehát nem várják meg, a nem
óhajtott kislány születését.

Az újabb eredmények azt hallatják, hogy a férfiak aránya a nőkkel
szemben erőssen növekedik. Ez pedig igen egészségtelen civi-
lizázióhoz vezet.

Az eddig elmondottak hatalmas nemzetiségi gazdagságot tükröz, ezt
igazolja hitük és nyelvük változatossága is. A több, mint 4 ezer éves
császári uralom folytonossága mellett, most is ott rejtőznek a többez-
er éves jóslatok maradványai és szokásaik gazdagsága.

Nem vesztek el az ősi gyógymódok, nem haltak el a gyógyfűvek rétjei
sem. A sok fajta gyógyító csontoknak most is nagy értéke és szerepe
van a mindennapjaik egészségápolásában.

Természetesen Konfuciusz ősi bőlcselkedései felejthetetlenek. Ez
alapja volt az ősi kínai társadalmi formának, de útmutatója a modern
kínai életmódnak is. A taoista természet közelsége és fontossága szé-
pen ötvöződött a társadalmi bőlcselkedéssel.

A han buddhizmus ölelkezik a tibeti és indián buddhizmus kev-
erékeivel, megfűszerezve a taoista bőlcselkedők elmélkedéseivel.
Csodálatos módon, együtt, békességben élnek isteneikkel. Jelen van-
nak az elszórt, lelkes, növekedő számú keresztények, hírdetik az egy

Isten igazságait

Az ország nyugati provinciáját a muszlim ujgurok, Allah követői lakják. Gyönyörű mecseteket építettek a harcos hui és a büszke ujgur népek. Időnként lázongást okoz a keveredés, de alapjában nem igen változik az ismert, régi álláspont. Mindenki a könnyű és szép életről álmodik.

12. MŰVÉSZETEK

Selyemre festett mákvirág, fogadónk dísze

Kalligráfia nélkűl nincs kínai művészet. Titokzatosan szép, szemnek igen tetszetős. Kacskaringósan hajlongó ecsettel, fekete tíntával festett, igen fontos szimbólikus írás. Jellemző a kínai művészek, tudósok és főleg a festészet, irodalom, okmányok és a porcelánok jelzésére (halmark).

Egyetemista koromban kínai festéknek hívtuk, ezt a kalligráfiákban használt fekete tintát (ábrázoló geometriai rajzainknál Staszi professzor úr felügyeletével, mint a drága aranyat úgy adagolták).

A művész egyszerre tanúlja művészi mesterségét a kalligráfiával, a kettő szoros összefüggésben áll. A kalligráfiát a kínaiak fejlesztették igazi művészeté.

Látogatásom során minden hivatalos helyen, iskolákban, állomásokon és természetesen a császári paloták falain, igen elegáns keretekben és központi elhelyezésben igen sok szép és tetszetős kalligráfiát láttam. Sajnáltam, hogy nem olvashattam el. Szerepük és gondolom mondanivalójuk nagy szerepet játszanak a mindennapi életükben.

Ha közelebbről megnézzük a kalligráfiát, akkor láthatjuk a bíztos hajlított ecsethúzásokat a selymen, vagy a rízspapíron. A kínai ecsetek finom hajlékonysága állítólag követni képes, az író, vagy festő belső érzelmeit. A kalligráfiát, vagy az alkotást nem az alkotó fizikális keze, hanem a belső ihletek, sugallatok vezérlik.

Amolyan eufórikus állapotokra hivatkoznak, különösen a természettel foglalkozó események írása, vagy festése közben.

Erőssen hatottak ezekre az alkotásokra a taoizmus hang-szín ritmusai, melyek a természetből fakadtak. Például Li Bai (706-762) neves festő úgy érezte, hogy festés közben hallja a sok fenyőfa lélegzését és a gyorsan elszaladó patak pedig minden szomorúságot kimos lelkéből, tökéletes nyugalmat derít.

A művész kezének biztosan kell fogni az ecsetjét, mert hibára nincs lehetőség. Javított kalligráfia nincs, vagy legalább is szégyen lehet, mert mi is ritkán javíthatjuk aláírásunkat (elfogadhatatlan). A kalligráfia jellege valós, elegáns és eredeti kínai.

Rendszerint a festmény valamely sarkában a kalligráfia elmondja a mű cimét, vagy megnevezi a munkája körülményeit. Természetesen a kalligráfia is sok változáson ment keresztűl, követte a nyelvi újításokat. Manapság is nagy szerepe van a kalligráfiának. Híres emberek mondásait őrzik, vagy könyv cimek, újságok és vezércikkek szerkesztésében használt.

A kalligráfia alatt, vagy felette láthatunk rendszerint piros és négyszögletes kockát, mely az alkotó névjegye (lishu, vagy kaishu). Ez hamisithatatlanul megőrzi az alkotást és a művész nevét. Az évezredek során sok kalligráfikus iskola és módozat alakúlt ki. A kalligráfikus festők igen gyorsan, hihetetlenűl bíztosan és művészi adottságokkal mozgatják ecsetjeiket. Szinte átszelleműlt arccal alkotják üzeneteiket. A névjegy alkotás ellenőrzött, művészek tervezik. Ellenőrzött irodákban történik.

 Az Academia Sinica ajándékaként Lacinak is szerkesztettek egy kínai névjegyet (lishu). Többszöri hangtani próbálkozás után úgy döntöttek, hogy a szimbólumok Orlòcit (or-lo-csi) hangoztatnak. A névpecsét (kaishu) márványba faragott szimbólumok összesége, amely elfogadott, mint hivatalos névjegy.

Mint érdekességet említem, hogy Mao Zedong (Mau Csetung) is kedvelte a kalligráfiát. Verset írt a "xingshu" típusú kalligráfiával, melyet minden ebédlőben kitettek. Ez a kalligráfia egy gyorsabb változat volt, különösen a Keleti Hang dinasztia (24-220) alatt volt divatos. Különben az ősi paloták, császárok otthonai, hivatalos épűletek falai elegánsan bekeretezett kalligráfiai üzenetekkel van tele. Sajnos nem tudtam elolvasni.

A kínai festményeknek határozottan kínai jellege, formája és összehasonlíhatatlan eredetisége van. Különleges jellegeit azonnal felismerjük. Mestereik sajátosan kínaiak, nem másolták a világ különféle művészeti irányait. Állítólag Kr.e. 2500-ban Che Huang csinálta az első festőecsetet. A kínai festőnek az ecset minősége rendkivül nagy fontosságú, mert munkája során a szellemi elképzeléseit, meditációjának hatásait a kezében lévő, ujjaival tartott, gondolataival irányított, finom ecset örökíti meg. Ennélfogva az ecset szőrszálainak teljes finomságára, hajlékonyságára és az ö szellemi érzékenységére, ihletére van szüksége. Valóban a kínai ecsetek a legfinomabbak.

Az ecset az ember, mondja a kínai közmondás. Ennek ereje, könnyedsége és képessége formálja a valósvilágot a fantázia országává. Nagy különbség van a kínai és nyugati festészet között. A kínai művész nem foglalkozik azzal a gondolattal, hogy képe hasonlitson a személyhez, tárgyhoz, vagy tájhoz. Szerinte a legfontosabb elemek, a testek mozgása és viszonya a természethez (emlékezzünk Konfuciusz és Taoizmus alapeszméíre).

Nézzünk meg közelebbről egy kínai festményt és láthatjuk az ellipszisszerű hajlékony, majd párhúzamos, szinte csak mozgásokból összeálított, igen hajlékony, mozgó embert, bőköppenyeket, párhúzamosan omló selymes redőket, körbe mozgó állatokat.

Figyeljük meg ezeknek a rákoknak a körszerű mozgási vonalait. A kép az ebédlőnket diszíti, egy kínai matematikus barátunk, Huang Xi munkája. Igazán kínai.

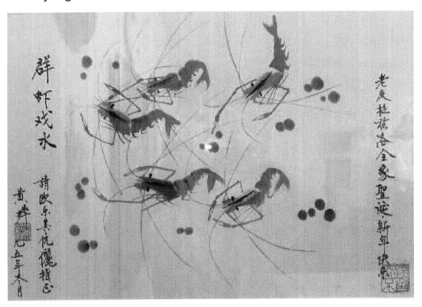

Bojongó rákok

Híresek és jellegzetesek a tájképeik. A megnyugvást, a megbékülést és természetes harmóniát tolmácsolják. A módszer különleges, valós kínai. A művész kimegy megcsodálni a hatalmas sziklafolyásos hegyóldalakat (van belőle sok), ott elmélkedik, fejében jegyzeteket alkot az általános jelenségről. Talán órákat tőlt el és elmélkedik a fenyők törzseinek csodálatos csavarodásairól, a fenyőtűk és levelek formáiról, de nem készít fizikális jegyzeteket.

Hazamegy és az elmélkedései során az agyában felhalmozott természetességet festi meg. Lehetséges, hogy nem sok köze van az eredeti látványhoz, vagy a helyhez. A tájkép bármely tájba beilleszthető, fogadónk dísze, Yu Shixiao visiting professzor barátunk ajándéka. A kínai festő igen fegyelmezett ember, megkívánja ömagától a folytonosságot, a pontos gondolatmenetet, kitűnő mesteri képességet, lelki és fizikai mérsékletet (Konfuciuszi jelleg). Valóságban a művészi viszonya a festményeihez inkább természet és vallásos meditáláshoz (talán buddhista jelleg) hasonlítható. De örökké jellegzetesen kínai.

Bazsarózsák, Dolly keresztlányom ajándéka

13. FAZEKASSÁG, PORCELÁNOK

 Ezek igen jelentős szerepet tőltenek be a kínai bőlcselkedések és életfilozófiákban, mivel alapanyagai a legfontosabb természetes elemek: föld, víz és tűz. Felhasználásuk meghitt kapcsolat a természettel (Taoizmus, Confuciusmus). Ezért ez Kínában nem ipar, hanem magasrendű művészet. Valóban a kínaiak művészi színtre emelték és világhírűvé tették az égetett agyag (terra-kotta) és a valódi porcelánok készítését.

Kr.e. a II. sz.-ban megjelent a finom kaolinból készített porcelánok elődje, melyet ezer C- foknál magasabb hőmérsékleten égettek. Igen jelentős felfedezés volt ez, mert röviddel ezután lehetővé vált a magasabb hőfokon égetés, megszületett az igazi porcelán. Ennek is alapanyaga a kaolin (kínai eredetű szó) főldpát alapanyagú kőzet.

A XVI. században az első európaiak, a portugál halászok, nagy csodálattal tapogatták az első, fehér, fényes porcelánt a kanton-i kikötőben. Ilyet soha nem láttak. Fénye hasonlított a fehéren csillogó kagylókra, azt hitték, hogy abból csíszolták, ezért elnevezték "porcellain"-k (olasz neve a kagylónak).

Rohamosan elterjedt a kínai porcelán híre, teáskancsók, bögrék tetszetős formája és csillogó fehérsége. Hófehér, aranyszegélyű csészék hadával volt tele minden európai királyi udvar, vagy módosabbak asztala. Különleges és nagy öröm volt egy kínai váza.

Kínában a jó minőségi porcelán sohasem vált közönséges használati edénnyé. Most is szakértő művészek birálják annak minőségét, vastagságát és ismerik a művész névjegyét és díszítő elemeinek jellegét. Minden szebb darabot a mester tervezett, formáját, díszítő elemeit és természetesen kalligráfiájával leírta és aláírta munkáját. Itt sem lehet hibázni, mert minden ballépés az égetés után előbújik.

Ez a művészeti forma is követi, vagyis tökéletesíti a taois-ta, konfuciuszi filozófiát, életbentartja a rejtelmes, kozmikus kapcsolatot a természet és alkotója között. A kínaiak ismerik és értékelik a mesterszépségű, átlátszónak tetsző darabokat, ezek családról családra, generációkon keresztül öröklődnek. Ma már csak múzeúmokban láthatjuk az ősi repedezett mázú prcelánokat. Igen szépek, készítésük nagy szaktudást ígényel. Az égetési módszer alkotja ezt a bájos kűlsőt. Megcsodáltam a természetes melegségét a múzeúm polcán.

Részünkre talán a mongol porcelán volt ismertebb. A Yuan Dinasztia (1271-1368) alatt vált hiressé, neve "Qingua". Fehér alapon kobaltkék geometriai és iszlámik elemekre emlékeztető arabeszk mintákkal dìszített hatalmas vázák jelentek meg Genghis Khan császár uralma alatt. A kínai nagy mesterek ezt a stílust a megjelenéskor, amolyan barbár módszernek hívták, de később megalkudtak a Qingua-val.

Kezdetben csontokra, majd bambúsznádra, később pedig selyemre festettek. Alanyaik, kezdetben főleg virágok, fák, halak voltak. Ugyanakkor, sok ezekből a mai napig is használt kínai dísz, magasztalt, vagy gyógynövényekké változott. Az alábbiak az ismertebbek:

A cédrus (Cedrus sp.) Kínában a hűség szimbóluma. Indiai lótusz (Nelumbo nucifera) tisztelete jól ismert, mert rendszerint a lótuszvirágon űl Buddha. Az életet, halált, szerelmet és barátságot jelképez.

Öszibarack (Persica vulgaris) Kínából származik. Ez a gyümölcs igen kedvelt, termelése elterjedt. Szép űltetvényeket láttunk Turpan mellett.

Öshonosságát kulturális, történelmi és vallásos megnyílvánulások igazolják. Jóságát, hasznát, szépségét megverselték, megfestették, a gyümölcsöt és fáját tisztelték. Aki ette, az örökéletű, vallották. A régi kínaiak a félóldalasan vörös őszibarackot a hosszú élet jelképének tartották. A tisztaság és szüzesség jelképe. Már a Kr.e. a X. Sz.-ban egy írásos szertartáskönyv dícséri az őszibarackot. Konfuciusz is említi, mint erkőlcsi szimbólumot. Szép verset találtam: "Őszibarackvirág" cimmel:

Őszibarackvirág
püspökszínű szírma
mintha álmaimra
szent beszédet írna
földi szentbeszédet,
eget nem hazudva...

(Devecseri Gábor)

Szílva (Prunus domestica) a szerelem, bujaság és feslettség jelképe volt. Vigyáztak, hogy a lányok ablaka ne nézzen a szílvafára. Mák (Papaver somniferum) bódítóhatású tejnedvét már az ókorban ismerték. Kis mennyiségben (morfium tartalma miatt) kiváló fájdalomcsillapító. Mint élvezeti cikket az opiumot Anglia Indiából szállíotta Kínába. A nagy mennyiségű hallucinogen elterjedt az országba. Kína ellenezte a behozatalát. Emiatt a kormány 20,283 láda ópium alapanyagot elégetett.

Az ópium szabadkereskedelmi korlátozása miatt kitört az ópium háború (1840-1842). A háború az angolok nyereségével végződött. Sajnos a kínaiak igen ráfizettek a ópiumpiac korlátozására, mert a nanking-i békeszerződés után Hong-Kong (ma is főpiaca a kábítószereknek) angol fennhatóság alá kerűlt és a kínaiaknak 5 kikötőt kellett megnyítni az angolok előtt.

Dacára az ópiumháború szörnyűségeinek a mákvirág a kínai festészet egyik legkedveltebb virágja. Fantasztikusan művésziek a virágzó, változó szinekben tündöklő fátyolszerű, selyemre festett, pompás mákvirágok.

Szegfűvek (Dianthus sp.) gyakran szerepelnek a kínai szerelmes versekben. Tisztelt, szerelmi vallomást jelző növény volt.

Az eperfa (Morus alba és M. nigra) Kínai eredetű fák. A fehéreper igen jelentős fa, hiszen ez a selyemhernyók főeledele. Emiatt nagy tenyészetei vannak Kínának. Több évezreddel ezelőtt selyemhernyót tenyésztettek. A neolitikus korabeli ásatások leleteiben már selyemhernyó gubót találtak. A selyemnek igen fontos gazdasági szerepe van Kínában.

Fügefák (Ficus sp.) A buddhizmus eredetének leírásánál említettem a Bódhi fát (Ficus bengaliensis), melyet, mint szent fát tisztelnek és a régi fa hajtásait, mint bucsújáró helyet látogatják.

Csodálatosnak tartják, mert a monda szerint a tűz sem tudta elégetni, a szikrák virágcsokorrá változtak, mesélik a hívők.

A bambusznád (Phyllostachys sp.) sokrétű gazdasági jelentőségéről írtam. Igen nagy az őskínai tisztelet a bambuszok iránt, hiszen őseik üzeneteinek (orákulum bambuszok), festészetük és kalligráfiájuk alapnyaga volt. A festészetben különösen gyakran láthattuk hajtásait.

Datolyapálma (Phoenix dactylifera) finom és ízletes quümölcsöt terem. A mohamedánok úgy gondolják, hogy a datolyapálmát Mohamed teremtette. Ez a gyümőlcs az iszlám kúltúrában úralkodó helyet vívott ki. Használata tele van babonákkal. Fontos tudnunk, hogy bőventermő fa, a sivatagok oázislakóinak életetadó gyümőlcse.

Gilgames (Agyagtáblák üzenete, 1966) azt mondja...

> .....S ágaimon dúsan terem a gyümőlcs
> özvegyek, árvák örömére-
> hiszen tudod, vagy három hónapig
> azon él a szegénység;
> s megdézsmálván gazdag fürtjeimet,
> magasztalják törzsem termő hatalmát!"
> (Rákos Sándor fordítása).

Részletesen írtam az ősi, természettel együttélő müvészetekről, mert ezek és elemeik díszitik az ős Kína gyönyörű császári palotáit, temetkezési helyeiket, templomaikat és alkotják a régi, igen tetszetős, az ember és a természet egyensúlyára méretezett kínai világot.

Feltétlen beszélnünk kell a zsádról (jade). Ez a kristály a kínaiak legfontosabb ékszere, de igen sok más felhasználása is van. Ennek a fő oka az, hogy igen sokféle tulajdonsággal ruházzák fel ezt a többszínű, könnyen beszerezhető ásványt. Színe is igen változó. Zőld, narancsszín, barna, kék, kékes-zőld, krém, levendula, piros és fehér.

Kínában ékszerként legtöbbször, karpereckként, pendanként és igen elegáns gyűrűként (férfiak is) viselik. Az eleven zőld színűt láttam leggyakrabban az ékszerek között.

Az őskínaiak hitték, hogy a zsád megóvja az elhalt testet a lebomlástól. Manapság inkább a zsád tisztogató és védő hatására gondolnak. De ez őskínai tradició. Visszavezethető a régi, mágikus hitre, amikor a zsád bőlcselkedő filozófiájuk fontos és természetes eleme volt. Úgy godolják, hogy viselése megvédi őket a balesetektől és betegségektől.

Manapság is, mint ékszert viselik és gyógyerőt túlajdonítanak a zsád kristálynak, hiszik, hogy a vese és hasnyálmírigy müködését bíztosítja. A kínaiak szerint minden színnek specifikus gyógyereje van. Az ékszer ipar természetesen csak a legtökéletesebbnek (igen drága) gondolt darabokat használja. Gyönyörü, talán életem legszebb zsád ékszereit láttam, 22 K arany és más drágakövekkel, gyöngyökkel kombinálva.

A zsád tömegesen alkalmazott az diszítő iparban. Tonnára való gyönyörű zőld, vajszínű és márványosan keveredett darabokat láttunk a Zsád Csíszoló Stúdióban, Turpan-ba (Xinjiang provincia). A csíszoló teremben legalább egy tucat művész dolgozott. Asztaluk tele volt több féle szerszámmal. Táncoló figurákat és több kínai Buddha istenségek formáját láttam, váltakozó állapotban. Sokáig nézegettem gyors kezeiket és arra gondoltam, hogy valóban ilyen munkához nem elég a képzettség, bőséges belső művészi ihletre és tehettségre is szükség van. Sajnáltam, hogy nem beszélgethettem velük. Fényképezés tilos volt.

Régen, a jó módú elhalt személyt is gyakran zsád lemezekkel borítva és ékszereikkel temették. A feltárt sírok tanuskodtak a személy társadalmi és gazdasági helyzetéről. Manapság a múzeumokban láthatjuk ezeket a szép és drága darabokat. Részletesen beszámoltam a Kr. előtt elhúnyt királyfi zsád burkolatú, arannyak összefűzött zsád takarójáról.

Európában is nagy jelentőségű volt a zsád, a vesebetegségeknek volt hatásos gyógyító eleme. Drágább volt a mai gyógyszereknél.

Remélem, hogy a részletes háttér közelebb viszi olvasóimat a tulajdonképpeni útleírásom élményeinek élvezetéhez és némi tájékozódást is nyújt az őskínaiak társadalmáról is.

II
A SELYEMÚT

14. AZ ÚTVONAL

1 Beijing
2 Xi'an
3 Lanzhou
4 Donhuang
5 Turpan
6 Ürümqi
7 Tian Chi
8 Kashgar

TORONTO ···· BEIJING ¬ repülővel XI'AN – vonattal LANZHOU -
DUNHUANG – TURPAN -- ÜRÜMQI

Toronto-ból repültünk, 15 óra alatt értünk Peking-be. Szokatlan meleg volt és hatalmas, részemre teljesen egyforma kinézésű, több száz ember tolongott a zsúfolt és meleg repülötéren. Laci nagy nehezen egy taxit szerzett, mielőtt bármit is mondhattunk volna pontosan 7 várakozó, ismeretlen ember ugrott be a kocsiba. Azt hittem, hogy felfordulunk. Az idegen útastársak majd agyonnyomtak. Csodálatosmódon a csomagjaink a szálloda előcsarnokában vártak (Valaki figyelt!).

A kirándulásunk első hetében a Huang Yuang nevű szállodában laktunk Peking-ben, ahol a konferencia előadásait tartották. Lacit az Akadémia Sinica hívta meg, egy több napos tudományos értekezletre, ahol előadásokat tartott. Egy kanadai doktoráló diákja is szerepelt.

A szállodánk kényelmes és tiszta volt, fürdőszobával, de használhatatlan (barna) vízzel. Az éjjeliszekrényen állt 2 termosz, forróvízzel és néhány teászacskóval. Ezt ittuk és ezzel mostunk kezet, fogat. Az értekezlet a szálloda modern fogadótermeiben volt, igen kellemes fogadással és ismerkedéssel kezdődött. Kínai kollégáink udvariasak, rendkivűl érdeklődők és mindenben készséges segítőink voltak.

Ünnepi, személyes meghívó hírdette a vacsorát. Hatalmas és ízletes friss rákok rízzsel, kókuszdióval és brazilmogyoróval díszitették az ünnepi terítéket. Süteményszerüségekkel, remek teákkal és frissítőkkel zárúlt a jóhangulatú, szakmai összejövetel. Gondolom százan lehettünk.

A harmadik nap már kikivántkoztam a szállodából és egy kolléga feleségével "kiszöktünk". Tudtuk, hogy kisérő nélkül nem tanácsolták a szálloda elhagyását, de megpróbáltuk. Egy szót se tudtunk kínaiul, de felvettük a szálloda poháralátétjét, amelyen gondoltuk (reméltük!!), hogy a szálloda neve és címe van.

Kiálltunk a szálloda elé és rövidesen jött egy taxi. Leíntettük. Előző nap kihasítottam az ujságból a nevezetes buddhista Lama Temple nevét. Ezt megmutattuk a sofőrnek és azonnal útba voltunk a Lama Kolostor felé.

Majd félóráig tartott az út, már kezdtünk aggódni, de végül is megérkeztünk. Jött a fizetés bonyodalma, a dijjat nem ismertük, de a pénzt sem. A tenyerünkön kiraktuk a szép papírpénzeket és a söför kiválogatta, amit akart.

A Lama Kolostorban töltöttük a napot. Roppant érdekes és részünkre teljesen ismeretlen építészeti stílusokat, Buddha-k sokaságát és fantasztikusan szép zsád faragásokat láttunk. Mindkettőnknek ez volt az első, igazi tibeti buddhista kolostori látogatás.

Nagy élmény volt. Gondosan őríztük a szálloda névjegyét (pohár alátét), aggódtunk a visszaútazás miatt, különösen, amikor a nagy tömeget megláttuk a Lama Kolostor előtt.

Fáradtan, a nagy tömegben, valahogyan kikerűltünk egy utcára. Itt, igen széles járdán emberek ezrei jöttek-mentek minden irányba. Az utca közepén haladó szerény autóforgalmat a tömegtől nem láthattuk. Taxit kerestünk. A barátnőm bakkot-tartott nekem.

Láttam az autókat az út közepén. A nagy tömegen áttörtünk és kis integetés után jött is egy taxi. Megmutattuk neki a szálloda poháralátétjét, elindúlt a taxi és kb. 3-4 perc múlva a szálloda előtt voltunk. Meglepődtünk! A fizetési módszer megismétlődött. Ma sem tudom, hogy mennyit fizettünk!

Alig léptük át a szálloda bejáratát, Laci és kínai kollégája már órák óta kerestek. Kollégája rendkivűl ideges volt, ugyanis előfordúlt, hogy a látogató túristák elvesztek. Ez igen súlyos következményekkel járt a szervezők részére.

A leírottakból sejtheti az olvasó, hogy Kínában nyelvtudás hiányában és kisérő nélkül nem volt könnyű és veszélytelen az útazás. A Lama Kolostorról később beszámolok. Az értekezlet végeztével 3 napot Peking hiresebb különlegességeinek megtekintésével töltöttük.

15. A FŐVÁROS BEIJING .

 .Kína fővárosa Beijing, régi nevén Peking. 12, vagy 14 millió lakossal. Ha a közvetlen környékének lakóit is számoljuk, akkor 17-18 millió ember él igen zsúfoltan. Világváros, teletűzdelt modern, magas épületekkel és apró, igen régi házakkal. Embertömeggel zsúfoltak az utcák. Nekem mind egyformának tűnő fejeket, a járdákon szinte ömlő, embertömeget láttam.

Sajnáltam, hogy nem olvashattam el az utcákon díszelgő, sok tetszetős kiírást. Lehet, hogy politikai szólamok voltak, de jól néztek ki. Meleg volt, a levegő szennyezettsége még fokozta a páratartalmat. Sajnos a nagy városokban a világon mindenhol ez nagy probléma.

Peking nemcsak főváros, hanem fontos központja a nemzet kúltúrális, gazdasági, tudományos és felsőbb rendű oktatásnak. 9 kollégiuma, 3 hatalmas egyeteme és számtalan főiskolája van.Több színháza, hangversenyterme és szép parkjai vannak. A városi egyetemi könyvtár több, mint 10 millió példánnyal és 22 ezer folyóirattal bőlcselkedik. A lakossága főleg han kínai, de több, millió hui, mandzsú, mongol, ujgur és sok más nemzetiségű (állítólag 55, vagy több) emberek otthona.

Igen-igen régi, hajdani falakkal körülvett világváros. A híres Peking Koponyát nem messze a várostól találták, a közeli barlangokban (Zhoukoudian) fél millió éves emberi fossziliákra bukkantak. Az írott történelem a várost legalább 3 ezer évesnek tartja. Ekkor Ji volt a neve. A Yan császárság (Kr.e. 475-221) Yanjing-nek hívta.

Az elkövetkező dinasztiák alatt a város neve gyakran változott. Volt mongol (Kublai Khan) dinasztia fővárosa is, Cambaluc néven. Jóval később, 1949-ben Mao Zedong hivatalosan Beijing-nek és fővárosnak nevezte. Ezután nagy körültekíntéssel kissé modernizálták a várost.

Közepén, az ősfallal bekerített területeket, vagyis a régi kínai kúltúra maradványait legtöbbször megőrízték.

Meglepődtem az ellentmondó látképek miatt. Több esetben hatalmas felhőkarcolók mellett buddhista templomok, mecsetek, öreg szobrok, picike parkok és időette öreg házak sorait láttam.

Kimentem a szálloda mögötti utcára, ahol igen sűrűn épített egyemeletes lakások két sora szembenézett egymással. Apró kertek voltak a bejáratnál, igen sok ember volt kint, beszélgettek a közös udvaron, ami egyben járda is volt. Az asszonyok a mosást akasztgatták.

Egy idős bácsi a kanári madarát vitte sétálni, a ketrecben. Félhangosan énekelt. Mélyen meghajolva köszöntött (gondolom) engem. Fejet hajtottam én is. Megcsodáltak, mosolyogtak. Autót nem láttam sehol. Nem fényképezhettem, idétlenség lett volna.

16. A NAGYFAL - WANLI CHANG CHENG

A kínai nép büszkesége, elegáns mosollyal beszélnek a szerepéről és fontosnak vélik a történelmi jellegét. Sajnos az időjárás és fenntartás hiánya a Fall nagyrészét elpúsztította. A Nagyfal a kínaiak ősi kúltu-rájának a jelképe, kúlturájuk legfontosabb vivmányának tartják. Érdekes és hatalmas épitmény.

A Nagyfal Badaling nevű, restaurált szakaszát néztük meg. Szép idő volt, így jól láthattuk a Nagyfal felújított szakaszát és a Fal hegyekre futó részeit is. Ez a szakasz, Badaling-nál több, mint ezer m. magasan (Juyongguan csúcs), 90 km.-re van Peking-től. Tipikus Ming dinasztia jellegű:átlagban 7.8 m magas, 6.5 m. széles, vagyis elég hely van a menetelő 5 ló és 10 katonának. A felszín itt téglákkal fedett.

Furcsa érzés volt a falon sétálni, elképzelhetetlen munkaerő rejtőzik az elviselt kövek-téglák között. A Nagyfal részletekben épűlt, de időnként, több mint 1 millió ember dolgozott rajta (ez, ekkor Kína népességének 1/5-e volt). Hatalmas mennyiségű építőanyagot cipelhettek az építők, igen messziről, a hátukon.

Ahogy a Nagyfalon sétáltam, nem a hasznossága, nagysága és erőssége bújkált a gondolataimban, hanem a sok elpazarolt emberi élet. Évezredeken keresztűl, fantasztikus kőltségekkel erősítették, javították, növelték, majd 1502-ben bástyákat építettek a védőtornyok mellé. Badaling-nál manapság ez múzeúm lett. Itt láttuk először a terrakotta katonák néhány eredeti darabját.

A manapság nehéz elképzelni a hegyek tetejére kígyózó úttest évezredes védőszerepét. Szemmel követtem, ahogy kikanyarogva bújkál, hol le, hol fel a környező völgyek között. Fantasztikus építmény.

Taxival mentünk Badaling-hoz, borzasztó hőség volt, írtam a naplómba. Lifttel felmentünk a kilátóra, innen a Nagyfal elképzelhetetlenül hatalmasnak, végtelenül erősnek és áthatolhatatlannak tűnt. Lefelé, a lépcsőkön, segitséggel jöttem vissza. Kellemes Kínaí matematikus kollégánk és barátunk, Dr. Xi volt a kisérőnk. Igen barátságos, művelt ember, angolul igen keveset beszélt. Az idén Londonba vendégünk volt néhány napra, szeretettel emlegettük a közös emlékeket.

A kínaiak most is büszkék a Nagyfalra, még mindig él egy olyan elképzelés, illetve tudat, hogy csak azok az igazi (kúltúrált?) kínaiak, akik Nagyfalon belül, illetve attól délre élnek. Úgy látszik nincsenek elragadtatva az északi és nyugati nemzetiségek millióitól.

Wanli Chang Cheng, vagyis a Nagyfal hossza manapság kb. 6000 km. (Éppen most közölte a TV, hogy az új felfedezések 11 ezer km. hosszúnak mondják). Sok császárságot védett, ahogy körülölelte és őrizte Peking fővárost, Hebel, Tientsin, Shanxi, Belső Mongólia, Ningxia, Shaanxi és Ganzi tartományokat.

A Fal általános magassága 8 m., (néha 16 m.), szakaszonként figyelőtornyokkal. Szélessége igen változó, 5-8 m.

Manapság csak kisebb szakaszokat érdemes látogatni, mert az idő foga tönkretette a Fal nagyrészét. Különben a kínai dinasztiák hittek az erős falvak védelmében (Európában is megtaláljuk ezeket a védőfalakat, sok templom, vagy város körül), több, mint 50 ezer km falút és várostvédő falakat építettek az évezredek során. Ezek iszonyatos emberi erőt és hatalmas anyagi befektetést igényeltek.

A legmagasabb árat a Nagyfal építésén dolgozó emberek százezrei fizették. Ezeknek fizikai erőfeszítése sokszor az életükbe került. Ekkor, azt olvastam, hogy a Nagyfal tőltelékei lettek.

Az épitkezés Kr.e. VIII sz.-ban (Warring State dinasztia) kezdődött. Tavasszal és ősszel építkeztek Kr.e. a II. sz.-ig. A kínaiak bűszkeséggel említik, hogy "Wan Li Chang Cheng"-10 ezer li hosszú fal volt.

Minden császárság a Nagyfall egy darabjával vette körül a veszélyezett területeit, de ez nem volt folytatólagos. Természetesen sok helyen hézagok maradtak. Valószínűleg a hunok, mongolok, mandzsurok és más nemzetiségűek, akik ekkor az ország északi és keleti oldalán éltek, ismerték a védtelen hézagokat. Terjeszkedési vágyaik örökösen veszélyeztették a kiskirályságokat. Ez pedig növelte a falak hosszát és biztonsági szerepét.

Kr.e. 221-210-ben Qin Shi Huangdi egyesítette a királyságokat és kinevezte magát első kínai császárnak (Qin-ből származik Kína elnevezése). Útasította a kiskirályságokat a fal hiányzó részeinek felépítésére és megerősítésére. Ez gigantikus vállalkozás volt. Több, mint 300 ezer katona és fél-millónál több paraszt ember dolgozott a Falon. Sokan ott vesztették életétüket.

Ekkor a Fal hossza kb. 5 ezer km. volt. No, de északról jöttek a mongolok, mandzsurok és más határmenti nemzetiségek. A Nagyfal megerősítésre és állandó hosszabbításra szorúlt.

Az első Ming Császár, Zhu Yuanzhang (1368) útasította fővezérét Xu Da-t, a Fal teljes megszilárdítására, a figyelő-tornyok korszerűsítésére. Ezt a szakaszt láttuk mi Badaling-nál. A Fal építésén generációk élete veszett el, elképzelhetetlen kemény és kötelező, rabszólga munka volt.

A mai szemmel nehéz elhinni a hegyek tetejére kígyózó Fal évezredes védőszerepét. Nekem olyan érzésem volt, hogy lehet, hogy kínttartotta a Nagyfal az ellenséget, kivéve a mongolokat, de ugyanakkor bezárta Kínát, és az utólsó évszázadok során elzárta a kínai népet Földünk többi társadalmától és azok fejlődése elől. De ugyanakkor, talán ez a

Nagyfal bíztosította a császárságok folytonos hatalmát és sikerrel őrködött az őskúltúrájuk felett.

Autóval mentünk és jöttünk, hosszú nap volt. Egy másik szállodába vacsoráztunk. Rízs, névtelen pörköltszerüség, zőld fokhagyma saláta és tea volt vacsorára. Utánna kiosontam a szálloda mögötti utcára. Zőldség-gyümőlcs piac volt, rengeteg ember nyüzsgött a sok kosár körül. Csak álltam a járda szélén és hallgattam a nyelvi zenét, figyeltem az emberek viselkedését. Pontosan úgy vásároltak, tapogattak, mint mi. Sajnáltam, hogy egy jó szót se mondhattam.

Egyszerre csak egy idős néni egész közel dugta az arcát az enyémhez, nem tudtam, hogy mi történik. Hírtelen elkapta a hajamat és jó erőssen meghúzigálta. Mint, aki jól végezte dolgát, bájosan mosolygott és eltűnt. A mosolya távoltartott a fényképezéstől.

Később ez a közeli arci-szemle többszörösen megismétlődött, különösen a Taklimakansivatag környékén. Azt gondolom, hogy soha nem láttak ilyen szőke (fehér?) hajat és a húzigálással megtudták, hogy igazi, vagy paróka. Többszörösen egészen közel hajoltak és bámúltak engem. Talán valami régi, fehérhajú boszorkányra gondoltak.

17. MENNYEI BÉKESSÉG TÉR - TIAN'AN MEN GUANCHANG

 Második nap a Tian'an Térre kirándultunk, idegenvezetővel. Az eredeti teret a város közepén Qing császárság építette, 1651-ben. 1958-ban a Kormány a területét négyszeressére növelte. Több esetben egy millió, vagy több ember gyűlt össze a téren, rendszerint politikai jellegű események ünneplésére.

A park különben kellemes sétatér, talákozó hely és a szabad szellemi és fizikai kikapcsolódás igazi otthona ebben a túlzsúfolt, igen-igen szennyezett levegőjű világvárosban.

A mi generációnk a szomorú 1989-es eseményekből, képről ismerte meg ezt a hatalmas teret. Mi magyarok és azok, akik a szovjet elnyomást tapasztalták, immár szabadok voltunk itt Kanadába, de mégis rettegve néztük a TV ernyőjén a téren lejátszodó, megrendítő szabadságot kérő, harcos eseményeket.

Mindenki a földünkön emlékezik arra az egyedűlálló kínai fiatalra, aki a téren keresztűl haladó harckocsik elé állt. Fegyvertelenűl, csak iskolatáskájával a kezében, készen volt meghalni hazája szabadságáért.

Ez nem régen, 1989-ben volt, amikor demokráciáért, cenzúra megszűntetéséért tüntetett a kínai fiatalság. Békés követeléseiket gyalázatos bosszúállások, kínzások és börtönbűntetések követték. Megdöbbenve olvastam az Associated Press riportját (p.269),"hogy százak, de lehetséges, hogy ezrek haltak meg a véres összeütközésbe junius 3-4-ig, de a kormány azt jelentette, hogy senki nem halt meg az emlékezetes téren" ("hundreds and perhaps thousands died in the bloody clashes on June 3-4, but authorities said that no one was killed on the venerable square").

Mi, magyarok jól ismertük az igazságot. A híres szabdságkűzdelmekről mamár csak a téren megsérült, égetett beton oszlopok tanuskodhatnak.

Ragyogóan sütött a nap, amikor a térre értünk. A levegő rendkivűl szennyezett volt, így időnként feltettem orromra a szűrőt. A tér hatalmas 500x800 m., nem volt túlsok ember, mert korán jöttünk. Nekem azonnal visszatértek az 1989-es emlékek és azon tünődtem, hogy vajjon mi történt a résztvevőkkel. Titokban reménykedtem, hogy talán azóta a politikai kinzások elpárologtatták a szabadság vágyaikat és most valahol erről csak békésen álmodoznak.

Bolyongtam a téren az embereket nézegettem. Igen sokféle, erősen különböző, egyáltalán nem kínai jellegű arcokat láttam. Végűl kiválasztottam egy vidám házaspárt, akiket mongoloknak gondoltam. Az idegenvezetőnkkel megérdeklődtem nemzetiségüket, mert úgy gondoltam, hogy mongolok. Jól láttam!. Nagy örömmel, szinte bűszkén mondták, hogy Mongóliából látogatnak. Mi hasonló büszkeséggel vallottuk kanadai-magyarságunkat. Barátságosan cimet cseréltünk és tovább nézelődtünk.

A tér keleti és nyugati óldalán igen impozáns épületeket láttam, de nem óhajtottam látogatásukat. Ezek legtöbbje 1950 után épűlt. Ezekben az épületekben (Zhongnanhai) laknak a kínai kormány vezető emberei.

A tér északi óldalán áll egy hatalmas vörös téglából épített, igen gazdagon díszített palota, melynek fehér márvány az alapzata és bejáratát 2 köből faragott oroszlán őrzi.

Az épület (Mennyei Béke Kapú, Ti'an An Men) falán, a bejárat felett van Mao Chetung (Zadong) hatalmas arcképe és a kép bal óldalán a felírás hatalmas betükkel hírdeti, hogy : Sokáig éljen a Kínai Népköztársaság , a jobb óldali felírás pedig:Sokáig éljen a világ népeinek eggyessége. Innen hírdette ki a világnak Mao Chetung (Zadong) 1949 októberében a Nagy Kínai Népköztársaságot. Az épület, illetve kapuja (Ti'an An Men) a bejárat a híres Tiltott város, vagyis a Császári palotákba (Gugong).

18. CSÁSZÁRI PALOTA, GUGONG

A palota előtt, a Ti'an An Men tér végén 7 gyönyörű, márványból faragott hídsorozat (Jinshui Qiao) keresztezi a hasonló nevű patakot. Csodálatosak ezek a márvány faragások.

Ez a bejárat a kínai császárok, császárnők, gyermekeik, a császári konkubánok, háremőrök és természetesen a dinasztia benfentes papjaik otthonában. Elképpesztő gazdagságról, leírhatatlan lukszusról és elegáns őskínai ízlésről tanuskodik a Császári Palota (Gugong, vagy régi nevén Tíltott város) minden szobája.

Már a bejáratnál feltűnt az épületek gazdagon díszített kűlseje és hatalmas bronz oroszlán szobrok, a császári hatalom jelképei. Ezek előre jelezték a szép és fantasztikus művészi érzékkel összeállított, mesében illő világot. Ilyent én nem láttam. Nem csoda, hogy ezt tartják Kína legfontosabb és legnagyobb régészeti alkotásának.

Az épület csoportot a Yuan Dinasztia (1271-1368) alatt építették, majd később, amikor Nanking helyett Peking lett a föváros, akkor a Ming Dinasztia idején, (1406-1420) megnagyobbították. Ezt láthatjuk manapság. Az épületek színe bíborvörös, mely jelképezi a sarki csillagot, talán ezért ez a piros árnyalat a kínaiak kedvenc színe. Szerencsét jelképez.

A Palota főleg fából és téglából épült. A szobák és fogadótermek összesége több, mint 9 ezer, 720 ezer km2 . felülettel. A legnagyobb része, annak, amit láttam jó állapotban van. A palotákat két nagy részre osztják.

A középső épűletcsoportok 24 Ming és Qing császár privát otthonai voltak. A kűlső épületek főleg fogadó-termek, ezeket ünnepélyes alkalmakkor használták. Az egész Palota téglalap alakú épülettömeg, melyet egy 10 m. magas fal vesz körül. Melette, régi szokások szerint, egy 50 m. széles védő vízesárok van. A sarkokon figyelőtornyok vannak.

A Palotát 4 bejáraton látogathatjuk, ezek: a déli Meridián Kapú (Wumen), északi bejárat (Shenwu Men), Virágzó Kapúk (Donghua Men) keleten és a nyugati (Xihua Men). A védőfal minden sarkán lőtorony van. A Császári Palota közönséges neve Tíltott Város, vagyis ide csak különleges meghívással mehetett bejutni. Előzőleg írtam a császárok teljes hatalmáról.

Gondolom, hogy a köznép el sem tudta képzelni ezt a hatalmas, végtelen lukszussal berendezett világot, hiszen nem láthatták, nem tudhatták!

A déli kapún (Wumen), 5 igen gazdagon faragott fehérmárvány hídon, (Arany Folyó hidak, Jin Shui qiao) színte lábújhegyen tipegtem keresztűl. Megcsodáltam a faragásokat a szembenlévő díszes, fehérmárvány kapún, amit megint 2, hatalmas bronz oroszlánszobor őríz.

Ez a Legharmonikusabb Palota (Tahia Dian) bejárata. Innen hatalmas térre nyílt a kilátás. Ezt császári ünnepségek alkalmából használtak, 20 ezres férőhellyel. Mellette 3 igen elegáns, faragott márvány oszlopokkal, selyemmel borított, festett falakkal gazdagított álomszép fogadótermeket láttam. Az ünnepségekre idehozták gyaloghíntóval a császárt.

A palota terme 35 m. magas, közepén áll a fantasztikus, arannyal gazdagon díszített császári trón. 6 fehér márvány oszlop tartja a 2 m.- nél magasabban nyugvó trónszéket, amit aranyozott császári sárkány emblémák díszítenek. Itt tartották a császári kinevezéseket, esküvőket és a nevezetes Újévi ünnepségeket is. Most nem űlt császár a trónszéken, csendes nyugalom árasztotta el a termet.

A berendezés érdekes, múzeum jellegű és művészi szimbólumait csak később, jegyzeteim segítségével fejtettem meg. 18 ritka formájú, elegáns szépségű, bronz tömjénégető díszítette szoba asztaljait. Ezek képviselik a 18 kínai tartományt. Hatalmas élethű darúmadarak és teknősbékák művészi szobrai hírdetik a hosszú életet. Mesterien faragott napórát láttam. Az igazság jelképe.

24 hatalmas oszlop tartja, talán a világ legszebb (az én véleményem) kazettás mennyezetét, a trónszékek felett. Fantasztikus volt a mennyezet színharmóniája, geometriai festett fahasábok, sok színű márványszerű kockák, elegáns zsádhasábok váltakoztak.

A színek kombinációja hihetetlen hatást, részemre teljes megnyúgvást varázsoltak és szinte, mint a friss szivárvány, megbékülést kőlcsönzött az egész teremnek. E csodálatos mennyezet alatt áll a fent leírott császári trón. Többszörösen körüljártam a termet. Élveztem a színharmóniát, a rendkivül gzdag és elegáns kornyezetet.

Néha-néha egyedül voltam, lenyűgözött a harmónikus stílus, a színek és motívumok gazdagsága és művészete. Körülvett a régi múzeúmok békéje, leírhatatlanul szép és igen harmónikus, eredeti őskínai környezet volt. Örökre emlékezetembe maradt.

A trón palota melletti Közepes Harmónia (Zhonghe Dian) szobáiban pihent meg a császár az ünnepségek után. Itt találkozott az alattvalókkal, egyszer évente megvizsgálta a vetendő magokat, remélte a jó termést. Ezek a szobák is igen gazdagon feldíszített, kényelmesnek tűnő, hatalmas kisebb-nagyobb, váltakozó magasságú fa és márvány asztallokkal és székekkel kiváló tanácsteremnek tűntek. A fal tetszetős kalligráfiákkal volt tele.

Szép, de rövid sétánnyal a Harmóniát Őrző (Bahoe Dian) Palotába érkeztem. Egészen a XVIII.sz.-ig ez az épület csoport a császár fogadó, ünneplő terme volt. Itt tartották a császári vizsgákat is. Az Irodalmi Palota (Wenhua Dian) főterme 1644-1911-ig a császárok dolgozó szobája volt. Intarziás asztalok, márvány padok, változatos kalligráfiák, hatalmas lámpaernyők díszítették ezt. A szobák elhelyezése és klasszikus berendezése megint hatalmas lukszusról és császári kényelemről tanuskodik.

A híres császári könyvtár (Wenuan Ge) foglalja el az épület felét, gondolom, hogy itt a világirodalom is gazdagon képviselt. Sajnos látogatásomkor zárva volt.

Az utólsó nagy Palota, amelyeket röviden meglátogattam az a császári kertek előtt volt, közel a kijárathoz. Ez a Mennyei Tisztaság Palotája (Qianqing Gong). Itt laktak a császárok (1368-1644), de a lakosztályok később tanuló szobákká váltak.

Szomszédságában van a Földi Békesség (Kunning Gong) palota. Egyik szobája szebb és elegánsabb volt, mint a másik. Különböző stílúsokat észleltem, arra gondoltam, hogy más-más lehetett a hivatásuk. Ezt azonnal észrevettem, de csak később tudtam meg, hogy itt éltek a császárok feleségei.

Itt zajlottak le a családi ünneplések. Félelmetes lukszust és gazdagságot áraszt minden szoba. Méteres, gyönyörű vázák, díszes kalligráfiák, virágos sellyemmel bélelt falak, elképzelhetetlenül impozáns faragott butorok, márványok, csüngő fémcsillárok vették körül az uralkodó családot.

Hírtelen a Császári Kertben találtam magam. Szinte megkönnyebbűlést éreztem a szabadban, a sok csodálatos, élő növényzet között. A kert nem nagy, 90x130 m., de fantasztikusan érdekes és művészi.

Előkelő iskola példája a kínai kert-kúlturának. Öreg fenyők, vízesések, szikláshegyek, dombóldalak és ritka virágok tették széppé. Természetesen a kökibújások között rejtőzködtek a jellegzetes kínai teázó pavilonok. Itt "könnyebb" volt a levegő is. Jó félórát tőltöttem a kertben. Elképzeltem a sok elegáns, redőkben gazdag selyem, himzett ruhát, a ragyogó ékszerekkel feldíszített császárnőket és a körülöttük sürgölődő, megnyomorított lábú szólgálók seregét, ebben a gyönyörű trópusi világban.

Ott bújkálhattak a langyos esték szerelmét kínáló, megzsugorított " liliomlábfejű", ékszerekkel elkényeztetett konkubánok és a háremőrzők is. A sok kíncs, a leírhatatlan lukszus szemlélése természtesen lerántja a valóság leplét is. Közben milliók éheztek! Emlékezetes nap volt, vagy 6 órát jöttem-mentem a neves Császári Palotában. Izgalmas és hasznos látogatás volt. Ilyent soha nem láttam.

A kijáratnál férjem és jó barátunk Dr. Xi vártak. Együtt vacsoráztunk egy szállodánkhoz közeli vendéglőben. A felszólgált ételek igen ízletesek, főleg zőldséges-húsos tekercsek voltak. Teljesen különbözött az észak amerikai kínai vendéglők ízétől és színétől. Egyedűl a rízs volt kellemes ismerős. Kínában nem a csírke melle a legelegánsabb falat, hanem a comb és különösen a szárny. Valóban ezek a részek ízletesebbek.

 A húsok legtöbbjét apró darabokra vágják és igen nagy változatossággal keverik zőldségekkel, köles és más gabonafélékkel. Mesterei a gyorsan párolt ződségeknek. Kínában nem adnak nagy szelet húsokat, soha nem ettünk, vagy láttam sűlteket. Viszont mindent megesznek, ezért nem ajánlatos a hűs eredetéről érdeklődni. Különösen akkor, ha a látogató gyomra vagy ízlése érzékeny. Kínában a halakat egészben tálalják, a fej és uszonyok "királyi falat".

A székely szakácstudomány megmagyarázhatatlan ősi kapcsolatról beszél Kína és Erdély gyömbér használatával kapcsolatosan. Mindkét nemzet ősidők óta, bőven használja ezt az ízletes gyökeret. A másik egyedűlálló hasonlatosság a tésztába tekert savanyú káposzta, darált disnóhússal és folyami rákkal (spring rolls) keverve . Ezt Erdélyben csíkos káposztának hívják és csak ott és Kínában ismerik. Hogy hogyan kerültek ezek az ételkülőlegességek a székely asztalokra azt nem tudhatjuk. Talán egy, a sok székely vándorlegényből a Selyemúton is járt.

Az évek során több egyetemi tanár, kutatók és dákok volak vendégeink, akik kutatási, vagy tanulmányi célokkal jöttek férjemhez. Több kínai diák is doktorált férjem irányításával. Sokszor házivendégeink voltak, de bizonyosan Karácsonykor és sikeres vizsgájuk után nálunk vacsoráztak. Szerették a magyar ízeket is.

Eleinte szokatlan volt, hogy az ebédlőasztalnál a kúrzus után nagyokat büffentettek. Ilyenkor, zavaromban szorgalmasan a földet néztem. Később megtudtam, hogy ez az aktus a legnagyobb elismerő jele a finom ennivalának. Ugyan ez az eset a sokféle nudlilevesek hangos szörcsölésével is. Minél hangosabb, annál elismerőbb. Ez viszont Magyarországon is szokás, különösen falúhelyen.

19. A MING DINASZTIA MAUZÓLEUMA, SHISANLING

A harmadik napon meglátogattuk a Ming Dinasztia Mauzoleumát (Shisanling). Az ősi kínai szokások szerint a császár jóval halála előtt, sokszor egész uralmán keresztül, pontosan megtervezte és kijelölte temetkezési helyét és módját. A kőltségek, dacára a hatalmas összegeknek, sohasem merűltek fel.

A Ming dinasztia (1368-1644) 13 császárja, császárnői és konkubánjainak temetkezési helye is előre megtervezett, hatalmas, dombokkal védett, gyakran látogatott, templomi tiszteletnek vélt terület volt.

A temetkezéseket a császárság papjai vezették, a már említett csontokra írott, (orákulus csontok) jóslataikkal, áldozati szertartásaikkal. Jól választottak. Ezt a helyet védi a Tianshou domb az északi széltől, illetve az onnan jövő rossz szellemektől. Itt minden eltemetett császárnak külön áldozati pavilonja és domborműves sírköve volt. Ide temették konkubánjaikat is.

Yongie császár (1402-24) hűséggel kivitelezte Ming császár temetkezési végrendeletét. Minden pontosan le írtak! Az elhaltakat védeni kelett minden kellemetlenségtől: az északi széltől, vihartól és az onnan támadó rossz szellemektől. Emiatt a északi falvak lakosságát egyszerűen elkűldték.

Minden császárnak külön sír-dombot és halotti palotát építettek. Ezeket 200 éven keresztűl nagy számú földmívessel ápoltatták és őrízték. A mauzóleum és környéke olyan volt, mint egy erőditmény. Régebben a közönséges halandó a környékére sem mehetett, tilos volt a látogatás is, a szellemek nyugalmát védték.

Kőltséges volt az élő császár uralma, de halála még drágább volt. A bejárat minket a földalá vitt, sok üres, régen kirabolt maradványok tanúskodtak a hajdani igen drága temetkezési módról. Itt még a hegyet is elmozdították a hatalmas földmunkkal. Dacára a, gigantikus kőltségeknek és jóslásoknak, ök is porráváltak.

20. LAMA TEMPLE

Megígértem, hogy beszámolok a neves Lama Kolostorról, ahova nyelvtudás nélkűl, barátnőmmel kirándúltunk. Most, amikor ennyi év után visszanézek, akkor be kell vallanom, hogy nagy merészség volt! Kirabolhattak volna, de ennél rosszabbúl is végződhetett volna a kirándulás. ! Szerencsénk volt.

A Lama Kolostor kűlső bejárata különleges és szinte hivogat, a hármas gazdagon díszített kapujával. 1634-ben épűlt, mint Yong királyfi palotája, amikor Yong császár lett akkor nagy részét átalakították Lama Kolostornak (tibeti buddhista imaház).

Hatalmas épület csoport, 5 imateremmel és udvarral. Weituo, the buddhizmus védőistene őrzi a bejáratot. Itt láttam először Maitreya buddha szobrát. A Négy-nyelvű pavilon sajnos csalódást okozott, mert gyönyörű oszlopokra és táblákra vésett, írott történelmet nem tudtuk elolvasni. Később megtaláltam az irodalmi kutatásaim során, hogy kínai, mandzsu, tibeti és mongolnyelven írja le a Lama vallás történetét.

Lamaizmus Tibetben és Mongoliában terjedt el. A buddhizmus egyik sajátos formájának terjesztője Padma Sambhava misszionárius volt Indiából. A misszió, illetve a vallás feje jelenleg a Öszentsége a Dalai Lama, aki úgy gondolják, hogy az újraszületett Botthisatwa Avalokitesvara.

A hosszú udvar egy hatalmas pavilonhoz vezetett, amely tele volt különféle buddha szobrokkal. Három nagyobb, igen különböző arcvonású Buddha a terem egyik óldalát foglalta el. Sokan álltak körülöttük. Én is a legnagyobb Buddha lába elé merészkedtem, csendben szemlélődtem.

YONGHEGONG
Lama Temple

Volt, aki le-fel hajlongott, mások némán, csüngő szemekkel nézelődtek. Többen ima-kereket hajtottak. Hangosan imátkoztak, valaki énekelt is.

Egy fiatal hölgy egy hatalmas dobozban nagy zajjal rázott valamit, majd a tartalmát (pálcikák) a Buddha előtt a földre borította. Leűlt a pálcikarakás mellé és igen figyelmesen percekig nézegette. Hírtelen felállt, összeszedte a pálcikákat és kiment.

Többen narancsot, barackot, italt és rízsfélét tettek a Buddha lába elé. Perselyt nem láttam. Csend volt és nagy forgalom.

A templomi szobrok kis része, később ismertté válta. Láttam, a jelen és múlt (Shakyamuni), a jövő buddháinak (Maitreya) szobrait.

Külön pavilon van a kolostoron belűl a természettudományok tanulmányozására. Ennek közelében van a Császári Kollégium, melyet 1287-ben a Kublai Kan alapított. 1900-ban zárták be. Az épületcsoport nemcsak híres vallásos gyülekező hely, hanem komoly felsőoktatási központ is.

Meghatott az elegáns pavilonok stílusa, klasszikus kínai-tibeti szépsége és templomi méltósága. Véletlenül egy szertartáson is résztvettem. Tömve volt a terem és többen hangosan imátkoztak és énekeltek. Zsongásszerű, sok haranggal díszített, mély tónusú éneklés volt. A sarokban hallgattam az idegen szertartást. Sok virág és színes csecsebecsével elhalmozott Buddha szobrok álltak a falak mentén.

A konferencia és Peking látogatása után egy 10 napos "elsőosztályú" (így hírdették!), idegenvezetőkkel kísért kirándulásra mentünk. Minden kőltséget előre kifizettünk. Drága volt, (sajnos az összegre már nem emlékezem), de útvonala igen igéretesnek látszott.

21. A **SELYEMÚTON**

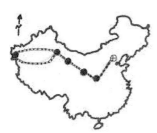 Az úvonalunknak pontosan, előre megjelölt iránya volt. Követtük az ősi Selyemút vonalát, Kínán keresztűl, nyugatra. Peking-ből repülővel Xi'an-ba útaztunk. Ez a Selyemút első, igen forgalmas kereskedelmi és kúlturális központja.

Onnan vonattal Lanzhou-ba, majd Dunhuang-ba, Turpan és Ürümqi-be mentünk.

A mellékelt vázlat megjelöli Selyemútat, ennek a vonalán útaztunk vonattal nyugat felé:

keresztűl útaztunk észak Kínán, a Gobi sivatag déli oldalán, Mongolia alatt, az Ajtai hegységtől délre, a Tian Shan hegyóriások közé, az ujgorok hazájába, Ürümqi-be. Útvonalunk a Taklimakan sivatagtól északra, a Celestial tónál (1980 magasan) fejeződött be. Több, mint 3500 km.- t útaztunk. Repülővel tértünk vissza Peking-be.

Ez az útvonal nekünk, erdőmérnök biológusoknak határozottan érdekesnek és igéretesnek igérkezett, hiszen igen termékeny éveket tőltöttünk el a sivatagi növényzet tanulmányozásával, észak és dél Amerikában, most itt volt az alkalom a Gobi és a Taklimakan sivatagok látogatására.

A sivatagok természeti érdekességei mellett vonzott ennek a hosszú, rendkivűl változatos észak kinai útvonalnak gazdag, részünkre ismeretlen biológiai tájegységei és az egyedülálló régészeti kincsestára is.

22. ÚTBAN XI'AN FELÉ

A peking-i repülőtérre idegenvezetővel mentünk, akit már ismertünk a helyi kirándulásainkról. Csinos diáklány, akinek a kanadai tanulás volt az álma. Viselkedése meghaladta a jó izlést, természetesen állandóan csak Laci körül, forgolódott és csicsergett. Már akkor gyanakodtam, megjegyzést is tettem, de férjem nem akart hallani az én "képzelődéseimről".

A peking-i repülőtéren a leányzó, aki útunk szervezője volt, tele mosollyal egy lezárt borítékot adott oda Lacinak és megkérte arra, hogy adja át a Xi'an-ban, az ott ránkváró idegenvezetőnek. A repülés kényelmes volt, sajnos a légkör zavarai miatt nem sokat láttunk.

Valóban ott várt a kisérőnk Xi'an-ban, kocsival. Laci bemutatkozott és odaadta a borítékot a fiatal embernek. A kisérőnk kinyította, nézegette, gondolom, hogy olvasta a levelet. Hírtelen kijelentette, hogy azonnal adjuk vissza neki a 400.00 $-t, amit kiloptunk a levélből és addig nem megyünk sehová, amig nem adjuk vissza a 400.00$-t. Igencsak meglepődtünk!

Laci közölte, hogy ő semmi pénzről nem tud, a levelet lezárva adta oda. Elmondta az idegenvezetőnek, hogy őt a Kinai Tudományos Akadémia hivta meg, előadásokat tartani. Kikérte magának ezt a gyanusitást. Bizonyos vagyok abban, hogy ebből az idegenvezető egy szót sem értett. Borzasztó feszült volt a hangulat.

Már legalább 10-15 percig ott gyötrődtünk az álló, meleg, autóban, amikor hírtelen eszembe jutott a valuta tilalom. A fiatalemberhez fordultunk és azt kérdeztük, hogy hogyan lehet neki dollárja, hiszen a valutát tiltja a kínai kormány, ezt nekünk nagy szigorral a repülőtéren megmondták.

Hirtelen nagy zavarba jött, valamit motyogott, amit mi nem értettünk. Azonnal elindult az autó a kijelölt szálloda felé. Mondanom sem kell, hogy ez az eset igencsak megdöntötte a hitemet az idegenvezetőkben. Gondolom ehhez a cselhez némi köze volt az előzően említett csicsergő leányzónak, hiszen ö kűldte a borítékot. Dühös voltam! Mivel a nyelvet nem beszéltem, ezért teljesen kiszolgáltatottnak éreztem magamat.

Ahogy később hallottuktuk ezt a könnyű pénzszerzési módszert többszörösen, sikerrel alkalmazták, de végül is valaki feljelentette a tetteseket. Bizonyos vagyok benne, hogy a bőrtönbe kerültek.

A fent leírott esemény fokozott figyelmezettségre intett. Az idegenvezetőinkre később sem számíthattunk, mert legtöbbször nem válaszoltak a kérdéseinkre. Úgy gondolom, hogy előre betanult szólamokból ált a nyelvtudásuk. Persze politikai okokból valószínűleg sok kérdésre nem is válaszolhattak. Viszont én ragaszkodtam ahhoz, hogy a betervezett régészeti különlegességeket meglátogassam. Ez nagyjából sikerült.

Szállodánk (Jianguo Hotel) Xi'an-ban, kényelmes, modern és igen tiszta volt. Elegáns, újabb fogadójában esténként klasszikus és tánc zenéjük is volt. Kivételesen most a szállodában reggeliztünk. Híg, kásaszerű rizspehely, teában főzött tojás és zőldség-tekercs volt az asztalon. Finom volt. Itt jó kávét is felszólgáltak. Különben minden esetben más-más szállodába vittek ebédelni és vacsorázni. Az okát nem ismertük.

El kell mondanom, hogy a kinai ennivaló, amit észak Amerikában és Európában fogyasztunk és legtöbbjét kedveljük, Kínában ismeretlen, kivétel a főtt rizs, amit úgy ebédhez, mint vacsorához, egy kis tálkával felszólgálnak. Ez mindig ízletes volt és pótolnia kellett a részünkre majd elengedhetetlennek tűnő kenyeret.

Ettem békát, valami kigyó félét (gyűrűszerű, kocsonyás, porcogóval), bizonyosan kutyát, macskát és ki tudja még mi félét. Nem is akartam tudni, hogy mit eszem, mert utazásom céljai mellett eltörpűlt az étkezés.

Másnap Xi'an-ban, egy elsőosztályú szállodában, az ízlésesen terített asztalunk közepén egy gyönyörű, művészi fedővel letakart edény ékeskedett. Igencsak felébresztette étvágyunkat. Amikor levettem a fedelet az étel feltűnően kellemetlen (büdös!) illatú volt. Valami kocsonyára emlékeztető, erősen rezegő, fényes szürke szinű eledel volt, tetején gyűrűszerű, kocsonyás, ezüstösen csillogó porcikákkal (talán kigyó, vagy más hüllőféle?). Melléje fokhagyma zöldhajtásából volt saláta és a szokásos rízs. Főleg a rízsnél maradtam, mert nem kivántam a porcikákat ropogtatni.

Három napot töltöttünk ebben a rendkivűl érdekes, csodálatos, öreg városban. Mindig emlékezetemben él az első benyomás. Szinte lenyűgözött a járdán hömpölygő, hatalmas, nekem egyformának tetsző, végtelennek tűnő embertömeg feje, akiknek csak a mozgó haját láttam. Itt-ott köpködtek, máshol gyermeküket etették a járókelők között. Akis gyermekek nadrágjának a belsőszára nyitott, így spórolták a pelenkát, hiszen ott van a járda.

Hömpölyögtem a tömeggel, a levegőnek alig volt helye, annyian voltunk. Szinte kibírhatatlan hőség volt.

23. XI'AN, A SELYEMÚT KEZDETE

 Xi'an (Shaanxi tartomány fővárosa) az ősi, történelmi városok igazi képviselője, több, mint 3 millió lakossal. Korát közel a Sárga folyóhoz és a város környékén feltárt neolitikus emberi települések (ilyen a már említett Banpo falú) igazolják. Központját, masszív, főleg tömörített földből épített fal veszi körül.

Ősi, régi épületek gyakran keverednek újszerű, apartment-hez hasonló újabb lakásokkal. A város érdekessége a masszív öreg fal, mely körülveszi az ősvárost, de az újszerű épületek itt is nagyarányban keverednek az ősiekkel.

Néha csak földszintes házsorokat láthatunk, nagy távolságon keresztül. Ezek főleg közhasználati tárgyakat, vagy gyümőlcsöt árúltak. Rengeteg kerékpáros, mégtöbb gyalogos volt az utcán. Autóforgalom még a főútcákon is kevés volt.

Valamikor a város forgalmas központja volt a cserekereskedelemnek, hiszen innen indúlt a Selyemút. Ennek forgalma és üzleti válallalkozásai fővárosi szintre és kúlturközponttá formálta a várost. Manapság inkább a túrista forgalom növekedik, 1992-ben majd 2 millió látogatója volt a városnak, a világ minden részéről. Ez a szám növekedő tendenciát mutatott.

Xi'an fővárosa volt 11 dinasztiának, Kr.e. 1027- től és központja az ötvenes évekig. A település korát több, mint 4 ezer évre becsülik. A Tang (618-907) dinasztia alatt a várost egy hatalmas (22 km), erőditményszerű védőfallal vették körül.

A fennmaradt, majd három ezer éves, igen masszív köfalon sétáltunk és láthattuk az összeomlott Han (Kr.e. 206-Kr.u.220) dinasztia császári épületeinek maradványait. Ennek a falnak hiányos maradványai manapság bekerítk a régi belvárost. Fantasztikusan masszív építmény, dacára a korának.

Talán ebben a városba, vagy mellette találjuk Kína leggazdagabb és legjobban ismert régiségeit. A város közepén, a neves Xi Dajie főutcán álló 33 m. magas Harang Torony-ból (Zhonglou, épült 1384) gyönyörű a kilátás erre az öreg, hagyományokban rendkivűl gazdag vidékre. Igaz, sok a lépcső felfelé, de megéri a fáradságot.

Ezen a részen lakik számos muzulmán hui törzs. Mecsetjük hatalmas, öt épületcsoportból áll. Az ima-házában,több, mint 1000 embert imátkozhat. Az épikezés stílusa kínai, de a díszitő elemek muzulmánok. Nekem teljesen új és nagy élmény volt a két, igazán szép építészeti stílus ízléses összhangja.

Ott csodálkoztam az utca sarkán, éreztem, hogy valami újszerű épületcsoportot fedeztem fel, de csak a később tudtam meg az eredetét.

Sajnos az idegenvezető nem nyilatkozott a nemzetiségekről. Szerinte, hivatalosan minden és mindenki kínai volt. Gondolom tíltott volt a nemzetiségekről beszélni.

Majd minden utcában van piac, sok friss alma, körte, barack, szőllő és friss ződség vásárolható. Itt húsokat nem láttam. Nem kóstolhattuk meg a gyümölcsöket, mert nem volt megbizható ivóviz, amivel megmoshattuk volna.

A higénia elszomorított. Sajnos ettem görödinnyét, igen finom, ropogós volt, de a gyomorműködés gyors és változatos következményei két hétig velem maradtak. Igy csak nézegettem a friss gyümőlcsöt.

A következő napi szállodaszobánk tiszta volt, de sajnos a csapból barnás lé folyt. A zuhanyt férjem próbálta "rábeszélni " a teendőkre, de az egész csap zörögve a kádba esett.

Itt is az éjjeliszekrényen állt 3 termosz, forró vizzel és tea-zacskókkal. Ez volt részünkre a viz készlet, ívásra (a kínaiak forró vizet isznak) kézmosásra és fogmosásra. Ritkán volt utánpótlás, igaz, nem is kértünk, mert csak este, későn, aludni mentünk a szobába.

A város közepén, a pagodák között nézelődtem, amikor felfedeztem egy sereg sorbanálló embert. A Kentucky Fried Chicken w.c.-hez tolakodtak. Meg kell jegyeznem, hogy ez telitalálat volt Xi'an-ba, no és a környékén! Rosszabbodott az állapot nyugat felé. Sajnos a w.c., árnyékszékek, vagy lyukak állapota igen bűzös. Kinában nagy gond ez, veszélyes is lehet.

24. BINGMA YONG, A TERRA-COTTA CSÁSZÁRI HADSEREG

Nagy várakozás előzte meg ezt a világhírű, hadi műveletekre készenálló agyaghadsereg látogatását. A hadigyűlekezet 30 km.-re van Xi'an-tól, Lintong falú mellett. 1.5 km.-re. Itt alussza örök álmát Oin Shi Huangdi császár a hatalmas, jól védett mauzóleumában. A császár 13 esztendős volt, amikor megtervezte a saját fekvőhelyét és védő hadseregét, Kr.e. 246-ban.

Amikor beléptem a felvonúlt agyagkatonák elé, meglepett tökéletességük, harci készségük. Pár méterről tanulmányoztam az ábrázolt katonák egyéni arckifejezését. Szép arcokat, pompás testtartást és ugyanakkor katonás fegyelmezettséget árasztottak. Készítőik hihetetlen magasszíntű anyagművészetről, csodás fazekasságról tanúskodnak.

Előzőleg egy rövid filmet láttunk, melyben a szobrok gyártását, színesre festését mutatták be, ahogyan a leírásokból elképzelték. Gyönyörűek voltak az egyenruhák és igen színes zászlók divatbemutatóját láttuk. Most a katonák 5-6 méterre vannak a föld alatt, művészi, színes festett ruhájukat úgy gondolják, hogy tűz és a időfoga elpúsztította.

1974 márciusában a környéken épitkező parasztok bukkantak rá erre a földalatti, egyedülálló, hihetetlenűl reális, harcra kész kínai hadseregre. A dinasztiák rövid jellemzésében írtam Qin első kínai császár tetteiről, erőszakos és híres, újraszervezett kormányrendszeréről.

Az ősi szokásokat követve Qin császár (Kr.e. 221-206) is úgy hitte, hogy örökké fog élni, hiszen az Agyag Hadserege majd védeni fogja a sok rossz szellemtől és ellenségeitől. Emiatt már uralma alatt agyagból megteremtette az akkori császári hadsereg mását, vagyis:"egy millió erős katona, ezer lovas szekérrel és tízezer loval harcol az ország egyesítéséért" ("an army one million strong, with one thousand chariots and ten thousand horses"), valotta a császár.

Több, mint 700 ezer ember, néha egy milliónál többen dolgozatak, hogy az építkezési előírásokat pontosan betarthassák. Ez a drága hadsereg most is őrzi a császárt, teljes hadi készenlétben, de ugyanakkor tanuskodik a hallatlan, világhírű kínai terra-kotta-szobrászművészetről, a fémek és azok ötvözeteinek tökéletes ismeretéről, és a magas színtű kínai hadi tudományokról, több, mint két ezer évvel ezelőtt.

Sok száz nyíl és bronz fegyver került a felszínre. Ezek ma is, dacára a több, mint két ezer éves földalatti állapotuknak, fényesek és élesek. Teljes lovak és lovasszekerek, illetve fogatok is előkerültek a föld alól. Inkább hintónak nevezném ezeket a csodás járműveket, roppant elegáns agyagkocsisaival és szép lovaikkal várják a vezényszót.

Ez a bizonyítéka annak, hogy a sok híres bronz áldozati edények mellett, Kína fém és kohászati ipara már Kr. előtt igen fejlett volt.

1987-ben az UNESCO a nyolcadik világcsodának nyílvánította a Terracotta hadsereget és harci felszerelését, mert a Shi Huang Mauzóleum és az agyag felfegyverzett katonák, lovak és szekerek nemcsak Kína, de az egész világ ritka kincse. Különös helyet foglal el az emberi civilizáziónk történetében. Páratlan földalatti hadi múzeum.

Nekem elállt a lélegzetem, amikor beléptem a feltárt katonák mellé. Vártam, hogy elindúl a hadosztály, hihetetlenűl érdekesnek, de főleg nagy művészi alkotásnak itéltem. Majd minden arcvonás más, fegyelmezett, de ugyanakkor emberi. Egyenruhát, különleges frizurát viselnek, ebből megtudhatjuk a katona rangját és hadibeosztását. A katonákat sorrendben (az eredeti császári felvonulás alapján) tárták fel, hatalmas fedélzet alatt várják a sok millió látogatót. Fényképezés tilos.

Osztag #1. Négyszögletes harcra kész hadosztályban több, mint 6000 terra-cotta gyalogos katonát és harci szekerek egy részét láthajuk. Védő nyílasok, minden sorba 68, várja a hadi parancsot. A feltárás nem teljes ebben az osztagban, meglepetések várhatók. A hadosztály 5-6m. mélyen a föld alatt van.

A katonák arckifejezése változatos, határozottan megnyerő. Elképpesztően nagy munka lehetett alkotásuk és sok százezer ember művészi tehettségét hírdeti. Hatalmas kőltség a feltárás és a gyűjtemény gondozása is.

Osztag #2. Ez a készűltség 124 m hosszú és 98 m széles osztagban vonúl fel. A feltárás főleg próbafurásokra támaszkodik. Itt 1300 felfegyverzett agyagkatonát, 174 állónyílast és 160 térdeplő, keresztnyílas katonát, 64 harci szekeret (három katonával), 100 lovagló katonát és több, mint 2000 fegyvert és más tárgyakat derítettek fe. Ez a balszárnya a hadseregnek.

Osztag #3. Itt rendellenes osztagelosztást, őzszarvakat, állati csontokat találtak. Arra gondoltak, hogy ez volt a főhadiszállás. Tekintettel a sok csontmaradványra, valószínűleg itt tartották az áldozati ünnepségeket.

A feltárt nyílak, fegyverek, bárdok teljesen rozsdamentesen kerűltek a felszínre, pedig vas, bronz, cink és nickel ötvözeteiből készűltek. A nyílhegyeken, vékony rétegben okszidált krómiumot találtak, tehát ismerték a kínaiak a rozsdamentesítést 1500 évvel az európai, vagy amerikai eljárások előtt. A kínai fémipar fejlődése megelőzte az európai képességet.

A valóságban úttörői voltak ennek mesterségnek. Nemcsak fegyvereknek, szekereknek és szerszámok gyártásának voltak kiváló mesterei, hanem művészei lettek a híres és valóban gyönyörü áldozati edények, üstök, mécsesek és dísztárgyak öntésének.

Természetesen ezek a hatalmas üstök, áldozati edények, vázák kalligráfiákkal, vagy festékekkel hihetetlenül gazdagon díszítettek, vagy sok esetben mondákat, eseményeket örökítenek meg. Tetszetős a szemnek, manapság a látogató gyönyörködhet szépségükben, fontos épületek előtt, vagy parkokban.

A terra-cotta hadsereg feltárás hatalmas kőltséggel és még több szakember részvételével évekig tartó munka. Az 5-6 m vastag földnyomás a legtöbb szobrot és tárgyat összeroppantott, vagy az esővíz mosta szét. Szorgalmas, komoly emberek hada dolgozik a szakszerű felderítésen.

Hatalmas eredeti katonai felszerelés, formációk, haditechnika és több, mint 2 ezer éves, kínai háborúskodás kincsestára ez az ősi hadsereg.

Természetesen ezeknek a hadászati fémeknek gyártása és ötvözetei ismertek voltak a Qin császárság előtt. Ezt a tudást és tapasztalatot hasznosították a terra-cotta hadsereg felszerelésének gyártásánál. Ezek ma, mint muzeális fegyverek különös hadászati értéket képviselnek.

A festéket, ahogy említettm, a katonai agyagszobrokról leette az idő, csak ritka foltok észlelhetők. A ruhák színes díszítése és festése megjelölte a katona rangját és osztagát is. A maradványok, hacsak kis foltokban is ismertté tették a katonai rangsorozati különlegességeket is. Szép hadsereg lehetett.

Részemre örök emlék maradt. Képzeletemben csak a vezényszó hiányzott és majdnem elindúlt az öreg terra-cotta hadsereg, még most is, úgy, mint Qin császár hitte 2200 évvel ezelőtt.

Az ásatások melletti múzeum elkápráztatóan gazdag művészi formákba és színekbe. Nagyon magasszíntű kerámiai műveltséget képvisel. Az egész dinasztia fazekas ipara rendkivül sokágú és művészíen kínai képviseleteiben gyönyörködhetünk itt. Fényképezés tilos.

Természetesen Qin császár már 13 éves korában, Kr.e., 246-ban megtervezte mauzoleumának építését. Régi szokásokat követve az építők kikérték az elődök véleményét, a jósok konzultálták a bivalycsontok, vagy teknősbéka csont repedéseit (orákulum-csontokat), aztán megajánlották a megfelelő áldozatokat (ugyan kik voltak?) és hatalmas ünnepségek keretében elkezdődhetett a felajánlások ünneplése. Hatalmas lukuluszi alkalom lehetett ez!

A csontokat elrejtették, ebből arra következtethetünk, hogy a döntés elfogadását, vagyis az áldozatok tényleges fizikai tettemét isteneikkel megbékűlve elfogyasztották. Valami halotti-tor szerű gyülekezre gondolok. Nem találkoztam az irodalomban ilyen természetű leírással. De csak ezután kezdődhetett el mauzóleum építése.

Qin császár mauzóleuma 2 km.-re van a terra-cotta hadseregtől. Hatalmas, erőditményszerű alkotás.

Qin császár maradványait régi hadseregének másai, a terra-cotta katonák őrzik, pontosan úgy, ahogy elképzelte, hiszen mindenről pontos leírások vannak. Hatalmas falak veszik körül a mauzóleumot, a leírások vitatják a kripta mélységét (50 vagy 500 m ?), mely bronz lemezekkel zárt a víz ellen. Tele van igen értékes tárgyakkal, ékszerekkel és kormányzási okiratokkal.

Bejáratát automatikus nyílakkal védett falak őrzik, ezüst padló és cápa olaj gyertyák őrködnek a császár maradványain.

Tekintettel a leírt mélység bizonytalanságán az archaelógusok úgy döntöttek, hogy nem tárják fel a sírt. Az ősi maradványok a hírtelen levegőkitettség miatt porráválhatnak.

Ezért nem tárták fel a sírját, teljes nyugalomba van Qin császár, hiszen nem messze sírhelyétől a 2300 éves Terracotta hadserege őrzi.

Mielőtt tovább útaznánk Xi'an-ból nyugatra, a sivatagok világába, Lanzhou város felé, nézzük meg a közelgő sivatagok tulajdonságait.

25. REPŰL A PORFELHŐ

 A mellékelt vázlat természetesen csak nagyjából jelezheti a sivatagok földrajzi elhelyezkedését. A sivatagokat környező óriási hegyvonulatok és a majdnem állandó, igen változó sebesség és szélirány gyors és nagy változásokat okozhat. Nemcsak a sivatagok területi, kőzeti összetételében, de a buckák formációiba és az oázisok létében is.

A szél, de különösen a szélviharok (igen gyakoriak a hegyekkel körülzárt sivatagokban) a hordozói és építői a buckáknak. Gazdag formáik megjelölik a szél irányát, sebességét és természetesen a szél, vagy az uralkodó irányok találkozását is. A homokbuckáknak igen gazdag tudományos irodalma van.

Egyre nagyobb érdeklődés követi ezt a fontos tudományt, mert sajnos Földünk sivatagjainak szélei és termőhelyei jelentős elsivatagodást mutatnak, ami természetesen a friss víz mennyiségének csökkenését okozza. Ez globálisan komoly gondot okoz nekünk és élővilágunknak.

Kína területének 15 % -a sivatag, szomorú, de az újabb hírek már 18 %-ról beszélnek. Ennek legalább ¼ része mesterséges (emberi beavatkozás) sivatag. Utazásunk során Lanzhou előtt (Tengger sivatag) észleltük igazából a sivatagi jellegeket, láttuk a hatalmas buckákat.

Mi a Selyemút vonalán, vonattal folytattuk útunkat. Érdekes módon a vasútvonalat a helyiek "sivatagosító szerelvénynek" hívják. Talán, mert a vasút (ez az egyetlen vonal Xinjiang provincia felé) hordozza a sok embert, akiket betelepít a kormány, a túlszaporodás és terméketlen földek miatt. Próbálják a sivatagosodást csökkenteni, a lakosság eltávolításával, hiszen Xinjiangtartományban van elég hely, de ott vannak a legnagyobb sivatagok és hegyvonulatok is.

Igen nagy probléma ez, sok pénzt és energiát kőlt a kínai kormány, mert egyre növekednek a sivatagok. Ez súlyos egészségi problémát, néha éhséget, mezögazdasági és ipari károkat okoz.

A gyakori és legtöbbször szabadon rohanó szelek elhordják a vékony rétegű termőtalajt. Porfelhők megbénítják a légzőberendezést , a közlekedést és sok esetben örökre betemetnek falukat és város részeket is. No, de a porfelhő nem ismer határt, világkörúti felhõivel elönti Japánt és Észak-Amerikában is jelentős szennyeződést okoz.

Útunk során, majd 3 ezer km.-en keresztűl gyakran láttuk a sivatagok kegyetlen formációit, ahogy haladtunk nyugat felé. Poros, sok kavics és elszáradt füves területet, csóré folyómedretláttunk.

Felhagyottnak tűnt, valamikor ápolt, kiszáradt növénymaradványokat és száradozó oázisokat (Ganzi provincia, Dunhuang mellett) láttunk. Sokszor azon tünődtem, hogy vajjon hogy lehet bármiféle élet ilyen helyeken. Tikkasztó szárazság volt.

A sivatagodás okai többfélék. Belső Mongolia valamikos híres legelői eltűntek. Kecske és juhcsordák legeltek itt, évezredeken keresztűl, egyre nagyobb számban, különösen az utólsó évszázadban. Ezek az állatok a gyökérig lelegelik a növényt, legtöbbször a vízdús gyökér is jó falat. Több, mint 4 százezer négyzetkm (fele a kanadai mezögazdasági területnek) vált sivataggá.

Az új kormányrendelet betíltotta legeltetést tavasszal, a növénytársulások felújúlása idején. Ilyenkor az állatokat karámokban etetik. A pásztorok elégedetlenek, mert soványak az állatok, gondolom a gyapjú minősége is rosszabb, hiszen ez a táplálkozási mód nem azonos a legeléssel. Éjszaka, amikor nincs rendőri felügyelet akkor titokban legeltetnek. Ők az állattartás jövedelméből élnek.

A földmüveléshez víz kell. A termelékenység fokozása miatt egyre több folyónak és oázisnak a vizét szívják le, hallatlan távolságokról. Tele van a sivatagok széle artézi kutakkal, a talajvízszínt némely helyen 15-20 m mélyre appadt. Ilyen helyen nem lehet fásítani, mert a fák gyökere nem igen éri el a vízszíntet.

Hatalmas természetvédelmi eljárásokat vezetett be a kormány, 1978 óta erdőmérnökök százait alkalmazta a hatalmas, 4 ezer km-es Nagy Zőld Fal telepítésére. Sajnos a talajvíz elérhetetlensége (a fák gyökerei képtelenek 15-20 m. mélyre hatni, hogy elérjék a vizet) miatt ez sikertelen tervezésnek bizonyúlt.

Most egy hatalmas csőhálózatot terveznek, mely a déli folyokból az északi sivatagokba hozza majd a vizet. Gigantikus vállalkozás. Ez megint öreg falukat, városokat és régíségeket önt el és sok áttelepítést igényel. A legújabb értesülések szerint ez a terv megvalósíthatatlan.

A legégetőbb problémája a sivatagosodásnak, a helyi emberek sorsa. A sivatag nem terem, sok helyen élelmiszer és vízhiány van. Ilyenkor a lakosság kitelepítése az egyetlen mególdás. Ahogy nő a sivatag, egyre nagyobb a települések bizonytalansága. Bármilyen szegényes is az otthon és bármilyen picike mellette a föld, de az életet adott és ad, otthagyása természetesen nem népszerű. Sok gondról és felmérhetetlen emberi tragédiákról hallunk.

Belső Mongólia Alashan környékén csak a szél fütyörész keresztűl a felhagyott pásztorok vélyogkunyhóin. A kormány több száz kilóméteren bekerítette a sivaggá legeltetett homokot. Lakóit, több, mint 40 ezer pásztort kitelepítettek egy mesterséges oázis mellé, ahol zőldség és állatnevelésre tanitják őket. Két igen különböző életforma (Félnomád pásztorélet és letelepedett mezőgazdasági) szinte elképzelhetetlen lelki és fizikai alkalmazkodást ígényel. Állítólag az áttelepítés ideiglenes, ha valamennyire felújúl a kilegeltett növényzet, akkor a kitelepített emberek hazamehetnek. Reméljük.

Hosszú lejáratú folyamat ez. Kanadában és Amerikába a prérin, a 30-as évek porfelhői, illetve az elfújt porrá változott termőtalaj több, mint 3 millió kanadait és amerikait tett hontalanná. Kínában sok-sok millió ember otthonáról és napi falatjáról beszélhetünk.

Az új sivatagosodást megakadályozó átformáló törvények szerint (2001, Jian Zeming) és 2002-i Füvespuszták törvényei megtíltják a legeltetést tavasszal. Hatalmas anyagi befektetéssel és kiváló szakemberek ezreivel próbálja a kínai kormány mególdani ezt a súlyos problémát.

Sajnos bővebbet nem tudunk róluk, csak azt, amit úgy is sejtettünk: akiket kitelepítettek aggódnak, hogy valaha visszakapják-e a földjüket. Ez természetes, hiszen a föld az egyetlen értékük. Sajnos a majd állandó szél elfújta a keskeny, itt-ott növényekkel takart igen értékes termőtalaj réteget, meddővé vált a talaj és az otthonuk. Az áttelepítések egyre gyakoribbak, nem könnyű a sivatagi élet. Bizonytalanságával évezredek óta küzködik számos sivatagi törzs, akikről keveset tud a világ. Lehetséges, és remélem, hogy ők sem rajonganak a felfedezésükért. Sajátosan, sok színű, gyönyörű, de sokszor kegyetlen, igen gyorsan változó a sivatagi világ.

26. A SIVATAGOKRÓL

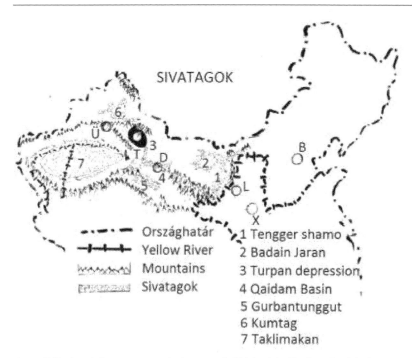

SIVATAGOK

- - - Országhatár
-+-+- Yellow River
〰〰〰 Mountains
▨▨▨ Sivatagok

1 Tengger shamo
2 Badain Jaran
3 Turpan depression
4 Qaidam Basin
5 Gurbantunggut
6 Kumtag
7 Taklimakan

A mellékelt vázlat a nyugati sivatagok földrajzi elhelyezkedését mutatja be. A Gobi sivatag nincs bejelölve. Ezeket a sivatagokat látogattuk, vagy mentünk el mellette, nyugat felé: 1.Tengger-sivatag, 2. Badain Jaran-sivatag, 3. Turpan depresszió, 4. Qaidam fenfensík 5. Gurbantunggut-sivatag, 6. Kumutage-sivatag, 7. Taklimakan sivatag.

A mellékelt, térképszerű vázlatok segítségével az olvasó könnyen velem utazhat a Selyemút vonalán.

A "gobi"szó eredeti jelentése laza, törmelékes-kavicsok (4-64 mm átmérőjű) összességét jelenti, ha 50 %-nál több a kavicstakaró akkor gobi-sivatagnak mondják. A fenti sivatagok összetétele változó. Vannak góbik, álló, futóhomok buckák és homoklepedők is (shadi).

A sivatagokat a környéken élő nemzetiségi csoportok nevezték el, így kínaira fordításuk nehézkes, de miért is van rá szükség? Például:"Taklamakan" mongol név, jelentése nem bíztató. "Ha egyszer bemész, akkor többet nem jösz ki".

Keletről nyugatra útaztunk, az első sivatagot Lanzhou ipariváros környékén láttuk. Ez volt a Tengger-sivatag (#1.) legdélibb nyúlványa. Itt kötődik össze a vasútvonal nyugat Kínával, mely az un. "Hexi folyóson" vonul végig (Ganzu tartomány), a Selyemút vonalán.

Déli részét a folyosónak, illetve az útnak a Qilian hegyvonulat (4-5 ezer m. magas csúcsokkal) határolja. Ennek tövében a kövek, suvatagok, kisebb-nagyobb oázisok (az olvadó gleccserekből) mellett, szűk sávon halad a Selyemút, emellett megy a vonat.

A szűk völgy, de főleg az oázisok vize tette lehetővé a Selyemút forgalmát. Itt utaztunk mi is. Az északi óldala a vasútvonalnak a futóhomok buckákat kerűlgeti. Ez a Badain Jaran sivatag. Nem messze tekereg a Sárga folyó. Errefelé nincs más út.

A Badain Jaran-sivataggal mi is a Lexi-folyóson (Ganzu tartomány) találkoztunk, amikor Lanzhou-ból Dunhuang felé útaztunk. Csodálatos zőldelő oázisok váltakoztak a rekkenően száraz dombokkal. A vonat ablakán szikrázott a szélrepítette homoksugár. Fantasztikus volt. Az oázisok mentén mezőgazdasági ültetvényeket (talán búza, zőldségek), apró falukat láttunk.

Néhol arattak, de az öntözés nyomai élesen elválltak a parcellákat elválasztó aranyszínű, száraz homoktól. Ahogy hallottam néha megtartják a homoksávot, mert állítólag a helyiek a meleg homokfürdőt igen hatásosnak valjákreumatikus fájdalmaik enyhítésére. Ennek futóhomok buckáiról és fásítási, illteve megszelídítési munkálatairól a város jellemzésénél részletesen írok.

A következő 5 sivatag:3.Turpan Depresszió, 4. Qaidam Basin sivatag, 5. Gurbantunggut sivatag, 6. Kumtag sivatag, 7. Taklimakansivatag.

Ezeknek jellemzője, hogy a depressziós völgyekben alakúltak ki. Csapadék igen kevés, több helyen nincs. Ezek a sivatagok általában magas tengerszínten vannak. Kivéve a Turpan Depressziót, mely -154 m mélyen, a tengerszínt alatt van. Jellemzően, mindaz öt sivatagot hatalmas hegyvonulatok (7,000 m tengerszínt felett) ölelik körül.

A medencékben kialakúlt sivatagok igen szárazak és folyóik (a környező hegyek gleccser olvadéka), illetve a csapadék nem folyik ki, hanem felszívódik a homokban. A hegyóriások tövében egy nedvesebb sáv alakúl ki. Ezeken falvak vannak és mezőgazdasági tevékenység is folyik. Eső ritkaság, mert a magas hegycsúcsok rendszerint fékezik az esőfelhőket, illetve felszívják az esőt. Ugyanakkor, gyakran fullasztó homokviharokat keltenek.

A Qaidam Basin (# 4.) 2,500-3,000 méter magasan van, az Altun Shan és a Kunlun Shan hegyek övezik. Kvarc gobi és majd a felén futóhomok buckák vannak. Nagyjából 15 % a növényekkel megkötött terület.

A Gurbantunggut-sivatagot (# 5.) északon és keleten az Altáj hegység határolja, délen a hatalmas Tian Shan, nyugaton kisebb hegyek zárják be a medencét. A depresszió fele góbi, a többit 25-35 m. magas homokbuckák takarják, melynek fele futóhomok. Csapadék 70-150 mm. évente.

A Taklimakan (# 7.) és a Kumutage (# 6.) sivatagokban a csapadék 10-36 mm. évente, de vannak helyek, ahol ennél kevesebb, vagy soha nem éri el az esőcsepp a homokot, mert gyorsan elpárolog. A két sivatag (Kumutage és Taklimakan) kb. 100 km.-re van egymástól, alluviális talajok, eltemetett települések maradványai és mocsarak választják el egymástól.

27. TAKLIMAKAN SIVATAG

Hatalmas terület (1200x500 km.), veszélyes sivatag. A sivatagot északról (ahogy a vázlat mutatja) a Tian Shan, nyugatról a Pamir hegység magas csúcsai (Kongur 7,719 m., még senki nem volt a tetején, Kongur Tiubie Tagh 7,595 m., Muztagata 7,546 m.) délről pedig a Kunlun Shan hegyóriások határolja.

Csak a sivatagok keleti óldalán van némi megszakadás a hegyvonulatok láncaiban. Ezek az óriás hegyláncolatok teljesen elzárják a teknőszerű sivatagtól a csapadékot. A közepe veszedelmesen száraz,

10-36 mm. évi csapadékkal és magas, veszedelmes futóhomok buckákkal. Nem kiránduló hely!

A Selyemút Dunhuang-nál elágazik, kerüli az Taklimakansivatagot, észak és déli óldalán. A Selyemút újra találkozik nyugaton, a híres sivatagi kereskedelmi városban, Kashgar-nál.

A Selyemút karavánja csak a hegyóriások tövében, ívóvíz szükséglete miatt, azon a sávon közlekedhet, ahová a gleccserek olvadéka és a törmeléke lefolyik. Ez egy 15-50 km. széles alluviális sáv öleli a sivatagot. Ennek víztartalma a gleccserek állapotától függ.

Ez köves, kimosott, itt-ott oázisokkal fedett, igen változó és bizonytalan terep. De van víz! Ahogy felszívódik a gleccserek leve, azonnal kialakúl a homokbucka, a vizes sáv sivataggá válik. Hegyre mászni itt nem lehet és futóhomok, illetve a buckák erőssen meghatározzák az ösvényt, illetve a Selyemút vonalát.

Természetesen itt legtöbbször van elegendő víz, hiszen faluk is övezik a sivatagot. A mai gépesített és vízgazdálkodási módszerek (rengeteg gát) lehetővé tette hatalmas állami kolhozok létesítését. Ezeket csak légifelvételről láttam. Sikere a vízmennyiségtől függ.

Ezek a helyek néha mocsarak, máshol kiszáradt, köves medrek.

Az utóbbi évtizedekben ezekre a helyekre telepítette be a kínai kormány a han kínaiakat, pásztorokat és másokat, akik vízhiány és túlszaporúltság miatt a többi sivatagon nem tudtak megélni. A légifelvételeken (Nationak Geographic, Satellite Atlas) sok gát és termelékeny területet látható.

A Kunlun hegyek olvadó gleccserjeiből eredő Hotan Fe patak és az nyugat-kelet irányú Tarim folyónak (Pamir-ből ered) a megmaradt víze mocsarakban, majd egy mocsaras hálózatú tóban (Lop Nur) gyűlik össze. Ezt csak tevékkel lehet megközelíteni (Úgy értesültem, hogy ezek a területek szigorúan őrzött katonai bázisok, gyakori volt a nukleáris robbantás a környéken).

Fontos tudnunk, hogy ezek a folyók nem folynak ki a sivatag medencéjéből és víztartalmuk az olvadó gleccserek tevékenységétől függ. Néha bő a vízmennyiség, máskor éppen csak folyik, vagy elmocsarasodik. A folyó partján fűzek, tamariska erdők és hatalmas nádasok vannak.

Sajátos, igen változó nemzetiségű törzsek lakják a partvidék eldugotabb részeit. Ezek félnomád életet élnek, mert a folyó vízbőségétől függ a fennmaradásuk. Később megemlékezem sorsukról. A Tarim folyó az évzredek során egy tóban gyűjtötte össze a megmaradt vizet. Ez a híres, öreg tó, Lop Nur "mozog", ugyanis vízmennyisége függ a gleccserek csapadékától. A part változásai jól láthatók a kialakúlt parti sáncok formációjából. Fákat, bokrokat csak a folyó partján találunk. Gobi csak észak-nyugaton és északi óldalán van a sivatagnak. Majd 80 %-a ennek a területnek futóhomok, ezek a buckák átlagban 150-200 m. magasak.

A sivatag karimája felé a buckák magassága lecsökken, 10-25 méterre. A megfigyelések azt mutatják, hogy a talajvíz színtje jelentősen lecsökkent a sivatagban, mert 1500 évvel ezelőtt nyárfa erdők övezték a sivatag szélét. Manapság csak a mocsarakban és öreg folyómedrekben van növényzet, csak 10 %- kötött a buckáknak.

A Taklimakan sivatag északi és déli óldalán haladt a Selyemút. Több igen nagy forgalmú és jó megélhetést bíztosító állomások voltak ezek a falvak. Néhánynapos gyaloglásra vannak egymástól, hiszen valószínűleg az évezredeken keresztűl csak ott volt állandóan víz.

A forgalom leccsökkent, de a Selyemút szakaszai ma is használtak, hiszen kevés a megbízható út a környéken. Termelőszövetkezetek létesűltek a Lop Nur tó környékén. Aktiv zőldség és állatenyésztés folyik, több gát létesítése lehetővé teszi a locsolást. Légifelvételről láttam.

Tanulmányom során többször említettem Kína nemzetiségi gazdagságát. A bizonytalan folyamú Tarim folyó partján, a Taklimakanészaki partjain egy különleges törzs létére bukkantam.

A Tarim folyó keleti szakaszán, Konche and Lop Nur közelében élt és ma is tanyázik egy különleges ujgur törzs (loplik). Sajátos életmódjuk és nyelvük (ujgur dialektus, lop) van. Két teljesen különböző dialaktus van a modern ujgur nyelvben, a Lop és a Hotan. A többi dialektusok a környékbeli Kashgar, Ili és Ürümqi környékén használatosak.

Ez az ősi csoport tökéletesen alkalmazkodott a Tarim folyó vízmennyiségének változásához. A loplik-k a parton élnek (Lopnur provincia), nád és hajlított fűzfa kunyhókban laknak. Juhokat és marhákat tenyésztenek. Természetesen halásznak, ez a főeledelük. Valamikor igen aktiv falukat alkottak. Saját iskolájuk, színházuk volt. Primordiális típusú mezőgazdaságot folytattak. Búzát és kölest termeltek, a folyóparti mélyedésekben. Ették az olajfa (Eleagnus angustifolia) termését. Kendert növesztettek. Csónakjaikat a helyi nyárból (Populus euphratica) faragták.

Sajnos az ujgurok mindig lenézték ezt a pásztorkodó-vándorló ujgur loplik népet. Rabszólgamódra kezelték őket. A loplik- ek sohasem szerették az idegeneket, manapság is elbújnak a látogatók elől. Az oka több féle. Talán nem kiváncsiak a népszámlálásra, a kínai kormány igazgatására, de félnek a betegségektől is. Gondolom függetlenséget akarnak, hiszen ez létszükséglete a félnomád életmódnak.

Az 50-es évekig viszonylagos békességben élhették vízparti vándorló napjaikat, de sajnos a 50-80-as években a kormány nagyszámú han kínait telepített a folyó partjára, kolhozokat alakítottak. Ezek elfoglalták, majd egyszerűen kiszorították az őslakó loplik törzseket. Elfoglalták a partot és kihasználták a vizet

A loplik faluk eltűntek, valahová nyugatabbra húzódtak a parton, Bügür és Korla környékére. Számuk az ötvenes években 8-9 ezer volt.

1956-ban a Corps földműves szövetkezet a loplik ősi otthonát foglalta el. 1957-ben 2300 han kínai, 1966-ban 21 ezer, 1985-ben 42 ezer volt a termelőszövetkezet tagsága. Ennek nagyrésze han kínai, gondolom az elsivatagosodott területekről telepítették őket a Tarim folyó mellé. Vajjon marad-e víz a Tarim folyóban a loplik törzseknek, vagy bárkinek? A víz hiányt rengeteg gát építésével próbálták megoldani. Most beszélget a kormány a locsolás korszerűsítéséről!

Igen forgalmas és jó búvóhely lehetett ez a vidék valamikor, mert nemcsak a folyó széle, de a Taklimakan északi és déli falvak nevei, és lakossága igen gazdag nemzetiségű emberek gyűjteményről tanuskodik.

Ehhez bizonyosan hozzájárúlt a Selyemút kereskedelme, de annak veszélye és hatalmas kőltségei is. Sok rablás, gyílkosság, törzsi háborúk és természetesen emberi gyengeségek sororozata, merészséget, erős fizikumot és végtelen kitartást igényelt. Többen pénz, betegség vagy félelem miatt a víz partján maradtak.

Sokan úgy gondolják, hogy ez a hely lehetetlen időjárás és bizonytalan víz miatt legtöbb embernek lakatlannak tűnt, de a merészebbek kiváló búvóhelyeket találtak itt. Igen gazdag a nemzetiségi törzsek száma. A loplikok, ősi ujgur törzsek, szokásaikban különlegesek.

Nem messze Lop Nur-tól található (ha jó idő és tökéletesen megbizható teve karaván van) a betemetett maradványa Kroanina falunak. Ez a telepűlés valamikor fontos pihenőhelye volt a Selyemúti karavánoknak. 10,000 ember lakott itt a IV. Században. Halásztak a tóban és legelő marhákat tartottak. Tehát nem volt sivatag! Manapság sivatag és a falú elhagyott, betemetett roncstelep.

A Tarim folyó északi óldalán most is majd ötven kisebb-nagyobb telepűlés van. Ezen a magas hegyek gleccserjeinek olvadásos, vizes, itt-ott oázisos sávján keresztűl haladt a Selyemút. Most is ott megy a Selyemút, mert ott más út nincs. A helyiek használják.

A Taklimakan sivatag széle évezredeken át sűrűbben lakott hely volt, de a karaván lecsökkent forgalma és jövedelme elapasztotta a lakosságot. Ez bizonyitja azt a tényt, hogy ez az ösvény igen régi, ősi, sivatagi cspások tevekaravája volt.

Az útvonalunk nyugati szakaszának legnagyobb része sivatagi kirándulás volt. Úgy gondolom, hogy kivánatos lesz egy kicsit közelebb megnézni a sivatagok jellegeit és az innen eredő titokzatosságokat is. Régebben a természettudományokkal foglalkozó emberek azt vallották, ha a terület csapadéka kevesebb, mint 250 mm. évente, akkor a terület sivatag.

Ez a szám téves, mert a sivatagokban általában erős a napsütés és igen gyakoriak az erős, szárító szelek. Mindkettő párologtató képessége hatalmas. Könnyű záporok esetén az esőcseppek elpárolognak mielőtt a földre hullanak. Bővebb viharok, illetve nagy és bő esőkből eredő víz gyorsan elmosódik a kiszáradt talajon és, mint gyors árvíz sebesen elszalad, annélkűl, hogy az élőlények hasznára válnék.

Emiatt legjobban a sivatagokat "szárazsági fok" –al jellemzik (csapadék/nap energia). Például: Több helyen a Szahara sivatagban a szárazsági fok 200, vagyis a napenergia elpárologtat 200 x annyi vizet, mint amennyi a fent említett helyen leesik.

Fél-sivatagok (254-381 mm /évente eső) vagyis a sivatagok szélei is legtöbbször több nedvességet párologtatnak el, mint, ami esik. Ezek rendszerint hatalmas területek. Sok esetben nagyobbak, mint a valós sivatag. Igen jelentős átmeneti zónák ezek, emberi települések, sivatagi növények és állatvilág otthona.

A sivatag szépsége leírhatatlan.

Sok festő próbálta megörökíteni a színek gyors és hihetetlenűl gazdag színskláját. Furcsának hangzik a sötétkék hegy, a rózsaszín köfolyás és a halvány-lila kiszikkadt patakmeder. Ezt láttam én is. Ilyen helyeken az életről csak növénykórók és fehérreszikkadt állatcsontok árúlkodnak.

Felismertem Georgia O'Keeffe (1887-1986) amerikai festőnő művészvilágát a sivatagokban. Terepmunkáink során fedeztem fel a színek sivatagi reálizmusát. Santa Fe (New Mexico), Amerika legöregebb, igen tetszetős, puebló stílusú városa, szép múzeúmot épített G. O'Keeffe műveinek. Ezek valóban a sivatag nyugalmát, végtelenségét és a szín, különösen a hegyvonulatok csodálatos színjátékát tárja elénk.

Ha süt a nap, akkor a millió és millió homokszemcsék csillámlanak az átszűrődő napsugáron, szinte táncszerüen fodrozódnak a buckák szegélyén. Élesre formálják, majd sorbavezénylik a megnyugvó, hullámzónak tetsző aranyszínű völgyeket. A haladó napsugár csillogtatja a sárgás homoktengert, alig-alig sejtjük, hogy hol húzódik kék ég horizontja és vajjon hol ér végére a végtelen sivatag. Csodálatos élmény.

Ekközben itt-ott, ritkán a homokszemcsék koncertjét is hallhatjuk. Úgy gondolom, hogy a szemcséket dörzsöli, suhintja, rázza és teregeti a szél a buckák építése és rombolása közben. A jelenséget a kutatók döbörgő buckának (booming dune) hívják. A jelenséget már ősidők óta ismerik a sivatag lakói. Sok titkot, veszélyt, magányt és csodálatos változatosságot rejteget. A sivatagi törzsek, illetve lakói tele vannak mondákkal és elképzelésekkel. Néha valós, máskor bájosan szép, vagy igen veszedelmes képzelődés ez.

A legtöbb ilyenféle "tapasztalat"a folytonosan mozgó homokbuckák viselkedéséből ered. Ezek a sivatag titokzatos szobrászának és a majd örökös szélnek legszebb alkotásai. Millió és millió kisebb-nagyobb homokszemcséket hordoz, terít, tekerget, feldob, leejt, seper és formál a szél, miközben sokak szerint zenés-koncertet, ágyúlövést, ugatást, lovaspatkók zaját is hallatja a bucka.

Több, mint 1000 évvel ezelőtt a kínai Góbi sivatag lakói hallották a bucka zenéjét, miközbe annak a 150 m. arculatát próbálták megmászni (Lehetséges, hogy az izzadság, a szájukban sercegő homok és a kimerültség is sok legendának, illetve dübörgésnek volt okozója).

Marco Polo is említést tesz, arról, hogy a Góbi Sivatag átkelésekor a karaván társai dobolást és harci zajokat hallottak a magas buckák között. Ujabban a buckák csodálatos rezonanciáját tapasztalták Afrika-ban, Közép Keleten, Észak és Dél Amerika-ban is. Az igazi ok ismeretlen.

A sivatagti közlekedés vizet, vizet, vizet, nagy figyelmet és a környék ismeretét követeli. Most is a helyiek főleg teve-karavánokkal közlekednek. Viharok esetén a sivatagok legtöbbje életveszélyes. A szabadon száguldó erős szelek sodorják a homokot és a veszély oka legtöbbször fulladás.

28. SOCHU ZHILU, TOVÁBB A SELYEMÚTON

A

Selyemútnak, mint az eddigi útleírásból láttuk, számos szárazföldi, főleg sivatagi ösvénycsoportból álló, nem egy határozottan kijelölt ösvénye volt és van. Ez volt az egyetlen összekötő útvonala kelet és nyugat Kínának is. Az ősi karaván csapást a lelhető állandó friss víz és az időjárás szabályozta.

Elképzelhetetlen a kínai emberek gazdasági, társadalmi és művészeti kapcsolata a Selyemút nélkűl.

A Selyemút a sivatagok belsejét kerüli és rendszerint a magashegyláncolatok tövében, a gleccserek olvadékának sávján és a mellette kialakúlt homokbuckák szélén haladt. Az útvonalat a víz jelenléte, kisebb nagyobb oázisok, az időjárás és a személyi bíztonság írányította. Az ösvényt a selyemhernyó tenyésztés sikere és a nyersselyem nyugati kivánatossága fejlesztette ki. De az ösvények összessége jóval öregebbek, mint a selyemipar. Ezt bizonyitják az ösvények mentén régebben kifejlődött ősi települések. A víz állandósága döntötte el ezek és a karavánok életképességét is.

A faluk is változtak, a jó forgalom és bővíz idején természetesen megnőttek és kifejlődtek. Mások kihaltak a nyersselyem és a kereskedelmi módszerek, illetve a piacigények, vagy a víz mennyiség változása miatt. Sok esetben a helyi törzsi háborúk, gyakran a fosztogató rablók, de legtöbbször a vízhiány terelte el az ösvényt.

A Selyemút eredetileg Xi'an-ból (Chang'an) indult, onnan keletre, Peking és Chendu felé, majd későbben nyugatra Lanzhou-n, Anshi-n (Anxi) keresztűl Dunhuang-ba (Tunhwang) érkezett. Itt elágazott az út északi és déli irányba. Ennek oka az Taklimakansivatag megkerülése és a hatalmas hegyek szorosainak könnyebb áthágása volt. A régebbi útvonal a mellékelt vázlaton jól érzékelhető.

Az ösvény két szárnya ujra találkozott Kashgar-nál. Mellék ösvények ágaztak le Arábia és India-ba. Kashgar-ból a kereskedők Samarkand és Bukhara felé haladtak, az ösvények megkerülték a Káspi Tengert. Itt megint lehetett északra, vagy délre menni, attól függően, hogy melyik vonal igérkezett jobbnak és bíztonságosbbnak.

A karaván tovább haladt nyugatra, Bizancium-ba (mai Istambul), majd délre fordult, ameddig elérte a mediteráni kikötőket. Innen hajóval szálították tovább a nyersselymet és sok minden más árut Róma-ba és Alexandria-ba. Az útvonal változásait biztonság és piaci sikerek diktálták.

A Selyemút hálózatának hosszát 9,700 km-re becsülik. A régészek szerint a Selyemúton, vagyis annak ösvényein már évezredek óta tevékkel jöttek-mentek és kereskedtek a különféle sivatagok lakói, hiszen nem volt más út, vagy más eszköze a sivatagi közlekedésnek. A nyersselyem fellendítette a karavánok forgalmát. A mongol császári időkben a selyem mellett üvegek, fűszerek, gyümőlcsök, őszibarack (őshonos), magok, porcelánok, ékszerek és sokféle árú cserélt gazdát az ösvényeken. Ekkor volt a legforgalmasabb és a legbíztonságosabb a közlekedés A Selyemút igazi kereskedelmi útvonallá fejlődött.

Nemcsak iparikereskedés történt, ennél sokkal fontosabb eszköze volt ez az útvonal a filozófiák, vallások és művészetek terjesztésének. Ezeket nem lehetett kirabolni.

A legveszélyesebb útszakasz a Pamir hegységek hágóit átszelő ösvények voltak. Ezek a hatalmas hegyvonulatok vőlgyei az ujgurok, tajik (ősi lakói a Pamir Fensíknak) és számos muzulmán törzsnek otthona most is.

Itt a hegyek magassága eléri és meghaladja a 7000 métert. Ez a része az országnak csak az 50-es években csatolódott Kínához. A lakosság itt nem kínai.

Sokan, a Selyemút karavánjaiból megfagytak, vagy kirabolták őket. Verekedések és gyílkosságok az Út egyes szakaszain napirenden voltak. Hó, szél és homok viharok, néha vízhiány tették veszélyessé az átkelést.

Sokan csak a Selyemút kiválasztott szakaszain útaztak. Voltak szép idők is, amikor énekléssel, táncokkal és szerelemmel melegített, tábortűzes oázisok mellett hangos és zenés estékkel szórakoztak az útasok, miközben pihentek, vagy jobb időjárást vártak.

Sok legenda övezi ezt a hosszú, főleg gyalogos útat. 2-3 évig tartott az út, annak, aki szerencsés, vagy merész és anyagilag tehetősebb jó egészségű ember volt. Voltak kereskedők, akik csak egybizonyos szakaszát használták az útnak, hiszen legtöbbje kereskedő volt, kedvező piacokat keresett.

Nagy kár, hogy kevés írástudó közlekedett az első századokban, főleg a Dunhuang melletti grottók falfestményei mesélik el az eseményeket. Kevés írástudó közlekedett errefelé. Érdekes lenne többet tudni a Kr. előtti idők eseményeiből is.

29. A TEVE

A sivatag lakói a mai napig is a tevéket tartják a legmegbízhatóbb sivatagi társnak és teherhordozónak. Nagyjából 5 ezer évvel ezelőtt szelídítették Mezopotámiában. A két-púpú ázsiai (Bactrian-i, az afganisztáni Bactria völgyről elnevezett) és az egy-púpú (dromedary) Afrikában és Közép Keleten tenyésztett tevék a teherhordók, a sivatagok lakói között.

A tevék elterjedése tette lehetővé a Közép Kelet kegyetlen, áthatolhatatlan sivatagjainak megismerését és benépesedését is. Igaz, hogy lassuak (3km/óra), de nem fogynak ki gázból, nem melegednek túl és nem fulladnak meg a homoktól, mint a gyors és drága autók, mondják a helyiek. Szükség esetén tejet is adnak. Húsuk tápláló, bőrük ruházatra, vagy sátor építésre használt.

Hideget és meleget egyaránt bírják. Bármit megesznek, bárhol. 10 napig elballagnak, 150-180 kg. teherrel a hátukon, a legnagyobb melegben, a legsivárabb sivatagban, ivóvíz nélkűl. Ilyenkor behorpad a púpjuk, de amikor a karaván eléri az oázist akkor minden teve percek alatt 90-95 liter vizet nyel le.

Ezután a víz kémiai folymattal zsirrá alakul és ezt a zsírt a teve a púpban tárolja. A sivatagi utak során a tárolt zsír vízzé és energiává okszidálódik. Fantasztikus alkalmazkodás a víztároláshoz: 1 gram zsír= 1ml vízzel. Vagyis a 45 kg zsír a púpban 45 liter vizet gerjeszt.

A teve hosszú lába a gyaloglás során a felmelegedett homok feletti forró levegőtől védi, vastag bundája kiváló inzuláció, hosszú szemöldöke védi szemét, becsukható orrlyuka a homokot tartja távol. Teherbíró képességük óriási, a legnagyobb hőségben is 180 kilót hordoznak napokig, ami a kereskedőknek igen fontos tényező. A karavánok vezetői jól ismerik nemcsak a sivatagot, de tevéjüket is. Figyelik viselkedésüket, mert állitólag a teve jelzi a közelgő homok-vihart, amely a legnagyobb veszedelem. Csak kisebb karavánokkal és jó vezetővel tanácsos a sivatagba járni. Ezek ismerik az oázisok gyakoríságát, annak időszakos víztartalmát. Sok esetben az oázis vize egyszerűen eltűnik, a karaván vezető tájékozatlansága ilyen esetben az egész karaván halálával jár. A java-solt méret 45-50 tevéből és kisérőjükből áll.

A Beduinok bizonyítják legjobban tevék kiváló alkalmazkodását si-vatagi időjáráshoz. Teve karavánokkal harcoltak és törtek be az Arábiai sivatagokba, harcaik közepette magukkal hordozták és ter-jesztették az új prófétájuk, Mohamedán szavait, már a VI. században. Tekintettel a tevék különleges, igen gazdaságos vízgazdálkodására felmerült a mesterséges nagyüzemí tenyésztésük, mint kiváló fehérje tenyészet, de a tevék 6-7 évesen lesznek ivarérettek. Ez egyenlőre nem gazdaságos.

Azt gondoltam, hogy kényel-metlen, rázós a "tevegolás", de a Taklimakan Sivatagban. Dunhuang mellett elmentem egy órás útra a Crescent Moon Spring Oázis-hoz. Sárga, hihe-tetlenűl meleg, homokbuckás környezetbe nézelődtem a körülöttem hangosan morgó és fekvő tevék között. Ilyent és csak ké-peken láttam, régen, gyermekkori meséskönyvekben.

A tevét a gazdája térdepeltette le, hogy a hátára űlhessek. Az állat nem sokat törődött velem. Részese akartam lenni ennek az izgalmas sivatagi eseménynek. A tevegolás kényelmes volt, amolyan enyhe, jobbra-balra hintázási élmény. Rekkenő hőség fogadott a homok buckák között.

Az állat lábait figyeltem, amolyan köralakú homok-zivatar keletkezett a patája karimáján, amikor a homokra lépett. Néhány bokor és pálma sínylődött a kis tavacska körül. Nagy élmény volt ez a rövid út. Csodáltam a szétterülő aranysárga sivatagi homokvilágot és szinte varázslatos szépségét a sekély kék víznek. A körülötte fekvő tevék amolyan klasszikus, sivatagi tájképet alkottak. Különben $10-t fizettem egy hideg Cocacola-ért, ez volt az egyetlen ital! Roppant hőség volt.

30. GOBI SIVATAG

Hatalmas terület, majd 3000 km. hosszú és 1000 km. széles, északnyugatra Pekingtől, Mongóliával határos terület. Ez a leghidegebb sivatag (kivéve az Északi és Déli Sarkot). A sivatagot körülölelő hegyvonulatok elzárják a nedvességet hordó szeleket, így száraz a vidék, évi csapadék 200 mm.

A Gobi Trans-Altai része az egyik legszárazabb sivatagja Közép Ázsiának, közepén kevesebb, mint 10 mm. a csapadék hull évente. Borzasztó meleg a nyár és fagyasztó a tél.

Van olyan hely, ahol gyakran évekig nincs csapadék. A legnagyobb része a sivatagnak kavicsos, homokos törmelék. Homok buckák ritkák. A nyugati óldala a sivatagnak (Mongólia határa) magas hegyekkel övezett, ilyen a Tian Shan, 7400 m. magas csúcsokkal.

Növényvilága a sivatagi patakok, kisebb folyók szélein, vagy oázisok mentén eléggé gazdag, rendszerint a ürömfűvek (Artemisia sp.) és a tamariskafa (Tamarix sp.), nyár és fűzfa (Populus sp., Salix sp.) félék találhatók itt.

Ezeknek a sivatagi növényeknek rendszerint erőssen szabdalt, apró, szőrös, és vaksz-szerű anyaggal bevont, ragacsosak a levelei. Néha csak zőld szárral sínylődnek, így őrzik kevés vizüket.

A Kashgari ephedra (Ephedra przewalskii) és a szibériei nitrarea (Nitraria sphaerocarpa) a növény különlegességek.

Az állatvilága is sajátos, itt élt, vagy él a vadló (Equus przewalskii) de már pár évtizedek óta nem látták. Különlegesség a vadteve (Camelus bactrianus), több, mint ezer tenyészik a Gobi sivatag oázisai környékén. Rendkivűl vastag szőrméjük védi a kemény téltől és árnyalja a hőségtől. Ritkán láthatók, mert a sivatag legszárazabb részein tanyáznak. Ezek nem kiránduló helyek.

Útazásaink során a sivatagnak a déli részein mozogtunk.

31. LANZHOU FELÉ

A 2 nap gyorsan elszaladt. Vonattal a Selyemút vonalát követtük és Xia'an-ból Lanzhouba-ba utaztunk. Vázlatom jó irányadó. A vonaton egy 4 személyes, szép tiszta, hálófűlkében aludtunk. Kellemesen utaztunk. Útitársunk egy barátságos kínai fiatalember volt, akit igen érdekelte a sorsunk, de sajnos csak kínaiul beszélt. Viszont éjszakára az alsónadrágját (szép tiszta volt!) feltűnően kiterítette, majd a feje fölé kiakasztotta. Ahány ház annyi szokás! A vonaton a w.c. állapota életveszélyesen piszkos volt. Sajnos ennivalót csak az állomásokon vehettünk, vizet ott nem mertünk inni.

Lanzhou hatalmas ipari város a Sárga folyó mellett, Ganzu tartomány fővárosa. Magasan fekszik a tartomány, átlagosan 1000 m, legmagasabb pontja 5808 m (Qilianshan).

Szegényes tartomány, több, mint 35% szteppe. A vasútvonal az u.n. "Hexi folyóson", vagyis a tibeti fennsík és Qilianshan hegyvonulat között fut, a Selyemút vonalán.

Ganzu tartományt a Qin dinasztia (Kr.e. 221-206) csatolta Kínához. Jelentős települések fejlődtek ki és már Kr.e. 100 kürül megérkezett a buddhizmus, a Selyemút élénk kereskedelme és forgalma alatt.

Az egész tartomány (Ganzu) igen száraz, vízhiány van. Főleg öntözéssel termelnek. A provincia lakossága 25 millió.

A város mellett találkoztunk az első, igazi futóhomok sivataggal. Ez volt a déli csücske a Tengger sivatagnak (1).

A vonaton egy 4 személyes, szép tiszta, hálófülkében aludtunk. Kellemesen utaztunk. Útitársunk egy barátságos kínai fiatalember volt, akit igen érdekelte a sorsunk, de sajnos csak kínaiul beszélt. Viszont éjszakára az alsónadrágját (szép tiszta volt!) feltűnően kiterítette, majd a feje fölé kiakasztotta. Ahány ház annyi szokás! A vonaton a w.c. állapota életveszélyesen piszkos volt. Sajnos ennivalót csak az állomásokon vehettünk, vizet ott nem mertünk inni.

Reggel érkeztünk Lanzhou-ba igen szomjasan. 676 km-re voltunk nyugatra Xia'ang-tól. Lanzhou hatalmas ipari város, a Sárga Folyó partján, 2.4 millió lakóssal. A városnak több, mint 2 ezer évvel ezelőtt tekintélyes csereforgalma és fontos szerepe volt a Selyemút kereskedelmében.

Ez a város összekötötte kelet és nyugat Kínát, de csak a Selyemúton. Nem volt összekötő vasútvonal egy 50 km-es szakaszon, egészen az 1950-es évekig. Ennek komoly okai voltak.

A kínai kormány elhatározta, hogy összeköti a keleti és nyugati vasútvonalat, ezzel hiányzó 50 km.-es szakasszal, Lanzhoun-n keresztül.

A Tengger futóhomok sivatag (#1)), amely a Sárga folyó északi partvidéke, nem volt alkalmas a vasútvonal átvezetésére, mert itt a futóhomok buckái állandóan mozogtak. A szél betemette homokkal a folyó völgyét, a vágányokkal együtt.

A város déli óldala pedig földrengéses, meredek, magas (5-6 ezer m.) hegyvonulat. Ezért az új vasútvonal csak a homokbuckák megfékezése, illetve megszilárdítása után valósúlhatott meg

Csodálatos terepmunkát végzett a sok ezer lelkes szakértő akik megállították és megszilárdították a futóhomok buckákat. Méterenként

 sakkt-áblaszerűen, szalmával takart, majd növényekkel betelepített rácskockázatokat csináltak. Ezek tartják a homokot, megszilárdították a mozgóbuckákat, immáron 50 esztendeje, így a vasútvonal homokmentes.

Nagy és újszerű mególdás volt. Büszkén mutatták nekünk a szakembereik az eredményes, növényekkel betelepített védősávot. Mi is átútaztunk vonattal ezen a szakaszon. Nagyon érdekes volt. Jól látható a 480 m. széles és 50 km. hosszú, szalma-növénnyel, bokrokkal fedett kockás, dombos futóhomok buckasáv, a Sárga folyó medre felett. Természetesen ez megnyította az útat nyugat Kínába, az ujgurok földjére.

Büszkeséggel mutogatták a hatalmas megszilárdított homok dombokat. Eredményes és hatalmas teljesítmény ez. Sok ezer ember tudását és munkaerejét dícséri. Nagy anyagi befektetés volt és a futóhomok biológiájának teljes ismeretét igényelte. Az érdekes kirándulás után a kollégákkal finom teát ittunk, miközben ragyogó kilátásban gyönyörködtünk. A terep munkákat és a tervet a közeli Shapotou Sivatagi Kísérleti Állomás vezette.

A városban és a Sárga Folyó partján már ősidők óta települések voltak. Lanzhou már 81-ben város volt, 581-ben kapta a Lanzhou nevet. Igen fontos, drága és veszélyes átkelőhely volt a Selyemúton kereskedőknek. Amikor a Selyemút forgalma és jelentősége lecsökkent, amolyan elmaradottnak vélt város lett Lanzhou. A vonatforgalom ezt jelentősen megváltoztatta.

Manapság a város fejlett nehéz ipari központ, sok betelepített han kínaival. Híres a népi kézmüvessége is. Útunkat a Selyemút vasútvonalán folytattuk nyugat felé, a Hexi folyosón keresztül.

32. DUNHUANG FELÉ

Reggel a lanzhou-i vasutállomáson voltunk, útba a Selyemút vonalán Dunghuang-ba. Rengeteg ember tolongott a várótermekbe. Füllesztő meleg volt, nem kivánatos levegővel, magyarúl erős bűz volt. Már egy jó órája várakoztunk, amikor hosszú és kényelmetlen szemlélődés után gondoltam, hogy kisütöttem, hogy nincs külön w.c. a nők részére. Női útast nem láttam!

Dolgom végeztével (kínai férfi "pisoir" volt), ahogy kijöttem, az ajtónál egy néhány igen idős bácsi tátogatta száját és rámhunyorgattak. Az egyik hírtelen egészen közeljött és az arcomba nézett, laposakat kacsintgatott, majd jól meghúzogatta a hajamat. Erre hirtelen többen körülvettek, mosolyogtak, szőkeségemmel igen népszerű lettem. Zavarba voltam!

Sietve visszafutottam a váróterembe és a tömegek mozgásáról úgy sejtettem, hogy jön a vonat. Sajnos a bemondót nem értettük. A sínek mentén álltunk. Már majdnem elindúlt a vonat, amikor láttuk, hogy a 2 idegenvezetőink (egy diáklány és fiatal ember), sok gesztikulálással a vasutifeljáró személyzettel tárgyaltak. Hirtelen, igen gyorsan, bennünket a peronra tettek. A vonat azonnal indúlt, kísérőink eltűntek.

Azt hittük, hogy a jegyünket felszálláskor már lekezelték! Rövidesen jött a kalauz, de nekünk nem volt jegyünk, se kabinunk, amiért előre fizettünk. Még űlőhely se volt, így a folyóson, böröndjeink mellett, álldogálva útaztunk.

Abban reménykedtünk, hogy ez valami tévedés és rövidesen a kabinunkba mehetünk.

De ez csak álom volt. Idegenvezetőink "eltették" (ellopták) a vonatjegyünk árát és minket jegy nélkűl a vonatra tettek. Jól tudták, hogy a nyelvet nem beszéljük, nem reklamálhatunk. Talán remélték, hogy valahol a sivatag közepén minket ledobnak a vonatról és nyomtalanul megesznek a sivatagi hangyák.

Sajnos ez 18 órás út volt és a vonat lassan ment. Az útvonal, lakatlan kavicsos, homokbucka hegyekkel takart, sivatag volt. A megállók legtöbbször fel, vagy látható leszálló utasok nélkűl maradtak mögöttünk. A Taklimakan sivatag keleti óldalához közeledtünk.

A vidék rendkivül különlegesnek tetszett, nagyon száraz volt. Itt-ott homokos-köves kiszikkadt folyómedrek mellett, ment a vonat. Szélükön száradó, igen ritka, elvétve zőld növényzetet láttam. Minden igen száraznak és melegnek tűnt. Az elmaradott homokbuckák tetejéről homoksugarak szökdöstek, szinte berepűltek a vonatba. Sok kö, kisebb-nagyobb kimosott szakadékok, itt-ott homokbuckák takarták a végtelenek tetsző sivatagot. Estefelé szinte félelmetes volt a vidék. Településeket nem láttam.

Nagyon bosszantott, hogy még ülőhelyünk se volt. Az ablakpárkányba kapaszkodva a folyóson, nézelődtünk. A túlterhelt vonaton meleg, fülledt és egetlen büdös volt. Nyilvánvalóan idegenvezetőink elkőltötték a vasutjegyeink árát. Jól ismerték útvonalunkat, tudták, hogy mi messze mentünk és a nyelvi nehézségek miatt a vonaton teljesen tehetetlenek voltunk.

Útólag eszembe jutott egy jelenet, amiből következhettem volna valami rendellenességre. Miközben a két vezetőnk utólsó pillanatban, a vasuti tisztviselőkkel beszélgettek, a férfi kisérőnk útasította lány kisérő társát, hogy vigye bőrödünket a vágány mellé. Aztán láttam, hogy mérgesen, durván, kézzel gesztikulálva, szinte kiabált. A lány elővette pénztárcáját és láttam, amikor az összes papirpénzét a fiatalembernek adta. Magamban elitéltem a viselkedését. Lehetséges, hogy ezzel fizették le a helyi kalauzt, hogy minket a tömött vonatra felengedjen. Ki tudja?

A lánytól, a távozásunk reggelén egy szép képeslapot kaptam, melyben írta, hogy örült a találkozásunknak. Teljes neve és cime a lapon van, amit most is őrzök.

A lassan haladó vonat ablakából forrónak tűnő buckákat, az aranyszínű homok látóhatárba olvadó, tüneményességét nézegettem. Halálosan fáradt voltam. Ivóvíz és ennivalónk nem volt, hiszen előre teljes ellátást fizettünk, az úton nem vásároltunk semmit. Ebédlő kocsi nem volt.

Minden megállónál megjelent a jegykezelő és kezével intett, néha-néha csak engem meglökött, ijeszgetett, hogy szálljunk le. Igaza volt, hiszen nem volt jegyünk. Bizonyosan egy nagyobb összegért leűltetett volna, de hová? No, de mi történik, ha valahol leszállunk? Sehol települést nem láttunk, őrűltség lett volna elhagyni a vonatot a sivatagba. Fáradtak, szomjasak, éhesek voltunk, de nem volt kinek panaszkodni.

Már hajnalodott, amikor egy fehér, magas férfi jött szembe a vonat folyósóján. Megjelenése szinte mennyei csodával volt határos. Először azt hittem, hogy a fáradságtól látomásaim vannak. Azonnal angolul köszöntöttem. A fiatal ember bemutatkozott és közölte, hogy ök 11-en a közeli fűlkében (4 személyes!) vannak, ahol japán utasok voltak, de ök ezeket kidobták, mert az idegenvezetőjük, jegy nélkül a vonatra tette öket. A téma ismerős volt.

A jegyszedőt ők egyszerűen megfélemlítették. Megmutatták neki, hogy melyik lábaközötti "testrészét" markolják meg és kidobják a vonatról, ha zavargatja öket. Gondolom meg is tették volna, erősek, merészek és fiatalok voltak. A fiatal ember felajánlotta támogatását, azt mondta, ha zavar a jegykezelő, és le akar tenni bennünket a vonatról, akkor csak kopogjak a fűlkéjük ajtaján, mert ök azonnal kijönnek és megjelenésük elijeszti a kalauzt.

A védelem csodát tett, csak egyszer jelentek meg támogatóink, a jegykezelő többet nem jött vissza. Sajnos a mellékhelyiséget használnunk kellett. Bizonyosan, a szerelvény építése óta nem takarították!!!

Ez nem rémregény, hanem a valóság volt. Így történt a Beijing és Ürumqi közötti kínai vonaton, 1995 augusztusában. A vonat folyósóján az ablakpárkányba kapaszkodva, állva néztük a gyönyörű sivatagi völgyeket, a csóré aranysárga dombóldalakat és messze-messze hömpölygő buckák forrónak tűnő, látóhatárba olvadó, tüneményességét. Sajnos besötétedett, hosszú volt az éjszaka.

Ilyen állapotba köszöntött a sivatagi reggel a Lexi folyosó nyugati óldalán, Ganzu tartományba, közel a Dunhuang-hoz. Igen vártam a reggelt, sok néznivaló igérkezett.

Augusztus vége volt és Ganzu tartományban a folyó partján kézzel, sakktáblaszerűen, sarlóval arattak, de csak az érett foltokat vágták le akkor. Az elhulott szemeket seprűvel lapátra seperték. Legalább 8-10 ember sűrgölődött egy kis, néhány házhelynyi területen.

Ez a szakasz lakott hely volt, láthatóan több oázissal. Sok falú mellett ment el a vonat. Agyagházak sorakoztak, udvarra néző nagyon kevés ablakkal. Vastag fallal (agyag-téglából) bekerített otthonok voltak, bizony elég szegényesnek tűntek. A környéken semmiféle mezőgazdasági gépet, vagy autót nem láttam.

Ezek a házak, illetve paraszti udvarok jellegzetességei ennek a vidéknek, de ugyanakkor képviselői a régi konfuciai és taoi elgondolásnak. Minden téglalapalakú udvart vastag vályog, vagy tömörített föld kerítés övezett.

A házak, apró ablakai és a bejárat délre néztek, hiszen onnan jött a fény, a nap (Yang), minden emberi település kerüli az északi kitettséget, mert az hideg és árnyékos (Yin), ezt a tanította a taoizmus.

Az észak-dél irányra csak derékszögben épithettek. Ez volt a helyi épitkezési stílus ősidők óta, híven tükrözte a konfuciuszi szimetrikus gondolkodási módot. Érdekes szabályosságot mutatott a falú stílusa. Gyorsan ráismertem a jellegre, mert igen sajátos, szinte eltéveszthetetlen volt az építészet taoizmusa.

A nagyobb városok épitészei is ragaszkodtak ehhez a tervhez. A vonatmenti falvakban, ezen a vidéken nem láttam villanyvezetéket. Egy alkalommal bementünk egy faluba (sajnos a nevét nem tudom).

Este volt. Az emberek gyertyafényben űltek a falú közepén, jókedéllyel beszélgettek.

Megkérdeztem vezetőnktől, hogy miért vannak sötétbe. Azt válaszolta, hogy energiát spórolnak. Sehol nem láttam villanyvezetéket!. Gondolom a hőség miatt kellemesebb volt a főtéren! Tele volt minden fal színes, gondolom politikai eszméket, vagy munkaversenyt hírdető kalligráfiákkal, szerettem volna érteni a reklámot!

33. HUANGHE, SÁRGAFOLYÓ

Sokszor említettem a Sárga folyót (Huanghe), melyről Kína északi részét sárga Kínának nevezik. A folyó hatalmas, 4,800 km. hosszú. Nevét a sárga lösztől (agyagos, űledékes sárga talaj) kapta. A vízgyűjtő területe széles (772,000 négyzet km), a Kunlunshan és Nanshan hegyvonulatból ered.

Keresztűl kanyarog az Ordos sivatagon, majd, keletre fordúl a Tongguan szoroson tör át és meredek bevágásokkal fut lefelé a löszös talajú Ganzu, Shaanxi és Shanxi tartományokon, miközben több, mint one billió tonna üledéket hordoz.

Ennek felét a folyó fenekén a többit a partokon, majd a tengeri deltában teríti széjjel.

Ez a nagy mennyiségű hordalék felemeli a folyó medrét és áradáskor a folyó hatalmas területeket önt el, hiszen a folyómenti területek alacsonyabban fekszenek, mint a felemelt folyófelszín.

Ezek az időnként (főleg nyáron) elöntött folyómedrek kiváló mezőgazdsági területek, de ugyanakkor a hatalmas glecserek olvadása miatt, állandó nyári árvízveszély van. A folyó víztartalmát a glecserek olvadása táplálja, ezért rendszerint nyáron árvízek vannak és télen pedig alacsony a vízállás. A folyó vizét mind a két partján nagy szélességben öntözésre használják. Állitólag alig marad víz a tengeri deltájában.

Ugyanezt láttuk a Colorado és a Grand River deltájában is Amerikában. Mindkettő a sivatagok zőldség-gyümőlcs-diófélék termelésére pumpálja a vizet. Hatalmas Pecan-dió ültetvények övezik a Grand River partját New Mexico-ban. Víznélkül a sivatagos partvidék terméketlen lenne.

A nagymérvű kínai áradásokhoz hozzájárúl a 60-as évek hatalmas erdőírtása is. Rohamosan növekedett a lakosság, úgy tűnt akkor, hogy az erdőírtás a legcélszerűbb módja mezőgazdasági területek növelésének. Ez hatalmas eróziós károkat okozott, éveken át gyakori áradásokkal küzködtek.

2011-ben Kína nyerte az elsődíjat a világ erdősítési tevékenységében. Úgy látszik megváltoztak az erdőgazdálkodási irányok. Kína területének 13 %-a erdő, ami tekintélyes szám, ha figyelembe vesszük nagykiterjedésű sivatagjait. Természetesen az erdősítések főleg a nagyobb folyók, így a Sárga folyó mentén történtek.

Sajnos ott, ahol legjobban szükség lenne az erdőre ott súlyos telepítési problémáik vannak. Ugyanis a talajvíz szintje a sok pazarló öntözési módszer alkalmazása miatt igen leappadt. Sok helyen 20 m.-es sűlyedésekről irnak. A legtöbb fa (különösen bokor félék) gyökere ezt a mélységet nem éri el. Tehát sikertelen a telepítés.

159

34. DUNHUANG

Halálos fáradtan, piszkosan, szomjasan, éhesen szálltunk le a vonatról Liuyuan- ba. Reméltük, hogy előre fizetett vezetőink várnak és elvisznek Dunhuang-ba (25 km., régi nevén Shachou –a homok városa). Szerencsénkre ott voltak egy újszerű kisbusszal. A szállodánk is tiszta és kényelmes volt. Az ivóvíz örökös probléma maradt, különösen itt a hatalmas Taklimakan sivatag közelében. Mosakodtunk, ettünk, ittunk és ittunk. A napot a város és környékének látogatásával töltöttük.

Dunhuang város (Ganzu tartományban) 1100 m. tengerszínt magasan, egy hatalmas fensíkon fekszik. A déli óldala magasabb, a Mingsha hegy határolja. A keleti szélén a Sanwei dombok, nyugatra a hatalmas Taklimakansivatag terjeszkedik. Északra a Gobi sivatag homokos, köves és roppant száraz, majdnem kopár kötörmelékéből épített magas Tianshan hegyóriások zárják le.

Dunhuang a Selyemút vonalán, Ganzu tartományba van. Régi település, feljegyezték, hogy már Kr.e., 111-ben, a Hang császárság alatt élénk volt az idegenforgalom, ez kifejlesztette várost. Kereskedők, utazók, tudósok, papok, szerelmet árúlók, művészek és rablóbandák jöttek-mentek a Selyemúton. Itt északi és déli irányba elágazik, kerűlgeti a Taklimakansivatagot.

A Dunhuang-i fennsík közepén folydogál a Danghe folyó. Valószínűleg ennek a víze hozta a korai települőket erre a vidékre és ez tette lehetővé a Selyemúton a sikeres kereskedelmi gócpont kialakúlását.

A Danghe folyó partja ősidők óta használatos homokfűrdöző hely. Úgy hiszik, hogy a forró homok enyhíti a reumás fájdalamakat. A környék lakói a meleg, talán forró homokba ássák be néhány órára alsótestüket, ezt egy hétig ismétlik és határozott javúlást észlelnek. Manapság kiépűlt homokfűrdők várják a látogatókat.

Dunhuang folyóval, tóval és oázisokkal gazdagított találkozó hely volt. Az évezredeken keresztűl amolyan tájékoztató központ, eszmecsere és üzleti lehetőségek otthona lett. A Selyemút karavánjai megnövelték és fontos szerepet adtak a településnek. De a víz mellett a legfontosabb a tájékoztatás és tájékozódás volt. A nyugatról érkezők beszámoltak a Pamir hegységek szorosainak állapotáról, a Taklimakansivatag körüli veszélyes, futóhomok buckaóriások szélviharairól.

A nyugatra utazók csak innen értesűlhettek a Taklimakan sivatag időjárásáról és más veszélyes, esetleg törzsek háborús összeütközéséről, ragályos betegségekről. Sokszor itt cseréltek árút, alkudoztak, verekedtek, öltek, táncoltak, énekeltek, szerelmet árúltak, vettek.

Sokszor a közlekedés lassú, az időjárás bizonytalan volt, néha hetekig várakoztak a jobb útazási lehetőségre. Sietni nem volt célszerű, jobb volt az istenek segítségét kérni. Nem volt hiány a hittérítők szólgálataiban sem. Mindezeket a karavánok utasai Dunhuang és környékén megtalálták.

Dunhuang száraz, tagolt, nagyon szép fensíkon fekszik. A környező hegyek és homokbuckák csak fokozzák érdekességét. Évi csapadék csak 38 mm. Ugyanakkor az évi elpárologtatás igen magas, 2,400 mm. A telek fagyosak és hidegek. A várost és környékét (3/4 része) kb. 105 ezren lakják. Tekintettel a sivatagi környezetre a lakosság igen gyér, de annál gazdagabb a nemzetiségi képviselete. Főleg han kínaiak, hui, mongol, kazak, tibetiek és mások élnek a környéken. A Selyemút kereszteződése még élénkebbé és sokszor veszélyesebbé tette a várost. A kereskedelem mellett a karaván utasai tanujai voltak az ösvényen és a környékén zajló gyakori politikai változásoknak, törzsi háborúknak, rablásnak és verekedésnek. Az öreg Dunhuang és a közeli települések is sokat láthattak az évezredek során.

Nemcsak Kína selymét, porcelánját és gyümölcsének magvait vitte a Selyemút Dunhuang-n keresztűl. A karavánok mindenkit és mindent vittek és hoztak, ha jól megfizették. Ez az ösvény merészséget, pézt és kereskedői szellem mellett kiváló fizikai erőt és jó egészséget követelt. Sokan meghaltak, anyagilag tönkrementek, vagy egyszerűen lemaradtak.

A kereskedelem mellett nagy szerepe volt a bőlcselkedők, filozófusok, jósok, művészek, fűvek és regék ismerőinek is Dunhuang-ban. Ezek szellemi kincsei szerencsésen keveredtek és gazdagították a helyi nemzetiségi szokásokat.

A hittérítők hozták a buddhizmust Indiából, az iszlám hitet nyugatról és a kereszténységet Európából. Rendkivűl változatos, nemzetközi kereskedelmi, művészeti és hitterjesztő társaság gyűlt össze Dunhuang környékén, a Selyemúton.

Élményekkel telített, de fizikailag roppant nehéz útazás lehetett. Marco Polo (1254-1324) is tanyázott Dunhuangban, emlékezéseiben beszél gazdag kereskedelmi forgalmáról. Élményeit lediktálta (?) egy francia irónak. Beszámolt Kína gazdagságáról, hatalmas arany kincseiről. Ez felébresztette világszerte a kereskedők érdeklődését. Megnövekedtek a tevekaravánok és fellendűlt a kűlföldi kereskedés. A Selyemút kereskedelme és bíztonsága virágzott a mongol uralom alatt.

A város jelenleg is igen forgalmas kúlturális központ, főleg a grottók sajátos buddhista művészete vonza a látogatók millióit. Ugyanakkor nem felejtették el helyiek megünnepelni és felújítani a régi mondákra alapozott szokásokat.
Április elején ünneplik az Oroszlán Király évfordulóját. Úgy gondolom, hogy innen ered a nagyon zajos újévi, álarcosoroszlán tánc, amit a kínai negyedekben globálisan most is ünnepelnek.

Kora ősszel hatalmas, búcsúszerű összejövetellel ünneplik Chang buddha ajándékait, friss gyömőlcsökkel és holdbucival (édeskés sütemény) köszönik a jó termést. Különösen a görögdinnye mag eredete érdemel figyelemet.

Az ősi monda szerint Chang buddha egy forró nyári napon meglátogatta Dunhuang-t és látta, hogy a földön dolgozó emberek rettentően szomjaztak. Sajnálta öket, elment meglátogatni a mennyei anyát és dinnye magot kért tőle. Ezt szétosztotta a földművesekközött. Örömmel látta, hogy a következő tavasszal nem szomjaztak, hatalmas dínnyékkel volt tele a határ.

A meleg, napsütéses nyarak, a Donghe folyó és két oázis vízállománya lehetővé teszik Dunhuang és környékén a legízletesebb és híres gyümőlcsök termelését is. Ilyen a Li Guang sárgabarack, melyet a monda szerint több, mint 2 ezer évvel ezelőtt Li Guang hadvezér lőtte le nyílával az egekben repülő angyalok hálójából. Ezzel etette szomjas hadseregét. A Li Guang féle sárgabarack azóta is kedvelt.

Hasonló jó hírneve, finom illata és magas cukortartalma (17 %) van a kekeqi dinnyének. Kiválóak az illatosak a téli körték. A legérdekesebb a selyemúti kola, alapanyagai:Lycium chinense, szárított narancshéj, menta, kasszia, és többféle növény. Nekem nem ízlett.

163

35. KERESZTÉNY HITTÉRÍTŐK

Plano Cartini és Kuyuk Khan

A XV és XVI században megélénkűlt a keresztény missziós tevékenység Kínában. Az átlag ember írástudatlan volt, tehát csak képekkel lehetett bemutatni az Idegen Istent. Sok probléma volt. Nehéz lehetett ábrázolni a keresztre feszített Krisztust, hiszen ilyen halált a kínaiak csak a legnagyobb bünözőknek szántak.

Az első pillanatban kérdőre vonták Krisztus isteni erejét, hiszen nem tudta megvédeni magát, tehát nem volt hatalma.

A következő általános probléma Krisztus soványsága és szenvedő arca volt. A fenti kérdések okozták a későbbi, súlyos hittérítési nehézségeket.

Sajnos a keresztény hittérítés a mongol dinasztiák esetében szinte megalázóan sikertelen volt. A pápai kűldött, János atya (Plano Carpini) Olaszországból kisérletet tett a mongol Kuyuk Khan (Ghengis Khan utóda) és környezetének megtérítésére. János barát csak a hitét hozta. Kuyuk Khan számottevő ajándékot várt. A mongol császár azt ajánlotta, hogy ne üzengessen a pápa, hanem jöjjön személyesen az udvarába és ott az ő szólgája lehet.

Természetesen a sok kereskedő tevekaraván mellett a nagyszámú szomszédos törzsek filozófiája, nyelve, zenéje, táncaik, szobrászok és festők is a Selyemúton közlekedtek. Jelenvoltak a dinasztiák határőrző katonái, a szerelmet árúlók, a jósok, guruzslók. Szervezett rablóbandáik (a sivatagi barlangba vájt imaházak falfreskóin láthatók) is voltak a Selyemútnak. Jöttek-mentek a világjárók, Kína, India, Perzsia, Egyiptom és Európából is. Igen kevesen érdeklődtek a bőlcselkedők, vagy a vallásfilozófiák iránt. Kereskedők voltak.

36. MOGAO KU GROTTÓK

Korra reggel siettünk Dunhuang melletti barlangokhoz, melyek 20 km-re vannak a várostól. Elutazásom előtt ennek a helynek látogatása vonzott legjobban. Örök, csodálatos élménnyel gazdagodtam.

A sivatagi útvonal igen látványos. A Taklimakansivatag keleti nyúlványában, egy hatalmas, tikkasztó száraz völgyben (Sanwei és Mingsha hegyek között) útaztunk. Sehol egy fűszál nem volt, inkább kövecses, homokkal kevert, sápadt sárga, itt-ott futó homoksávokkal takart, igazi sivatag volt.

A futóhomok alul kibukkanó köves dombok kissé félelmetessé tették az ismeretlen domborulatokat. Meleg volt és az úttestet a homoktengerbe, csak sejthettük. Izgalmas utazás volt.

Messziről felfedeztem az oázist, mert a homokos, sivatagi aranyszínekben zőldelő foltot láttam. Valóban egy kis oázis és park (fűzfákkal) van a barlangok bejáratai előtt, néhány paddal és hivogató árnyékkal.

A hegy lábánál, az oázis felett a Mingsha hegy meredek óldalába (kb. 60-70 m magasan) vájták be ezeket a csodálatos barlang-kápolnákat (grottákat). Több, mint 1000 grottót vájtak, a majd 2000 m. hosszú hegyóldalban, Kr.u. 265-1368-ig. Méretük igen változó,1-2 köbmétertől, hatalmas termek nagyságáig. Majd a fele a grottóknak homok errózió, háború és időjárás áldozata lett.

A buddhista legenda szerint Yue Zun buddhista pap látogatóba jött Dunhuang-ba. Nem talált szállást az igen száraz, kegyetlen sivatag közepén. Bolyongott, hírtelen ezer aranyszínű sugár csillogott feléje az egekből.

Képzeletében a sugársávok iránytadó buddista pappá változtak. A mélyhitű papot meghatotta, hogy ezek a hontalan paptársak a buddhízmus szelleméhez híven, önzetlenül jöttek neki segíteni, pedig nekik sem volt otthonuk. Ekkor Yue Zun vájni kezdte az első barlangot Mingsha hegyóldalán.

Egy másik legenda, a grottók festményeiről azt mondja, hogy egy igen gazdag kereskedő a IV.sz.-ban megállt a Mingsha hegy melletti barlangokban. Ott megfelelő időjárásra és Buddha segítségére várakozott. Kérte az ott lakó buddhista papokat, hogy díszitsék fel festményekkel a barlangok sárszínű, barátságtalan falait és imátkozzanak érte a Taklimakansivatag sikeres átkeléséért. Állítólag jutalmazta őket a munkájukért.

Ezután, ezer éven keresztül szaporodtak a barlangok, festményeik és szobraik. Idővel a buddhizmus, Ezer Buddha néven, ezek a grottók az új hit, a buddhizmus legnagyobb búcsújáró központjává váltak. Ezek az eredeti Mogao Ku grottók, az őskínai buddhizmus leggazdagabb vallásos, de ugyanakkor őstörténelmi gyűjteményei is.

Az első grottó 266-ban épűlt. Említést tettem arról, hogy a Selyemút évezredeken keresztül a sivatagi települések kereskedelmi ösvénye volt, de a kereskedelmi cikkek mellett Kr. u. első néhány évszázadában, buddhizmus aranykorában, jöttek a bőlcselkedők és hittérők is, főleg Indiából. A barlangok, kiváló ivóvizével bíztonságos búvó és találkozó hely volt.

A Kínából, vagy Európából érkezők megálltak itt, megpihentek és kipuhatolózták a Pamir hágók és a Taklimakansivatag legkedvezőbb és legbíztonságosabb átkelőhelyét, szeszélyes időjárását. Amolyan információs központ lehetett. Hálálkodtak Buddhának a sikeres átkelésért, elmesélték élményeiket, kipihenték fáradságukat. Biztonságban voltak. Itt az oázis szélén a forgalom, több, mint ezer éven át, két irányú és békés volt.

Az utazók sok esetben kérték a grottókban lakó buddhista papok imáit és tanácsaikban reménykedtek. Emlékeznünk kell arra, hogy ebben az időben a körút fárasztó, veszélyes és drága volt, néha 2-3 évig tartott.

A grottók elmondják az ősi, ezer évnél öregeb, ismeretlen eseményeket. Gazdagon és a buddhizmus szellemében illusztrált, pótolhatatlan értékű tör-

KINA - A SELYEMÚTON

ténelemkönyv ez a gyűjtemény. Az írott eseményeket senki sem olvashatta, hiszen főleg írástudatlan, változatos   nemzetiségű karavánok útaztak itt. A grottók nélkűl keveset tudnánk a Selyemút gazdag, ezeréves eseményeiről.

37. MOGAO KU KINCSEI

 Az átútazók friss eszméket, új hitet, zenét, táncokat és természetesen a szomszédos törzsi népművészeteket hozták magukkal. A barlangok lakói főleg átútazó, vagy hitterjesztő, ottlakó buddhista papok voltak. Legtöbbje magas műveltségű volt. Nagy beszélgetésekre, eszmecserére, írásra volt lehetőség. A barlangokban laktak, de nem űltek tétlenül. Szentségessé, templomivá és barátságossá varázsolták környezetüket.

A grottók művészi alkotások, épitészetük és kivitelezésükben egyaránt. A barlangok falain láthatjuk a helyi dunhuang-i, közép és nyugat Kína buddhista művészetét, szépen megtűzdelve nemzetközi jellegzeteségekkel. A szerény buddhista hitterjesztők lefestették Buddha életét, tanításait, a kor mondáit, eseményeit. Történelem könyvet festettek. Szobrokat alkottak Buddháról és követőiről. Több, mint ezer esztendőn keresztül freskóikkal teljesen beborították a grottók falait és elmesélték a kor eseményeit.

A falfestményeket több csoportba oszthatjuk:a Buddhák különféle ábrázolásai, buddhista legendák , angyalok, arcképek és szent tör-

tének. Buddhista angyalok serege (szárnynélkűl, selyemfátyol se-
gitségével repűlnek) vigyáz a jelenlévőkre és a sivatagi vándorokra.

Kedvenc Buddháikat, Bodhisattwa-t és követőit agyagból megformá-
lták. Ezek bájos, sok esetben derüsen mosolygó arcokkal űldögélnek,
immáron másfél ezer éve a grottók sarkában. Fejük felett szárnytalan
angyalok serege röpköd, a buddhista tanítók régebbi eseményekről,
Buddha örökkévalóságáról regélnek. Engem egészen körülöleltek a
színes freskók eseményei. Csodálatos, ősi világot láttam.

A Buddhista mondák bájos, meseszerű freskói szinte életre keltek,
ahogy nézegettem az ezerévesnél régebbi, festett falakat.

Valóban ezek a grottók a buddhista művészet legszebb maradványai.
Gazdagsága felűlmúlja a legszebb múzeúm kincseit, mert a freskók és
szobrok egyrésze hordozzák a helyi népművészek sajátos, naiv
ábrázolási módozatait és a népi buddhista művészet elemeit.
Megörökitik a pillanatnyi politikai, társadalmi eseményeket is.

A bejárat Hatalmas Buddha háza szinte bevitt a Mingsha hegyóldalá-
ban. Elkápráztató díszítések közül mosolyog felénk az ülő Maitreya
Buddha, a hit alkotójának szobra. 33 m. magas, 695-ben köből farag-
ták Ling Yin és Yin Zu. A buddista hit szerint, amikor Maitreya
meglátogatja a földet, akkor béke és hosszú élet szál a népre.

 A barlangok művészei megőrízték Közép és Nyugat Kína sajátos, majd kiveszett, ősi népművészetét is. A falakról tanulhatunk őskínai politikát, gazdaságtant, hadászatot, földrajzot, természetrajzot, nemzeti kapcsolatokat, valós kúltúrális és hivatalos kapcsolatok, szerződések létezését.

A több száz Buddha, melyeket fali freskókon és szobrokon láthatunk a grottókban mind mosolyog, fizikailag igen jó formában van, talán mondhatjuk őket kissé telteknek. Buddha kűlső formája is sok változáson ment keresztűl a két évezred alatt.

Az első században, amikor a hittérítők bejöttek Indiából nem beszélték a sokféle kínai dialektust. Természetesen a kínai nép nem látta szívesen őket, mert az indián idegen isten, nem mandulaszemű volt.

A nép kételkedett, sovány és szomorú arcvonásokat látott a behozott indián hittérítők szobrain és képeiken. A soványság nyomoruságot, éhezést ábrázolt.

A kínai nép igen fél az éhségtől, mert dacára a császárok gazdagságának, az évezredek során sok millió ember éhenhalt. Örökös élelmiszer hiány volt és van.

A teltség és a mosolygó arc tele gyomrot, vagyis jólétet ígért, különösen a társadalom nagyszámú írástuadatlanjai között. Nem olyan régen Európában is a kövérség a jómód jele volt.

Igen lassan elfogadták a buddhizmust, de közben átalakúltak a Buddhák és kínai eszményképpé változtak. Mosolygó, tokás, telt testalkatúvá váltak. Ez megfigyelhető a korai Buddha és a későbbi ábrázolásokon. Különösen nagy változásokat láthatunk a grottókban.

A freskók összessége több, mint 45 km2. A legtöbb grottó fala teljesen betakart freskókkal. A legnagyobb és felmérhetetlenebb kincs azonban spirituális, az ősbuddhizmus eredetiségének és a hitgyakorlás kínai módozatainak eredeti ábrázolása.

Meghatódva vándoroltam négy órán keresztül egyik barlagból a másikba. Tetszetősnek találtam a régebbi (4-5 század) freskókat, Buddha -t. Valamelyest a naiv-művészetek bájára emlékeztettek.

A 158 sz. grottóban láttam a 16 méteres, igen híres Sakyamuni alvó Buddhát, a buddhizmus alapítóját, Faragták a Tang dinasztia (618-907) alatt.

Szendergő, mosolygó arccal, fejét jobb kezére támaszkodva hírdeti az orientális vallásos szépséget és megelégedést.

Meglepett a körülötte álló Buddhisattva (apostolok) csoport igen változatos arckifejezése és ruhája, mintha mind más nemzetiségű embereket ábrázolt volna. Gondolom, hogy eljöttek Buddha örökkévalóságát (nirvana) megosztani. Az idegenvezető nem válaszolt a kérdésemre.

A barlanglakó ősbuddhista papok buddhista testvéreiknek, talán az egész világnak, híres ,valós és páratlan művészi kincsekkel teli buddhista búcsújáró helyet alkottak.

1900 május 26-án egy vándorló buddhista pap a híres Sutra barlangot látogatta, ahol Buddha életét mutatják be, #17. Itt elmélkedett Kr.u. 850 körül Hong Bian pap, aki elmélkedései során felfedezte, hogy a szoba falán befalazott nyílás van.. Kibontotta a 16 sz. falat és itt mesében illő, buddhista kincsekkel teli, köbevájt szobát talált.

A felfedezés kincsei ekkor nem érdekelték a kínai kormányt, de annál jobban felfigyeltek a találtakra a világ gyűjtői és múzeúmai. A pap árúlni kezdte a kincseket. A részletekről több eltérő ismertetést olvastam.

A köbevájt szoba tele volt művészeti kincsekkel:több ezer eredeti ké-, zirat, térképek, szerződések, selyem himzések, kézzelírott és rajzolt képek, buddhista szerszámok, színes szobrok, ékszerek, dísztárgyak és eredeti dokumentumokkal.

Kínai, mongol, ujgur és japán nyelvű kéziratok tömegét rejtette oda valaki, talán egy menekítő buddhista pap, aki soha nem tért vissza.

Megjelentek a szakértők, a gyűjtők, tolvajok és a pénzes üzletemberek is. Sokan jöttek, vásároltak Oroszországból, USA-ból, Stein Angliából, aki előzetes kutatásai során több bambusznádra írott ősokmányt talált, Pelliot Franciaországból, Yoskikawa Ko-ichilo Japánból. Elloptak több száz kéziratot, okmányokat, hímzéseket, szobrokat, több, mint 40 láda festményt és más mozdítható kíncset vittek el a tevekaravánok. A kíncsek szétszóródtak, de megtalálhatók a francia Nemzeti Könyvtárba, Nagy Brittania Könyvtárában és több ismert, vagy ismeretlen gyűjtőknél és múzeúmokban. Sajnos a mai napig sem derűlt ki a kíncsek alkotóinak a neve. Arra gondoltak, hogy a kincseket valami okból elrejtették.

A 60-as évek során a kínai kormány nagyméretű javításokat végzett, hogy megvédje a grottókat az idő fogától. Manapság milliók látogatják az ősi kincseket.

A grottók korai: Nyugati Wei császárság idejéből 32, Északi Zhou és Sui császárság 110, Tang 247, Öt császárság 36, Song császárság 20, Nyugati Xia császárság 39, Yuan császárság idejéből 8 grottó látogatható. Csodálatos módon, szép számmal fennmaradtak, majd 2 ezer év után. Eredetileg több, mint ezer barlangról írnak.

1987-ben az UNESCO a Dunhuangi Mogao Ku Grottákat a világ kúltúrális örökségének nyílvánította, a kínai kormány védelmében.

Nagy az érdeklődés a Dunhuang-ban az évi Ezer Buddha (Mogao Grottók) Imaház kiállítása. Ezt Sakyamuni, a buddhizmus hit alkotójának a születésnapján rendezik. Az ünneplés 8 napig tart. Érdekes és szép esemény lehet, mert a buddhista papok énekelnek, muzsikálnak és természetesen imátkoznak.

Természetesen olvassák Buddha élettörténetét, miközben dobok döngenek, citerák sikoltoznak, harangok szólnak, ez a jellegzetes kínai és tibeti buddhista ima egybeolvad a jellegzetes mélyzengésű, szinte zümmögésnek tetsző, közös kalántálással.

Sok látogató jön, ajándékot hoznak Buddhának, mások vásárolnak, hiszen a környék művészei és alkotásaik is ott vannak.

Érdekes és nagykiterjedésű múzeuma van a városnak. Legérdekesebbnek a bambusznádra írott ősi üzeneteket (Han dinasztia korából), tibeti könyveket találtam, dacára annak, hogy nem tudtam elolvasni. Részemre ismeretlen igen szép festési stilusokban gyönyörködhettem.

Természetesen gazdag és különleges a festett, helyi agyagipari művészet, hiszen ez a legősibb, természetes anyagokból alkotott, közös ténykedés az Ember és Föld termékei között (erős buddhista hatás).

A város szélén látogattam az ős Xiyunguan imaházat. Minden 2 hétben buddhista szertartást tartanak a régi igen szép festmények és különleges formájú ablakok között.

A lakosság 10-15 %-a hui muszlum, ök is szép mecsetet építettek. Érdekes a minaret torony, kínai építészeti stílusával.

Dunhuang művészi gazdagsága elárúlja a településs fontos szerepét, hiszen évezredeken keresztül kielégítette a Selyemút útazóinak változatos ígényeit. Ugyanakkor megőrízte a hátrahagyott ismereteket is, és kínai módon magáévá tette azokat.

Kirándulásunk során megnéztük a környék érdekességeit is. A sivatagi változások gyorsak, a homok útjai kiszámithatatlanok. Gyönyörüek voltak a hatalmas homok buckák, a Mingsha hegy óriásai, 300 m-nél magasabbak. Úgy mondják, ha valaki lecsúszik a tetejéről, akkor a csúszás alatt, csodálatos zenét hall. Nem próbáltam, gondoltam, hogy elvesznék, vagy megsűlnék a forró homoktengerben. Rekkentő hőség volt.

A Mingsha hegy tövében van egy Negyedhold (Crescent Moon) nevű és alakú tó. Fantasztikusan szép látvány. Messziről, szinte hívogat a búzavirág-kék színű víztükör az aranysárga homok buckák között. Ez egy ősforrás, melynek vize mindig kék és kristály tiszta.

Az évszázadok során a partján sok taoista és buddhista imaház, elmélkedő kápolnák, mecsetek, istenek és halandók szobra épült. De ezek eltűntek, csak a tiszta vízű tó maradt meg.

A Mingsha hegy 40 km. hosszú és négy színű, piros, sárga, fehér és fekete homokból épült. A kibuvások mentén játszadozó színcsóvák játéka igen tetszetős. A buckák 3-450 m. magasak.

Teve hátán tevegoltam az oázishoz, igen színes sávokban csillogott a homok. Fantasztikus élmény volt!

A monda szerint ez a hely valamikor lapos góbi sivatag volt. Egy hatalmas, ősicsatában a generális elvesztette összes katonáját, holttestük betakarta a kavicsoshomokot. Hírtelen megjelent a tömjénező istennő és minden test fölött illatos tömjénpálcikát égetett. A keletkezett hamú homokbuckákká változott és katonai zene volt hallható.

Állítólag több látogató manapság is zenét hall a buckák között. Sajnos én nem hallottam semmit, talán nem volt népszerű a teve, vagy talán nem tetszettem én.

Két napot tőltöttünk Dunhuang környékén. A harmadik nap reggelén folytattuk útunkat nyugatra. Egyre erősödtek a sivatagi jellegek, közeledtek a hatalmas hegyvonulatok. Növekedett a hőség a Taklimakan sivatag felé. Követtük az elágazott Selyemút északi ösvényét, Xinjiang tartomány felé, Turpan-ba.

38. XINJIANG ÖNÁLLÓ TARTO-MÁNY

Ez Kína legészaknyugatibb tartománya. Itt terjeszkedik a világ legnagyobb sivatagja a Taklimakan. 1200 km. hosszú, és 500 km. széles. A kínaiak a halál tengerének hívják. Valamikor tenger borította, a sok megmaradt fosszilia Kina legnagyobb olaj és természetes gáz gyűjtőmedencéje (vastag, 300 m homoktenger alatt) tanuskodik erről.

A tartomány lakói ujgurok (nem kínaiak) és muszlumok (nem bud-dhisták). Hatalmas, gyökeres ellentéteket takar mindkét tény. A tartomány déli része (Kelet Turkesztán) Kr.e. 101-ben kerűlt először kínai uralom alá. A X. sz.-ban betelepedtek az ujgurok. A Ming császárság alatt a mongolok jöttek a provinciába. Ezek veszélyeztették az akkori mandzsur hatalmat. Ez okozta a Junger háborukat. 1758-ban Xinjiang teljes provincia lett, kínai védelem alatt.

Az iszlám-török felkeléskor (1862-78) Kína elvesztette a terűlet többségét. 1911-1941-ig a provincia független terület volt, Kína védelme alatt. 1955-ben végleg Kínához csatolták, mint Önálló Pro-vinciát. Ez a történelmi háttér táplálja függetlenségi követeléseiket. Az átlag han kinai úgy gondolja, hogy ez a sivatag északon, túl a Nagy-falon van, ennél fogva lakói nem tartoznak az igazán a civilizált Kinához.

39. UJGUROK

Valóban a tartomány ős lakói nem valják magukat kinainak, mert ujgurok (Uighurs). Turkic származású iszlámok, akik nomád pásztorok voltak. A X. században a Selyemút kereskedelmi sikere ottmarasztalta öket. Letepedtek a sivatag szélén és földmüvesekké váltak. Amikor a sivatag észak-keleti oldalán voltunk (Turpan-ban) észrevettem, hogy az emberek valami más nyelven beszélnek és arcvonásaik nem kinaiak. A férfiak magasak, igen formásak voltak és bájos, mintákkal teli, kis sapkát hordtak. Kérdezgettem az idegenvezetőtől, hogy kik ezek az emberek, azt mondta, hogy természetesen kinaiak. Tudtam, hogy az nem igaz, érdeklődtem a sapkájuk felől, azt válaszolta, hogy a hajukat védik az épitkezési munkálatoknál. Ez szamár válasz volt.

Taklimakan "labirintus" turkic szó, de azt mondják, a gyakorlati tapasztalok szerint, ha egyszer valaki oda bement, akkor nem jössz vissza. Részletesen beszámoltam Taklimakan táji jellegeiről a sivatagokról írott fejezetben.

Magas hegyek ölelik körül ezt a veszélyes sivatagot, ezek a hegyóriások teljesen bezárják a közükben fekvő fensíkot, ez a sivatag medencéje. Itt folynak a Tarim és a Hotam folyók, melyeket a környező hegyvonulatok olvadó gleccserjei táplának, ezért a víztartalmuk igen változó.

A Tarim és Hotam nem folynak ki a sivatagból. Tarim tóvá fejlődik, mocsár lesz, majd vizét felszívja a homok. Az árterülete hatalmas (nagyobb, mint Franciaország). Nyáron az árnyéktalan homokon igen meleg van, 40-50 C., vagy több. Télen legtöbbször erősen fagy.

Az évi csapadék évente 38 mm. a nyugati és csak 10 mm a sivatag keleti részén. A csapadék mennyiségét a környező magas hegyek szabályozzák.

A legveszélyesebb és gyakori esemény az erős szél. Két főiránya van az északi és északkeleti. Ezek a sivatag közepén találkoznak és alkotják a híres és magas homokbucka formációkat, melyek sokszor 300 m. magasak. A szél gyors és erős, ez hordozza a híres homokviharokat, " kara-buran" (fekete vihar) a neve ennek a gyakran halálos kimenetelű, fojtogató viharnak. Ilyenkor a szél a homokot több kilóméter magasságban lövi fel az egekbe.

Gyakran halljuk, hogy egy-egy Taklimakansivatagi, vagy a Gobi homokvihar megbénitja a szélén lévő nagyobb teleptűléseket, de emellett elhordja az igen értékes és vékony termőtalajokat is. Valóságos porfelhők száguldanak Peking és a Föld körűl. Nyomaik még Észak Amerikában is észlelhetők. Különösen tavasszal gyakoriak ezek a homokviharok, mert a felmelegedett talaj feletti levegő összeütközik az uralkodó hidegebb széltömegekkel.

Sajnos ez sok fulladásos halált okozott. Az őskínai hit szerint a jó karavánvezető ismeri a tevéit, ezek állítólag jelzik a homok-vihar közeledtét. Ilyenkor, gyorsan a fej teljes bebugyolásával a karavánok vezetői megvédhetik magukat a fulladástól.

Dacára a vízhiánynak, a sivatag nem halott vidék. Az ott élő növények és állatok tökéletesen alkalmazkodtak a fejlődésük során a sivatagi életmódhoz. A futóhomokos részeken a homok vastagsága (legtöbbször 100- 300 m. vastag) miatt, a növények nem tudnak megtelepedni. De ilyen helyeken a csapadék is kevés, messze mélyen van a talajvíz.

A gleccserek olvadása ideiglenes patakokat alkothat, itt gyakoriak a tamariska (Tamarix sp.), nyárak (Populus sp.) és fűzfélék (Salix sp.) is. Az állatvilága a sivatagnak, dacára a vízhiánynak eléggé változatos. A gerincesek főleg a folyó mentén gyakoriak. Ilyenek a gazellák, vaddisznók és a kétpupu tevék is. A mi útvonalunk nem érintette a Tarim folyó vidékét. Nem jártunk a Taklimakan sivatag szívében.

Vonatra szálltunk Liuyuan állomáson (25 km-re Dunhuang-tól) Turpan felé. Az útvonal igen változatos és érdekes volt. Mozgó homoklepedők, szikkadó gödörfenekek, itt-ott oázisszerű zőldfoltok között szaladt a vonat.

Néha teljesen szárazfenekű, hatalmas homokhegyek között, száraz folyómedrek mentén útaztunk. Ezeken a helyeken itt-ott növényeket láttam, főleg tamariskát és fűznek tetsző bokrokat.

Kecskecsorda legelt, nem tudom, hogy mit ettek, mert alig láttam növényt és talán emiatt igen gyorsan szaladtak. Pásztort nem láttam. Ahogy haladtunk nyugat felé egyre homokosabbá, élettelenebbé változott a világ. A távolban hatalmas homokbuckákat, hegyeket láttunk, gondolom, hogy a vasútvonal ezeket elkerülte.

181

40. TURPAN

A város Xinjiang Önálló Régio-
ban van. Ez a legnyugatibb és
legnagyobb tartománya Kí-
nának. Határos India,
Pakisztán, Afganisztán, Ta-
dzhikistan, Kirgíz és Ka-
zaksztánnal. Lakosai főleg
ujgurok és muzulmánok. Hivat-
alos nyelvük türkic, török
tájszólás. Ennek is több helyi
változta van.

Több, mint egy tucat nemzeti-
ség él itt. 75 %-a a lakosságnak ujgur. De itt élnek kazákok, kirgizek,
tadzikok, üzbékek, mongolok, tatárok, huik, oroszok, mandzsuriaik,
daursok és bizonyosan mások is. Esetenként túl kevesen vannak,
ahhoz, hogy megszámláltassanak. Vagy nem is akarnak fel-
jegyezkedni.

Nagyjából 25 millióra becsülik a provincia lélekszámát. Azt olvastam,
hogy legtöbbjük muszlim hitű, de szerintem a változatos nemzetiségi
érzelmek tükrözik és sok esetben jellemzik vallási hovátartozásukat és
meghatározzák politikai álláspontjaikat is.

Többször hallunk erről a vidékről a kínai kormányellenes meg-
mozdulásokról, ami természetes, mert ezek az emberek nem kínaiak.
Sajnos az átlag kínai nem igen kedveli a buddhizmustól eltérő hitet és

az ujgurokat sem. Minden nemzetiségi megmozdulást azonnal vérbefojt a kínai kormány.

Nagy mérvű a han kínaiak betelepítése (a sivatagban van bőven hely), mert a kormány szeretné felhígítani az ujgurok nemzetiségi képviseletét, vagyis csökkenteni az önállósági törekvéseik jogosságát. Nem lesz könnyű, mert az ujgurok valamikor erős független állam voltak. Nem vallják magukat kínainak és a türkic nyelvet beszélik. Önállóságot akarnak. Ráadásul nem Buddhát és istenségeiket, hanem csak egy Istent, Allah-t dícsérik. Fizikailag sem hordozzák a han jellegeket.

A jelentések szerint 1989-ben hivatalos, eredménytelen népszámlálás volt arrafelé. Sok helyen nem engedték be a számláló tisztviselőket. Bizonyosan nem hajlandók anyanyelvüket és vallásukat bevallani, mert ez kedvezőtlen eredményekkel járhat. A népszámlálás sikertelenségét a számláló tisztviselők rosszúl választott egyenruhájára fogták.

Valóban az egyenruha bizalmatlanságot kelthetett a kisebb, vagy távolabbi településeken.

Az erős ujgur jelenlétet személyesen tapasztaltam. Csak az ő arcukat láttam, nyelvüket hallottam. Kínait ezen a vidéken ritkán láttam.

A valótlan népszámlálásra kiváló példa a székelyek népszámlálási esete. A román uralom alatt, az 1920-as trianoni szerződés előtt és utánna, 1990-ig, amikor az utólsó népszámlálás volt, akkor a székelyek és csángók is a nemzetiségük megnevezése helyett azt vallották, hogy ők katolikusak.

Ezt idősebb rokonaimtól hallottam. Bíztonságosabb volt megvallani az Istent, illetve vallásukat, mint magyarságukat. Hiszen a magyarságuk megvallását megtorlással bűntette a román kormány. Hittek abban, hogy a vallásukról felfedezik magyarságukat, és talán a hitvallásért az Isten segíti őket.

A hitvallás eljutott a román kormány képviselőihez. Hogy csökkentsék a magyarok jelenlétét, a nagyszámú román betelepítés mellett, ezért a román kormány egy hamis, nem létező társadalmi osztályt alkotott: "román katolikus" elnevezéssel. Ez meggyalázása a nemzetiségi érzelmeknek, hiszen ilyen a valóságban nincs.

A székelyek és az Erdélyben élő magyarok, csángók és szászok elsősorban magyarok, vagy szászok és keresztények, de nem románok. A románok nem katolikusak, hanem görögkeleti orthodoksz vallásuak. Az aljas csalásról a nagy világ bizonyosan nem tudott. Ceausescu úralmának bukása után a statisztikai módszerek is jelentősen megváltoztak. Megengedetté vált a vallásgyakorlás is. Az 1988-as adatok szerint Románia lakosságának (23,269,000, becslési adat 1990-ből) 7.9 %-a magyar, 1.6 %- a német. A katolikusok száma 6 %, tehát 1.4 millió katolikus magyar élt Romániában, a becslések szerint (Webster's New World Encyclopedia, 1993. p. 714).

Most készülődik a román kormány egy hivatalos népszámlálásra. Bizonyos vagyok benne, hogy a nemzetiségi százalékok jelentősen megváltoznak. Igyekeznek reális eredményeket mutatni, mert az európai unió tagsága vajmi nemzetiségi valóságot kiván.

41. TAMIR MÉLYEDÉS

Ez a legkisebb, hegyekkel teljesen bezárt, teknőszerű sivatag (#. 3.), vagy talán hőkatlan. Területe 20 ezer km2 mélyedés, 154 méterrel a tengerszínt alatt. Északon a Tian Shan glaciális csúcsai, délen a Tarim medence határolja. A depresszió félköralakú, a hegyek lábánál egy alluviális sáv (15-25 km. széles) húzódik, ez erőssen eródált góbi. Itt artézi források, oázisok vannak, melyeket az említett hegyvonulatok gleccser olvadékai táplálnak.

Innen vezetik a vizet a földalatti csatornákban (karez) a sivatag különböző részeibe. A legmélyebb pontja a sivatagi mélyedésnek Aydinkol Hu (154 m.-el a tengerszínt alatt).

A tamir-i területek rendkivül szárazak, mivel Tienshan számos csúcsa 7 ezer m. tengerszínt felett vannak és ezek akadályozzák az esőfelhőket és kormányozzák a szeleket is. Gyakori és igen veszélyes homokviharok vannak.

A karez csatornák fedezik a környező települések és termelőszövetkezetek vízszükségletét is. Sok ezer han kínait telepítettek az ország keleti provinciáiból a fent említett sávra.

Ahogy közeledtünk Turpan felé egyre szárazabb lett a vidék, de ugyanakkor hírtelen zöld sávok mellett futott a vonat. Egy mély, rendkivül száraz völgybe voltunk, amit itt-ott zöld fák, gyümőlcsösök öveztek.

Turpan, Kína legmelegebb városa mellett voltunk, a Tamir depresszióban. Amikor leszálltunk a vonatról Turpan-ba hőkatlanhoz hasonló forró levegő fogadott, 43 C. volt, szinte égette a torkomat. Szerencsénkre a szálloda szoba igen egyszerű, tiszta és valamennyire hűtött volt.

Turpan 200 ezer lakosú város, Xinjiang Önálló Régió közepén (Autonomous Region, Xinjiang), a hatalmas Tian Shan hegyvonulat lábánál, észak-keletre a Talkamakán sivatagtól, a világ második legmélyebb sivatagos teknőjében van. Az átlag nyári hőmérséklet 32 C., de mértek 50 C-is. Az átlag csapadék 10 mm/évente. A tél hideg és csapadéktalan.

A város már 2500 évvel ezelőtt fontos település volt, mivel az ős csatorna rendszerük bíztosítja friss vízet. Emiatt a város a Selyemút igen fontos összekötő állomása volt. A városban sok helyen árnyékos gyalogjárdák enyhítik a hőséget.

42. KARAZ, ŐSI VÍZCSATORNÁK

A város és környéke lakatlan sivatag lenne, hőség és a vízhiány miatt, de itt vannak az ősi öntöző berendezések. Ezek a híres földalatti csatornák és kútak, nevük "Karaz", valószínűleg a perzsiai száraz fensíkok őscsatornáinak, a "qanats"-nak másolatai. Ezek a karaz-k hozzák a vizet, néhány méterre a homok alatt.

A víz bőségét, amint előzőleg említettem a megolvadt hegyi gleccserek (Tianshin hegyvonulat) olvadéka bíztosítják. Csatornákon keresztül folyik a víz ebbe a tengerszínt alatti sivatagi medencébe. A turpáni karaz csatornahálózat több, mint 2,400 km. hosszú. Százával láthatók a homokbuckák tetején a csatorna nyílások. Ezek 1-2 méter átmérőjű, nyitott lukak.

Ezeken keresztűl tisztitják a csatornákat a felgyülemlett üledékektől. A tisztitók szamarakhoz kötözik magukat, amig a tisztitó nyiladékban dolgoznak. Szakaszonként a csatornákhoz alagútak vezetnek. Lent voltunk a csatornában, szép tiszta, igen hideg víz folyt a homok alatt. Találkoztunk helyiekkel, akik vízért jöttek és hűsöltek a hűvös parton. A csatornák vize nélkűl ebben a száraz mély teknőben nem igen lenne élet. Hatalmas gyümőlcsösök, szőllők, kiváló dinnye terem ezen az alluviális sávon. A homok alatti csatornahálózat bíztosítja az ivóvizet és az öntözéshez szükséges mennyiséget is. Hatalmas szőllösök, dínnyések és gyapott űltetvények változatos táblái láthatók. Gyümőlcsösök, kertészetek virágzanak a forró sivatag közepén. Remélem, hogy Földünk atmoszférájának a felmelegedése nem olvasztja el a gleccsereket, mert akkor előbb árvizek, majd hatalmas élelmiszerhiány lesz. Hihetetlen élmény volt részemre ez a vízalkotta csodavilág, ameddig elláthattam a forró homokbuckák között.

Keveset mozogtunk a városba, mert 40-43 C. fok volt. Messziről láthattuk a méltósággal emelkedő 44 m. magas minartjét az Emin Mecsetnek. Stílusa afganisztáni, a XVIII.sz.-ban épűlt. Homlokzata és minaretje tükrözi a legelegánsabb arabeszk díszítési elemeket.

A mecset nyitva volt és hűvösebbet éreztem. Belseje hasonló arabeszk szépségével hírdette Allah istenségét. Templomok örök békéje és a csodálatosan szép arabeszk díszítésű falak vettek korül. Szinte átölelt a sok szép kanyargó hajtás és virág!

Családomra és barátaimra gondoltam

Meglátogattuk a régi főváros romokbadölt maradványait, a Cheshi királyság otthonát (Kr.e.200-Kr.u. 500-ig), ekkor Jiaohe volt a neve. A régi fővárost a XIII. sz.-ban a mongolok lerombolták.

A romok között itt-ott buddhista szobrok maradványait láttam. Később Turpan lett a közigazgatás városa. Állítólag 40 C meleg volt.

A város mellett igen színes, rendkivűl zajos és pikáns illatú piac volt. A nagyszámú nemzetiségek kűlsejét, különleges viselkedését és babiloni nyelvzavargását azonnal felfedeztem. Soha ennyi féle emberi arculatot nem láttam. Többen érdekes népi őltözeteket viseltek, bájosan mosolyogtak, de nem engedték a fényképezést.

Szép fiatal leányok, fejkendős mennyecskék fűszereket árúltak. Igen jóképű fiatal férfiak ugyancsak szeműgyre vették őket. Egészségesen kacsintgattak, hangoskodtak, nem titkolták tetszésüket és fitogtatták férfiasságukat. Úgy történt, mint valamikor az otthoni falusi búcsúkon. Bárhová mentem engem megcsodáltak, néha kényelmetlenül közel jöttek, kacsingattak és rendszerint a hajamat tapogatták, majd gyorsan eltűntek.

Rólam azt hitték, hogy orosz vagyok, nyelvükön szóltak hozzám. Szerencsémre néhány orosz szóra emlékeztem. Nem hitték el, hogy magyar vagyok, a kék szememre mutogattak.

A piacon sivatagi kenyeret is árúltak. Olyan volt, mint egy hatalmas fánk, nagy lukkal a közepén. Ezt asszonyok sütik, kalákában, nagy kemencékbe. Hetekig eláll, mert olyan száraz a levegő, hogy a penész és erjesztőgombák nem élnek meg. Férfiak árúlták. Megkóstoltam, jó íze volt a majd sótlan, kenyérnek.

Egész bárányok, kecskék tetemei lógtak, gyapjúval, vagy nyúzva, közöttük vékony és vastag beleket lógatott a szél. Teve fejeket árúltak, kilógó nyelvekkel és millió rajzó, sötét légyfelhőkkel díszitve. Illatos, székelyesen "bűzös" levegő volt.

Csodálkozva nézegettem a sok, részemre alig ismert, zsákokban kiállított fűszerek mennyiségét és fajtáit. Itt finom illatokat lebbentett a szél, nagy volt a kereslet. Sajnáltam, hogy nem beszéltem az ujgur nyelvet sem.

Az idegenvezető nem sok segítség volt, mert nem beszélte a helyi diaektusokat, úgy éreztem, hogy idegenkedett a kérdezősködéstől, talán, mert itt kevés kínai arcot látott körülöttünk.

A vasárlók kezének mozgása, élénk és gyakori hangoskodásuk úgy gondolom, hogy legtöbbször, akárcsak nálunk, jó humort és alkúdozást jelzett. Természetesen a piacon elektromos részlegek is voltak. Fantasztikus, részemre teljesen ismeretlen, igen hangos zene szórakoztatta a piacosokat.

Gyönyörű volt a kézművesek kiállítása. Csodálatos, selymek, festmények, szép és eredeti perzsaszőnyegek tengere lógott és feküdt a földön körülöttem. Ezek csodálatával tőltöttem a legtöbb időt. Nem vásároltam, csak nézelődtem. Részemre határozottan izgalmas és igen különleges volt a piac.

Nagy örömömre egy ujgur zenés-táncos esti rendezvényen is voltunk Turpan-ba. A szereplők nem kínaiak, hanem ujgurok voltak. A helyi és környékbeli ujgur zenekar és tánccsoport renszeres programját láthattuk. Zenéjük különleges, de nem kínai, zeneszerszámaik, legtöbbje részemre ismeretlen volt. Elragastatott a lányok tetszetős tánca. Gyönyörű leányzók voltak ezek, testformájuk amolyan, igazán nőies olasz szépségekre emlékeztetett.

Igen kellemes és emlékezetes este volt. A szabadban langyos volt levegő, űltünk a sűrű csillagok alatt, a Taklimakansivatag szélén, a turpan-i depresszióban. Közel voltak a csillagok milliárdjai, rejtelmes és romantikus volt a sokféle sivatagi suttogás, talán a közeli buckák muzsikáltak.

A város mellett széles sávokban gyönyörü gyümőlcsöket szedtek:almát, barackot és körtét. Szőllő sorok és nagy dínyék tátogtak a gondozott, öntözött kertekben. A sávok közötti homokos csíkok voltak, néha buckákkal fedettek. Ilyenkor a bucka tövében facsemetéket űltetnek, ez megállitja a homokot, majd kukoricát, vagy gyümőlcsfákat űltetnek, melyet a karaz-ból öntöznek.

A homoksávokat itt is, mint homok gyógyfűrdőt használják a helyiek. Gondolom, hogy a felmelegedett homok kellemes gyógyszer az elfáradt izmok és izületi fájdalmakra.

Finom a kína híres és igen édes Hami dínnye. Érdekes módon Hawaiiban kóstoltam. Nagy szőllészeteket láttunk, állítólag gyapottot is termelnek. A környék mazsola minősége világhírű. Olyan száraz a levegő, átlagban 3-4 %-os a páratartalom, hogy nincs szárítási gondjuk.

Ezen a vidéken láttam először, hogy a sivatagi útak és ösvények mindkét óldalán, nagyon sűrű nyárfasorok vannak, melyek az út felett összenőnek. Ezzel védekeznek a nagy hőség ellen.

190

43. SÉTA A TAKLIMAKAN SI-VATAGBAN

A régisek további látogatása helyett egy napot a Taklimakansivat-agban, a homokbuckák között tőltöttünk. Igen szép emlék maradt a bolyongás minden pillanata, ennek a hatalmas (338 ezer km2) sivat-agnak a szélén. Nagy csend, gyönyörű kék ég, aranysárga homok és tikkasztó hőség volt. Az idegenvezetőink a kocsiba maradtak az útszélén. Mi élveztük a homok melegségét, annak selymes finomságát és ennek a híres sivatagnak részemre ismeretlen valóságát.

Itt tapasztaltam azt a helyzetet, amikor a látókörben összeolvad a látóhatár széle az égbolttal. Végtelennek tűnik mindkettő. Érdekes élmény volt.

 Félnapot a terepen tőltöttünk, bolyongtunk. Nagyon forró volt a homok.

Egy szakadékos, elkopott homokbucka mellett féligbetakart zőld fóltot találtam. Valami elbújt állatra gondoltam, de nem mozgolódott. Nagy gonddal, lábbal kitakartam. Reméltem, hogy nem kígyó, vagy skorpió otthona.

eglepődtem, mert egy virágzó losóska féle (Rumex sp.) emelkedett ki a forró homokból. Nagyon meglepődtem.

Úgy képzeltem, hogy engem várt, csak nekem mutogatta elegáns krémszínű virágjait, hiszen igen ritka a gyalogos látogató arrafelé, különösen nyáron. El sem tudom képzelni, hogy hogyan és honnan szerezte a vizet a virágzáshoz? Megcsodáltam.

Tövéből egy kis zacskóba néhány szem homokot gyűjtöttem, ahogy évek óta tenni szoktam, Ruth unokám gyűjteményébe. Más növényt, vagy állatot a környéken nem láttam.

Egyszerre hatalmas autódudálásra figyeltem fel. Semmit nem láttam.

Hírtelen egy haladó, sűrű fekete foltot, majd egy tökéletesen lecsontozott, lógó marhafejet láttam, ahogy lelógott a nyitott rozoga autó hátuljából. Odamentünk. Egy hatalmas húsnélküli teljes marha csontváza tőltötte fel a nyított kocsit. A sok légy és bogár szürkévé festette a környéket, csak közelről derültek fel a csupasz bordák, a lelógó fej és a bogárgyűjteményekkel fedett marhanyelv.

A szállító 2 fiatalember bűzös terüjükkel hírtelen megálltak, sajnos a mi autónk mellett. Hihetetlen szag és az ország egészbogárvilága nyüzsgött a csontvázon. Idegenvezetőink távozásra unszolták őket, siettették volna a "készültséget", hiszen a bogaraktól óvakodtunk és egetlen büdös volt. A legények alig akartak elmenni, társalogtak az idegenvezetőkkel. Gondolom, hogy arrafelé ritka volt a társaság, különösen idegenek, akik a nagy hőségben a forró homokba bolyong-tak. Nem árúlták el a csontváz rendeltetését, ezt mondta a tolmácsunk.

Vacsorára egy teljes csírkecombot és rízst kaptunk. A comb hatalmas volt, örültűnk, hogy végre "ismerős húst" láttunk. Hihetetlenűl kemény volt, nem tudtuk megenni, bizonyosan 5-6 éves öreg tyúk volt. Rízst és fokhagyma salátát vacsoráztunk.

A barátságos és tisztának tetsző vendéglőbe, a vacsora után mosdó felől érdeklődtem. Mosollyal jött a pincérlány, készséggel kitárta előttem a kertre nyíló ajtót és kezével a "kupacokkal" teli (nagy értéke van Kínában) udvarra mutatott. Tehát, úgy tettem, mint elődeim, amikor rájöttem, hogy a körülöttem lévő erkélyekről nézőközönség is volt. Nyított mosdó-? volt, válogatási lehetőségek nélkűl.

44. ÜRÜMQI

 A Takalamakan sivatag
északi óldalán folytattuk
kirándulásunkat, a Xinjiang
Önálló Tartomány fővárosa,
Ürümqi felé. Két idegen-
vezetőnk kocsijában útaz-
tunk, 180 km.-re észak-
nyugatra. A város a Gurban-
tunggut hatalmas sivatag (
#5., 48 ezer km2) oázisának
közepén, a Tianshan hegyóriások tövében fekszik. Észak-keletről az
Altay hegyvonulat határolja.

Ürümqi mongóliai név, Szép Legelőket jelent. Igen jellemző az
elnevezés. Az elmúlt 2-3 ezer év alatt igen sokféle törzs legeltette és
most is legelteti állatait a sivatag szélén, a magas hegyek lábainál.

A hetedik században jelentek meg a környék első települései, Dihua
néven.

1954-ben a város Ürümqi nevet kapott és a provincia fővárosa lett.
Lakosa 1 millió, igen gazdag nemzetiségű emberek keveréke.

Meglepődtem a város sivagi szűrkeségén, fákat, parkokat és régisége-
ket kerestem. Mi csak keresztül szaladtunk a városon. Valamikor nagy
buddhista kolostorok voltak itt, manapság csak a romjai láthatók.
Nagy szénbánya és vasérc bányászok otthona.

A várostól délre (100 km), a Nanshan hegyvonulat fenyvesei között rejtözködő Mennyei tó (Tian Chi) szép tó felé iparkodtunk. Csodálatos volt az útvonal. Gyorsan rohanó patakok és életerős éger-ligeterdők mellett, legelőkön keresztül útaztunk. Az ujgurok, oroszok, mongolok és más marha-juh-kecske tenyésztő törzsek jurtjai övezték a patakok partját.

Óriás hegycsúcsok közeledtek felénk, szinte emelkedtek az egek felé, ahogy a kanyargós úton a tó felé közeledtünk. Dús fenyvesek gyanta arómája töltötte be a friss és finom, hűs erdei levegőt. Hatalmas páfrányok díszítették az ormótlan sziklakibúvásokat. Hihetetlen volt, hogy a sivatag 40 fokos hőségét hagytuk hátunk megett, csak félórával ezelőtt.

Rövidesen 1980 m. magasan, a Bogdashan 5445 m. magas hegyóriok csúcsa tövében, a tó partján voltunk. Idillikus hely, gyönyörüek a havas hegyek, szép lucfenyvesek övezik a tó partját és a hegyvonulatot. Valóban mennyei szépségű tó.

Kobalt kék, szép vízében a havas gleccserek tükörképei híntáztak. Ilyen csendes, kék tükörképet ritkán láthatunk. A parton hatalmas lucfenyők meredeztek az egek felé, a fehérlő sziklákat páfrányerdők üdezöldje takarta. Hatalmasat sétáltam, mint mindig, most is megnyugtatott az erdő.

Sajnos a tó melletti parkvidék elszomorító. Szeméttel elárasztott közuhatag rongálta a tó szépségét, nyított partját. Fiatalok serege

195

gyönyörű lovakon szágúldozott a túristák között. Sok szép lány és jóképű férfi lovagolt, különösen a férfiak között. Arcvonásaik és szemeik nem mutattak kínai jellegeket. Ottlétük oka kétes természetűnek tűnt. Munkanap volt és település nincs a környéken. Itt is oroszúl szóltak hozzám.

HAZAFELÉ.

A tó látogatása után idegenvezetőink visszavittek az ürümqi-i repülőtérre. Kirándulásunk véget ért, repültünk vissza Pekingbe. A repülőtér környéke igen elhanyagolt és piszkos volt. Vezetőink a bejárat előtt gyorsan, a kocsiból kitettek, hirtelen kezetfogtak és eltűntek.

Meglepetésünkre minket nem engedtek be a terminálisba, mert kiderült, hogy nem fizettünk adót. Ott személyenként US$ 40-t fizettünk, különben nem repülhettünk. Mi ezt is előre kifizettük. No, de, megint nem sok választásunk volt! Rájöttem, hogy azért szaladtak el olyan gyorsan a kisérőink, mert zsebretették a $80-t.

A repűlés Ürümqi-ből Peking-be kényelmes volt. Fáradtak, szomjasak voltunk és jó zuhanyról ábrándoztunk.

Peking-ben a repülőtéren autóval és széles mosollyal várt ránk a csicsergő leányzó, akinek a levelét továbbítottuk Xi'an-ba, amiből állítólag $400 hiányzott. Útazási űgynök volt, már szállodát is foglalt nekünk Pekingben. Laci megköszönte szivességét és bejelentette, hogy nekünk a Holiday In-be van magán foglalásunk és várjuk a szálloda autóját.

Nagy volt a leányzó meglepetése, a mosoly azonnal elillant arcáról, de nem érdeklődött. Reméltem, hogy rájött arra, hogy átláttunk a mesterkedésein.

Kényelmes és drága volt a szállás a Holiday Inn-ben. Megettük a delikateszen összes kenyerét. Jót aludtunk, fürödtünk. Másnap délben ujra a repülőtéren voltunk. Air Canada-val repültünk vissza Toronto-ba. Sajnos éjfélkor érkeztünk meg, mivel több, mint 3 óra késéssel szálltunk fel.

Úgy néz ki, hogy a szerencse istennője messziről elkerült bennünket. A késői felszállás oka eredeti kínai módszerek miatt történt. Tömve volt az Air Canada bejelentkező terme. Laci a bevándorló diáklányokkal volt elfoglalva.

Már 2 órája tolongtunk a nagy hőségben, víz és elfogadható w.c.-k nélkűl. Hírtelen észrevettem, hogy egy repülőtéri egyenruhás férfi hátúlról embereket és táskákat visz, előre a púlthoz.

Ráfigyeltem és láttam, hogy a szólgálataiért pénzt kapott. A harmadik fuvarnál (miközben mi egyre hátrább kerűltünk) a bőröndhordozó szekeremet erőssen a kínai elé nyomtam. Meg kellett álljon, mondtam neki angolul, hogy gyalázatos a viselkedése. Gondolom, hogy sejtette, hogy miről beszélek, de én tartottam a szekeret, nem tudott tovább menni.

A hangos jelenetre mások is felfigyeltek. Hírtelen, hátúlról egy magas amerikai férfi meghallotta a mondókámat, talán átlátta az eseményeket, mert hírtelen elkiálltotta, hogy "here comes California" (itt jön Kalifornia) és teljes erővel fellökte a böködökkel megpakolt kínait. Az gyorsan eltűnt a nagy tömegben.

Az úr üzletember volt, ismerte ezeket a szokásokat. Többen lehettek, akik ezzel a csempészéssel foglalkoztak, mert rövidesen bejelentkezhettünk. Panaszt írtam Air Canada-nak, de nem válaszoltak.

Meg kell jegyeznem, hogy a leírt pénzszerzési lehetőség több formáját tapasztaltuk, dacára annak, hogy gyakori utazók vagyunk. Rómában kiraboltak, pénz és útlevél nélkűl maradtunk. Különben itt a rendőrségen külön osztály foglalkozik a kiraboltakkal, tehát igen gyakori eset.

Párizsban a pincér "elfelejtett" visszaadni (nagy összeg volt) és eltünt. Budapesten szintén ellopták a tekintélyes visszajáró összeget.

Budapesten (régebben) 300 forintot számolt a pincér nekem egy teáért, az árjegyzékre mutattam, ahol 80 ft. jeleztek. Elvörösödött a fiatal ember, de bocsánatkérés nélkűl, elkászálódott.

Braziliában, (Sao Paolo) késő este (egyedűl útaztam) kiderűlt, hogy dacára a Boarding Pass-nak, csak $110-ért lett volna helyem a gépen. A trükk itt sikertelen próbálkozás volt!

A 3 órás késés miatt Toronto-ban a repülőtéren aludtunk. Laci folytatta útját Magyarországra. Igen fáradtan, egyedűl repültem Londonba. Igen-igen Jó volt megérkezni, hazajönni.

ÚTÓÍRAT

Nagy várakozás előzte meg a kínai útazásaimat, mert keveset tudtam erről a változatos, hatalmas országról. Útazásom, igaz csak egy pillantás volt Kína történelmében és a kínaiak életében, de ezek az én pillantásaim voltak. Ezeket iparkodtam megosztani.

Nagy hangsúlyt fektettem az élet-bőlcselkedések, vallásos filozófiák, a nők régi társadalmi elnyomására és a császárságok jellemzésére. Ezek voltak az alapjai és módozatai a kínai gondolkodásmódnak. Ahogy tapasztaltam az évezredes alapvető eszmék nem sokat változtak, különösen, az ország rejtettebb települēseiben.

Azt tapasztaltam, hogy Kínában minden ősi szokás, bőlcselkedés és vallásfilozófia megmaradt. Valahogy az öregházak sok festékének a rétege jutott eszembe. Ha űgyesen kapargatjuk az öreg falat, ugyan halványan, de minden öreg festék nyomait megtaláljuk.

A kínaiak évezredekkel Krisztus előtt, áldozati szertartásokkal tartották fenn szoros kapcsolatukat a természettel, az egekkel. Majd Konficiusz életbőlcselkedése formálgatta, tökéletesítette társadalmukat. Ezek nem hoztak jelentős változást, csak megerősitették a régi, természetes kínai élet alapjait. Később szépen összeőlelkezett a konfuciuszi társadalmat formáló erő és a taoizmus természet egyensúlyát keresők bőlcsesége.

Évezredeken keresztül minden baj, vagy lázongás nélkűl mindkettőt összekőtözte és megnyugtatta a híres, igen öreg kínai fűves és csontos gyógytudomány.

Aztán megérkezett a buddhizmus, nem az istenek, hanem az Ember lett a főszereplő. Bemutatkozott az elmélkedés, vonzó lett a felvilágosodás, illetve a nirvana eszméje.

Közben megérkezett Allah Egyistensége is. A kínaiak szerint a muszlumok nem kínaiak. A kereszténységet legtöbb esetben bonyolúltnak gondolták, nem terjedt el.

A dinasztiák alatt a kínai nép minden új irányt látszólag nagy nyugalommal elfogadott, de rövidesen kínai módon átalakította és sajátjává tette.

Úgy viselkedett a társadalom, mintha semmi nem változott volna. Valószínűleg az átlag kínai nem érzett különösebb változást, hiszen sajátos ősi nyugalmával jól tudta, hogy hol van az életének az értelme. A természet közelsége és annak egyensúlya volt és maradt a nyugalmas élet titka.

Ez a tulajdonság szerintem kínai jelleg. Ellentkezés, zavargálás helyett csendesen tovább élik a megszokott életüket. Ez egy különleges, igen ősi hitből ered: mely szerint bármi is történik, a legfontosabb cél életükben a békességes egyensúly fenntartása a természettel. Ez a hit a természet és kozmikus erők egyensúlyában egyidős a kínai civilizációval. Ezt a természet hódolatot és annak egyszerű, színes vóltát láthattam minennapi életükben. Szobrászatuk, festészetük, építkezéseik és életmódjuk a természet szoros közelségét tolmácsolják.

Nagy figyelemmel kísértem a nők életét, társadalmi helyzetüket és szerepüket ezekben a sajátos, több ezeréves kínai dinasztiákban. Az igazságot kerestem. Sajnos a konfuciuszi bőlcselkedés már évezredekkel ezelőtt lebecsűlte a nők szellemi képességeit. Engedelmességre búzdította és ezzel szólgálói sorsba delegálta őket.

A taoizmus csak növelte ennek a valótlan és megalázó elképzelésnek erejét. Szerencsétlenségünkre mindkettő kétségbevonja a nők szellemi értékét. Jellemüket gyengének és határozatlannak véli.

A buddhizmus sem bőlcselkedik a nők létéről, társadalmi szerepéről. Itt sem jutott hely részünkre a vezetőségi páholyba." El Paradiso" (a Paradicsom, illetve a mennyország, nem véletlen, hogy ez a főnév is himnemű) csak a férfiakat illeti.

Hogyan lehetséges, hogy a bőlcselkedés és a taoizmus követői ezeknek a szellemileg buta nőknek "engedelmességében", helyesebben a testiségében (talán féltek az esetleges szellemi felsőbbségüktől ?) bíztosította a férfiak tökéletes, jogos nemi szabadságát, kielégűlését?. Vajjon hogyan eggyeztethető össze az ilyen irányú "engedelmesség" tevékenysége a szellemi felsőbbséggel? Itt csak férfiui nemi érdekekről beszélhetünk. Ennek semmi köze nincs a szellemi képességhez, a férfiak felsőbbrendüségéhez. Ehhez nem kell szellemi tehettség!

A keresztény vallás, dacára annak, hogy főleg nők tartják fenn a hitet és templomainkat (sokkal több nőt láttam Magyarország, Kanada, Amerika, Brazilia, Argentina és Mexico katolikus templomaiban), igen kevés önállóságot adott a nőknek, és ez ma is alig változott.

Minden nő, különösen az édesanyák Máriához illő szeretetre, jogaiknak tiszteletbentartására és mindenek felett saját életének irányítására, szellemi és fizikai önállóságra vágyakozik.

A mi véleményünket ma sem igen konzúltálja a római Szentszék. Ott megint férfiak beszélgetnek rólunk és döntenek a sorsunkról. Úgy néz ki, hogy csak a nők a bűnözők és az "engedelmeskedők". Tudom, a változtatás veszélyezteti, talán megingatja a nőihitet, de főleg a vezetők szerepét.

Az iszlám nőket különösen nem látjuk semmilyen szerepben. Amikor férjhez megy férje szellemi és fizikai tulajdonává válik. Elveszti mindenemű szabadságát. A hűtlensége halállal bűntetett. Ezt a hitet is férfiak alkották. Itt is tökéletes szellemi és fizikai mennyországot alkottak maguknak, és ezt a nők 100 %-os engedelmességére alapozták.

A leírot bőlcselkedések, filozófiák és vallások (férfiak alkotásai) a nők engedelmességének igazi törvényítésére törekedtek, állítólag "mennyei" sugallatokat követtek.

Nekem és sokunknak, igazából legtöbbünknek kétségeink vannak a férfinem szellemi felsőbbrendűségében. A több, mint két évezredes megalázó "engedelmesség"-i hadjárat után női jogainkat keressük.

Úgy tetszik, hogy vajmi erőszakos, csodáttevő tettekre, hangoskodásra, vagy talán némi erőszakra van szükség, mert 1988-ban (nem Krisztus előtt!!) Robertson Pat, a Keresztény Szövetség (Christian Coalition) alapítója és a republikánus kormányzó jelölt (Amerika) választási beszédében a következőképpen jelölte meg a nők jogait és helyezettségét az amerikai társadalomban:

"Tudom, hogy a nőknek fájdalmas lesz ezt hallani, de, ha férjhez mentél, akkor el kell fogadnod a férfi irányítását, a férjedét, Krisztus a család feje, a férj a feleségének feje, és így van ez rendjén".

"I know this is painful for the ladies to hear, but if you get married, you have accepted the headship of a man, your husband, Christ is the head of the household and the husband is the head of the wife, and that's the way it is, period".

Ez a bejelentés, egy elnökjelölttől különösen megalázó, válaszra sem érdemes. Mintha Konfuciusz- nei- elképzeléseit hallanánk, több, mint 2 ezer évvel ezelőtt. Úgy látszik, hogy 1988-ban is a kormány mennyei kűldötteinek bőlcselkedései döntik el a nők sorsát, akárcsak az őskínai császárságok idejében.

Hadd mondjam el, hogy mi nők gyermekeink, társunk és utólsó sorban saját életünk hatalmas művészei vagyunk.

Igazi alkotói, művészi szobrászai vagyunk gyermekeinknek, hiszen minden gyermekünk más, eggyik jobb és szebb a másiknál (Az új élethez szükséges fél DNA nélkűl nem lenne élet, de ezek rendszerint lelki tusa, vagy fizikai áldozatoktól mentes a férfiak részéről!).

Mi az "engedelmes" nők hordozzuk és, mint a világ legjobb szobrászai formáljuk, majd neveljük a jövőt! Talán ez a tevekenység a nők javára billenthetné a férfitársadalom, illetve a törvények mérlegét?

Úgy érzem, hogy a nők elnyomott sorsát támogatni kell, mert a feleség boldogságában rejtőzik a jó családi élet, a gyermekek lelki és szellemi erőssége, a társ öröme és társadalmunk jobb jövője is.

Ibsen, a múlt század nagy gramatistája szerint....."kétféle lelkitörvény van, lelki és lelkismereti, de ezek a törvények teljesen különböznek a nőknél és férfiaknál".("There are two kinds of spiritual love, two kinds of conscience, one in man and another, altogether different, in woman" H.Ibsen:Doll House, 1879).

Talán ez a kettősség a gyökere az évszázados nőinem lebecsülésének?

A kínai nőisors legjobb ismerője, Pearl S. Buck így jellemezte sorstársnőit: ...(A kínai asszonyok) "a legerősebbek a világon.

Látszólag engedelmesek, de valóságban soha. Mellettük a férfiak igen gyengék. Honnan jöhet ez a női erő? Ez az erő, amit az évszázadok adtak, ez a nemkivánatosak ereje". (...."They are the strongest women in the world. Seeming always to yield, they never yield. Their men are weak beside them. Whence comes this female strength? It is the strength that centuries have given them, the strength of the unwanted". Letters from Peking).

Reménykedem, hogy a mai fiatal nők, unokáink, képesek lesznek egy igazságosabb világnézet megformálására, ahol a nők dönthetnek a sorsuk felett. Úgy érzem, hogy hangoskodnunk kell, amikor van lehetőség az igazság feltárására és a nagyszámú, igen sajátos női méltóságok védelmére.

A bevezetőmben említettem, hogy nem értettem az otthoni "sárga veszedelem" jelzőt a kínai néppel kapcsolatosan. Megtaláltam a hamis jelző eredetét. Áprilisban San Francisco-ban voltam és a város útikalaúzában írják, hogy a jelző Kaliforniából ered.

A nyugati vasútvonal (főleg Kalifornia) építkezésén több, mint 25 ezer kínai dolgozott. A szorgalmas munka híre és a kereseti lehetőségek megnyította az amerikai bevándorlás kapuit a kínaiaknak, az 1870-90-es években.

Állítólag a kínaiak száma 250 ezerre nőtt. Nagy volt Amerikában a munkanélküliség és az amerikaiak úgy hitték, hogy ennek okozói a kínaiak, mert elveszik a munkájukat. "Sárga veszedelem"-nek nevezték őket. Jól tudjuk, hogy ez nem valós, mert a kínaiak munkája nem kellett a fehér embereknek. Érdekes, hogy ez a hamis jelző gyorsan és talán örökre globálissá változott.

Az említett kínai helységnevek nagy változatosságot mutatnak, ez a nyelv változással kapcsolatos.

A kínai kirándulás sajátos bepillantásainak élményei örökké velem maradnak. Különleges volt. Megbabonáztak a távoli jégfedte gleccserek, hegyóriások. Elámított a sivatagok messzisége és csodálatos színe.

Új vidék, halk, szerény és legtöbbször mosolygó emberek vettek körül. Ez az út megnyította az ajtót, hogy bepillanthassak az öreg kínai nemzet igazán ősi, szinte leírhatatlan szépségeibe.

Sok újjat, rendkivűl értékes művészi és természeti gazdagságot láttam. Különös ajándék és érték volt az, hogy, amit láttam és tapasztaltam, azok ősiek, eredetiek és tipikusan kínaiak voltak. Lélekben és tapasztalatokban meggazdagodtam. Emlékezetes bepillantás volt.

IRODALOM

Allen, P. 2997. The Chinese Dust Bowl. The Walrus Magazine, Walrus Foundation, Kanada.

Arrit, S. 1993. Deserts. Reader's Digest Assoc. Inc. Pleasantville, N.Y. USA.

Baedeker's China. 1994. Prentice Hall, General Reference, USA.

Blakney, R.B. 1983. The Way of Life, Lao Tzu. Translated by the author. Mentor Book, Penguin Book, N.Y. USA.

Buck, P.S. 1931. The Good Earth. Pulitzer Price 1932.The Franklin Library Centre, Pennsylvania, USA, 1976.

Chilvers, I. Osborne, H. and Farr, D. 1994. The Oxford Dictionary of Art. Oxford University Press, Oxford, N.Y. USA

Clarkson, A. 2006. Heart Matters- a memoir. Viking Canada, The Pinguin Group, Kanada.

Chengjun, J. és Qin, L. (Not dated). Beijing Slides Publishing Company, Kína.

Dalai Lama, 1998. The Path to Tranquility. Penguin Books, N.Y. USA.

Dalai Lama és Cutter, H.C. 1998. The Art of Happiness. Riverhead Books, N.Y. USA.

Dalai Lama, 2006. How to See Yourself As You Really Are. Atria Books, N.Y. USA.

Dawkins, R. 2005. The ancestor's tail. Phoeix, Orion, London, U.K.

Dawkins, R. 2006. The God Delusion. Houghton Mifflin Company, Boston, New York, USA.

Fagan, B. M. 1989. People of the Earth. Scott, Freshman & Co. Glenview, Illinois, USA.

Fairbank, J.K. 1992. China. Belknap, Harward University, Cambridge. Mastachussetts. USA.

Fodor's, 2003. Exploring San Francisco. Automobil Assoc. Ltd. U.S.A.

Gombrich, E.H. 1964. The story of art. Phaidon Press, London, U.K.

Hall, J. 2003. Thcrystal bible. Walking Stick Press, Cincinnati, Ohio, U.S.A.

Hatvány, B. 1957. Az Út és az Ige Könyve:A Tao Te King. Látóhatár, München, Germany.

Hawaii Travel Guide. 2004. St. Martin Press, N.Y. USA.

Henricks, R. 1989. Lao-Tzu Te- Ta Ching. Translated & Introduced by G. Hendricks. A new translation Based on the Recently Discovered Ma-Wang-Tui Manuscript. Ballantine Books, N.Y. USA.

Hoppe, T.1998. The Lopliks,their habitat and ecological restoration. Hamburg, Germany.

Ibsen, H. 1879. Doll House, Signet Classic, Rolf Fjelde 1992.

Juhász, J. Szőke, I.Nagy, G. és Kovalovszky, M. 1972. Magyar Értelmező Kéziszótár, Akadémiai Kiadó, Budapest, Magyarország.

Karátson, G. 1977. Tao Te King. Kínai fordítás, Cserépfalvi Kiadás, Magyarország.

Kövi, P. 1980. Erdélyi Lakoma. Kriterion Könyvkiadó, Bucarest, Romania.

Lee, L. 2012. On Gold mountain. Vintage Book Rand. House, N.Y. USA.

Lee, J. és K. Smith. 2010. The pocket Confucius. A Museworks Books. USA

Lewis, D.R. 2005. Great Civilizations. Parragon, U.K.

Magyar Értelmező Kéziszótár. 1972. Akadémiai Könyvkiadó, Budapest, Magyarország.

Man, J. 2006. Kublai Khan. Bantan , New York. USA

McNeill, W. H. 1987. A History of Human Community, Prehistory to 1500. Prentice Hall, Englewood Cliffs, New Yersey, USA.

Michell, M. 1937. Gone with the Wind. Pulitzer Price 1937. The Franklin Library Centre, Pennsylvania, USA, 1975. 1959. Hawaii

Michener, J. A. 1959. Hawaii. Fawcett Crest, N.Y. USA.

Mihály, M. 2011. Vándorlások. CreateSpace.com/3691045, USA.

Mihály, M. 2011. Papago Indiánok az Óriáskaktuszok hazájában. CreateSpace.com/3680817.USA

Mihály, M. 2011 Csíksomlyói Zarándoklat. Amazon CreateSpace.com/3686469, USA.

Mihály, M. 2009. Szórványmagyarság. Hungarian Diaspora. Paper read at the Hungarian Studies Association of Canada session, 78th Congress of the Humanities and Social Sciences, 2009, Carlton University, Ottawa, Kanada.

Mihály, M. 2005. , Invited Immigrants:The Sopron Saga. Paper read at the Hungarian Studies Association of Canada Session "1956-2006", 75th Congress of the Humanities and Social Sciences, 2006, York University, Toronto, Kanada.

Mihály, M. 1990. Rememberence. The Csángó-Hungarians of Mold A. 2010. Pearl of China, Bloomsberry, N.Y. USA.

Min, A. 2010. Pearl of China, Bloomsberry, N.Y. USA

National Geographic, 1998. Satellite Atlas of the World. Published by the National Geographic Society, Washington, D.C. USA.

New Webster's Dictionary of the English Language, Deluxe Encyclopedic Edition, 1985. Delair Publishing Co. USA.

Országh, L. 1990. Angol-Magyar Nagyszótár. Akadémiai Kiadó, Budapest, Magyarország.

Sagan, C. 1977. The Dragons of Eden. Random House, Ballantine Books, USA.

Schumann, W. 1992. Drágakő Biblia. Köország és Glória Kiadó, Budapest, Magyarország.

Sullivan, M. 1973. Chese art: recent discoveries. Thenes and Hudson, England.

Surányi, D.1987. Lyra Florae. Tankönyv Kiadó, Budapest, Magyarország.

Sykes, B. 2001. The Seven Daughters of Eve. W.W. Norton, N.Y. USA.

Pickthall, M. 1930. The Glorious Qur'an. Bi-lingual Edition, Cihan Matbaasi, Istanbul, 1996. Törökország.

Tan, A. 2005. Saving fish from drowning. G.F. Putnam's Sons, N.Y. USA.

The Associated Press. 1990. By the writers and photographers of CHINA-From the Longmarch toTiananmen Square. "A Donald Hutter Book". Henry Holt & Co. Inc. N.Y. USA.

Vásáry, I. 2008. Csoma és a magyar őshazakutatás. Magyar Tudomány, A MTA folyóirata, Budapest, Magyarország.

Ward, G. 2003. Southwest USA. Rough Guides, www.roughguides.com

Webster's New World Encyclopedia. 1993. Prentice Hall, General Reference,. USA.

Wu Xiaocong, 1994. Valiant Imperial Warriors 2,200 years ago. Polyspring Co. LTD. Hong Kong. Kína.

Yang Shenghai, Yang Zhongi, Wang Cheng és Chen Yu, 1988. Dunhuang, New World Press, Beijing, Kína.

Yang Zhongren & Zohng Xuejun, (1988). Highlights in Mogao Grottoes. Dunhuang Association for Cultural Exchange, Dunhuang, Kína.

KÉPTÁR

Míhály Márta és Orlóci László -- Tian'an Man tér, Beijing 1995

Mongol turistákkal

A Nagyfal, Badaling-nál

Madhur Anand (diák), Mihály Márta és Huang Xi (kolléga)

Császári palota, Baijing

Császári palota imaház

Harom turista

Yin és Yang

Csári palota oromzata

Az imaház mennyezete

Császári kert a teaházzal

Lama Temple főbejárat, Beijing

Lama Temple, Beijing

A palota oldal bejárata

Buddhista imaház előtt

Az alvó Buddha, Wofo-shi, Beijing, VII. század

Niujie Qingzhen Shi mecset, XIII. Század -- Beijing

Mosolygó arcok -- Beijing

Helyiekkel a Bampo Múseum előtt – Xi'an

Qi császári katonák, Kr.e. II. század – Xi'an

A terra-kotta hadsereg

Lanzhou, Ganzu tartomány – futóhomok erdősitése. Háttérben a
város és a Sárga folyó

Lanzhau

Selyemút a Hexi sávban (Ganzu tartomány)

Agyag falu az oázisban (Hexi sáv)

Választékos aratás a Hexi sávban

Felsöprik az elhullott magokat

Selyemút a Gobi sivatagban

Gobi a vonat ablakából

Indulás a Félhold tóhoz – Yueyaquan

Yueyaquan Dunhuang mellett

Mártát keresi Laci a buckák között

Teázás a Gobi sivatagban

Mingsha hegyvonulat, stupa-k (buddhista erekje tartók) a háttérben,
Útban a Mogau Ku oázis felé

Ruins of Jiaohe – a Chesi királyság egykori fővárosa Kr.e. II. század.

Budhista stupa

Főbejárat – Mogau Ku grottókba

Mogau Ku grottók

Tiszteletadás a Buddha-nak

Nagy Buddha (130 sz. grotto-ban)

A nevető Buddha (275 sz. grotto-ban)

Dunhuang főtcáján

A buckák felé Donhuang főutcáján

A buckák lábánál, útban Turpán felé

Kisérletek a homok megfékezésére

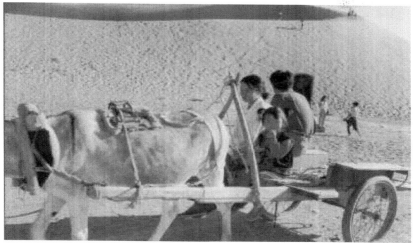

Helyi emberek

Kerger szövőasszony

Barlang lakások

Árnyas utcák Turpan-ban

Turpani gyümölcs árúsok

235

Az Emin Mecset, Turpan

Arabeszk faldíszítés az Emin mecsetben

Karaz vizcsatorna a Turpan mélyedésben

Turpan teázó

Főút Turpan-ból Ürömqi felé

Sóska (Rumex spp.) – Taklimakan sivatagban

Éger liget a Bogdashan hegyekben

Út a Tian Chi tó felé

Ujgur pásztor falú

Hegyi legelők

Ujgur jurta

Bogdashan hegyek 5500 m

Tien Chi alpesi tó 2000 m

Kellemes kirándulás volt - 1995

A SZERZŐRŐL

Mihály Márta, erdőmérnök, immár ötven éve a Nagytavak közötti London városában él. A helyi egyetem (The University of Western Ontario) növénytani tanszékén biológiát tanitott, majd több éven át az archaeologiai múzeumban (Neutral indiánok kutató központja) dolgozott, mint önkéntes oktató. A szerző Erdélyben született, gyermek éveit a havasokban, a Hargita mellett, Lövétén tőltötte. A II. világháború után 1946-ban szüleivel Magyarországra menekült. Az 1956-os forradalom idején, mint V. éves erdőmérnök hallgató, Kanadába vándorolt.

Márta Mihály

Other About sections read:

"If we schedule a time to meet, and you show up the first time without flaking, I will give you $100 cash. And free tacos." (Robert, forty-four years old, financial advisor)

"I'm just on here because I love to eat pussy." (Tommy, forty-nine years old, tour director)

There were so many Mr. Maybes whose messages were riddled with *might, probably,* and *let's play it by ear.* The pool of potential men online was not only getting flakier and weirder as I got older but also shrinking. Three times I had to negotiate with a friend which of us should get the second date with a guy when we realized we'd both met up with him once through the same dating app. Another time I found myself interviewing someone who wanted to rent a room in my condo who I had been matched with on Bumble.

One Valentine's Day Eve a couple days after my thirty-sixth birthday, I went to the animal shelter in search of a companion. I wanted a young, moldable dog—one without a history of biting or disease. One that played well with others and liked small children. One that was emotionally available, not guarded. One without a previous owner (or at least without an abusive owner). I looked at the American pit bull–golden retriever mix and saw nothing but a pit. Similarly, on the dating apps I would read a "divorced with kids" profile and immediately labeled him as having baggage, not resilience. At the shelter, I asked myself, "What's wrong with these animals that they've been left here at *their* age?" I didn't think to turn that question on myself and ask, "How do I need to work on me?"

I left the shelter that night after placing a hold on a black and white puppy, part lab, part border collie. I ran into my friend Kristen in the parking lot. "You sure you want to commit? It's a lot of work!" she said, as she wrangled her doodle puppy into the car after their training class.

I let the hold expire the next day.

Online Dating Culture Breeds Perfectionism

Dating culture today is not set up for easily attainable relationships in which individuals gradually build intimacy, explained Dr. Jennifer Douglas, a psychologist who specializes in helping those with perfectionist tendencies. "Most of us have an online signature or online presence whether we want to or not. And dating apps are designed to show a curated version of ourselves to the outside world." Many of her single clients complain that conversations on the apps or on first dates feel more like interviews, as if individuals are trying to find the "perfect" match. After all, apps like Bumble have tag lines like, "Find exactly who you want."

"Because we have practically infinite options on dating apps," she said, "rather than, say, a couple hundred single people in our town, we can get caught up in this endless loop of 'what else is out there?' This can keep many single people caught in perfectionistic thinking and an unwillingness to commit to someone imperfect, who may also be a wonderful match."[2]

Societal messaging is that as soon as we find an ideal relationship, then we will be happy. But when perfectionists depend on a partner to validate their existence, says Dr. Jen, then finding that partner becomes the ultimate goal in their life. "A perfectionist can experience limerence towards someone who checks all the boxes, who looks great on paper, but who is not emotionally available."

Some people who experience limerence told me they get fuel for limerent fantasies from online dating profiles or social media feeds, and others, I learned, find fuel in movies they've binge-watched on Netflix. Ashley, a woman in her thirties, told me she developed limerence for fictional characters. She found reprieve from her "lonely single life," she said, by writing about them as fan fiction for sites like Archive of Our Own. She often played the female partner in a dynamic detective duo. Writing fiction served as an escape from facing her avoidance of intimate relationships, which she attributes partially to her autism. Another limerent explained how closely his LO matched the imaginary best friend he'd created as an adolescent. "It's so hard to get rid of because my brain insists I've found him," he wrote. His comment made me wonder if my brain was still hyperfocused on my imaginary husband, Dave the Watchmaker.

Some people, up to 80 percent of those with ADHD, according to one study, take imaginative thinking to another level of escapism called maladaptive daydreaming.[3] These individuals reserve time to daydream complex plots that involve multiple characters, potentially including a love interest.[4] The stories are sometimes so compelling that the daydreamers pace back and forth and disassociate from reality. Several of my interviewees described experiencing an overlap between limerence and maladaptive daydreaming.

Expecting Too Much?

Between the prevalence of ghosting post-hookup and the vague and often intermittent communication through texting, the ambiguity of dating culture today is enough to cause anyone to daydream about a movie star or a fictional book character rather than invest in a "real" relationship where they might be accused of having too high expectations.

The 1989 movie *When Harry Met Sally* helps illustrate the point. In the *Atlantic* essay "The Quiet Cruelty of *When Harry Met Sally*," Megan Garber writes, "Sally may have gotten a happy ending; she waited so long for it, though. And waiting is not as romantic as her movie believes it to be. . . . Maybe she knew, that despite it all, women who want it the way they want it are still assumed to be wanting too much."[5] And Sally didn't even have to deal with online dating.

Nicole, a forty-three-year-old Black woman I asked about limerence, shared with me her long list of "Never Have I Ever." The list includes never having been in love when it's been reciprocated, never having been on a baecation, never having been "claimed" as a girlfriend, never having been asked on a date, never having had intercourse. "I feel like I've never been given the opportunity to have the intimacy I desire. I'm not too picky or prudish. That connection just hasn't come to fruition," she said.

"I'd be an excellent girlfriend because I wouldn't expect much," she told me. "I just want the basics. Call me. Take me to dinner or a baseball game. I don't need a Luis Vuitton purse."[6]

Nicole isn't alone, although she may feel it. According to Pew Research, in 1980 about 6 percent of Americans aged forty and over had never been married. In 2021, 22 percent of American women aged forty and over had never been married.[7] In 2020, that number for Black women was nearly 48 percent.[8]

Last year, Nicole fell in love with a guy she met on social media. After five months of talking on the phone and sending each other texts and nude photos, they met up in person and made out. Afterward, they continued intermittent messaging, but he grew distant. She felt particularly hurt, she said, because she had been more vulnerable with him than with any other guy.

Is expecting someone to return our text after getting naked with them too much to ask? Not according to psychologist Dr. Alexandra Solomon, who told me that the modern low-accountability dating culture demonstrates our collective attachment disorder. "It's a lot of people acting as if they could take you or leave you. There's quite a bit of emotional gymnastics that one has to do to act like I don't care when I really do, or I don't need clarity when I really do. Because all of us need some measure of clarity of who am I to you? What are the boundaries and expectations? What do you need from me? What can I ask of you?"

Solomon continued, "I worry about people personalizing that which is systemic. Is it fair to say I'm anxiously attached when what I'm wanting is clarity and consistency in a connection with someone. Is that a disorder on my part or is that a normative striving?"[9]

Forget love and commitment, our dating culture teaches women and men that sex is a much cheaper exchange than a relationship. What I ordered at dinner, friends informed me, suggested how far I was willing to go with a man later that night. Chicken cordon bleu = hand job. Filet mignon = blow job. Lobster = all the way.

My Boulder friends and I tried to make sense of the crazy by creating rules at least for ourselves (and to which we would sometimes hold each other accountable). Sadie, a deeply sensitive, independent woman, was the kind of friend who would take you to get the lump removed from your breast when you're single and thirty-seven without family nearby. She developed five decision-making cards she kept in her purse for her first through fifth dates. For her to accept a first date, for example, the guy would have to meet certain criteria that were less stringent than for a fifth date. She had listed potential activities for dates (i.e., coffee on a first date, proper dinner by the third date). On each of the five date cards, she'd listed how far she'd allow herself to go physically at the end of each date. After a series of unsatisfying hookups, she found setting specific parameters helped her make decisions that made her feel safe and confident.

Choice Paralysis

When I was in high school, I was the girl who bought three prom dresses and returned two only after I had sat in front of my closet staring at them for hours trying to make the right decision. "Shit or get off the pot," I was frequently advised. My mom once threatened to punish me if I let one more day go by without responding to the boy who'd asked me to Homecoming.

My dad, painfully aware of my indecisiveness, gave me a wallet-sized card labeled "Intelligent Risk-Taking Steps" (an "If this, then this" sort of map). The steps, which included "No go—exit" options, were: (1) Envision ideal results. (2) Choose the path. (3) Assess costs and benefits. (4) Adjust the risk. (5) Prepare for risk-taking. (6) Commit to action. (7) Take action. (8) Evaluate and learn.

Later, when I was in college, my dad sent me a ten-page document titled "The Art of Effective Decision-Making." I was a champion at regretting decisions and second-guessing myself. And when faced with an LO who was emotionally withdrawn and hard to read, I'd find myself in a tailspin of indecision, unable to act in one way or another for fear of ruining any chance I had. I'd write verbatim what I was going to say and run it by my parents or friends before saying it or texting it to men I was deeply fearful of losing. In grad school, my dad sent me Barry Schwartz's book *The Paradox of Choice*.[10] In it, Schwartz speaks of the "tyranny of freedom" in the United States, where the proliferation of choice leads to higher expectations and anxieties. And what's worse than experiencing anxiety is the pressure to know your heart's desire, make a decision based on that desire, and commit to that decision. All I could think was there are no returns or refunds with sex. No ability to binge and purge.

Technology and American society today have programmed us to wait to see all the possible options before committing—turning us all into Peter Pans. Facebook lines up all our events, even events we aren't invited to that it is gracious enough to "suggest," for us to choose from at the last minute. Online invitations give us the option to say "maybe." Online shopping and dating sites encourage us to "favorite" items *and* people so we can come back later to decide whether we are still interested. Most anything we can return these days (with or without a receipt, used or not). If we're especially cautious, we can buy trip insurance in case something doesn't work out. But it doesn't work that way with someone's heart. You can't take out insurance for an experience that doesn't go as hoped.

On his site LivingwithLimerence.com, Tom Bellamy (aka Dr. L) explains the many ways in which indecisiveness worsens limerence, which ultimately spirals downward into distrusting yourself. "Failure to decide erodes self-confidence," he states. "You subconsciously train yourself into the belief that you are not empowered to decide, you are not confident in your choices, you lack willpower, you aren't in charge of yourself, you are too fearful to take a leap of faith."[11] When I couldn't see this in myself, my childhood friend Lynn did. For Christmas one year, she gifted me a wide-banded bracelet on which was inscribed TRUST YOURSELF.

Unlikely to Be Chosen

Admittedly, I was self-sabotaging by chasing emotionally unavailable men who were unlikely to commit (a prerequisite, in my mind, to having sexual intercourse). But evidence from sex researchers basically proves I was proverbially screwed from the start. Idioms like "Why buy the cow when the milk is free?" and "Why buy the pig to get a little sausage?" and "Don't you want to test-drive the vehicle before you buy it?" have suggested it for years, but now scientific research shows people in the dating market are biased against potential partners who are sexually inexperienced (which was defined in these studies as not having had vaginal or anal intercourse). People who are waiting to have sex until they have a certain bond with someone are seen as odd or expecting too much. In fact, there's even a new word to describe someone who only feels a sexual attraction to someone after an emotional bond has already developed: demisexual.

Multiple studies have emerged in the past ten years with statistics showing more American adults have remained sexually inactive through their early life.[12] According to the 2025 Match.com study (previously mentioned), 36 percent of the five thousand singles surveyed hadn't had sex in the last year and 33 percent say celibacy improved their dating life.[13]

All the while I was jumping from one guy to the next, I was reinforcing what decision scientists call inaction inertia: "the phenomenon that describes how one is not likely to act on an attractive opportunity after having bypassed an even more attractive opportunity."[14]

Why have sex with one attractive option when I'd passed up multiple others? And for my friends who weren't celibate but still serial dating, they faced a similar question: Why invest in one when you weren't willing to invest in someone equally "right"?

Digging Up What Was Dead

In the fall of 2008, at thirty years old, I did what many people new to Facebook do: I looked up my exes, namely, my longest-lasting limerent object, the Artist, the beauty by which I measured all others. It had been six years since we'd seen each other. My stomach flipped when he accepted my friend request. A few months later, after we'd exchanged a handful of catch-up messages, he sent me an FB message saying he was coming to Colorado to ski with his buddies and would like to see me. He had an extra day before he'd meet his friends. I was like a kid anticipating Christmas for the weeks leading up to his visit. When I picked him up at the airport, my insides felt knotted. If all the butterflies had been attached by strings to my arms, I could've flown.

That night, I closed my eyes and could trace every line by memory: the dip in his collarbone where he'd dislocated his shoulder, the ridge of his jawline, and, my favorite, the curve of his external oblique. When he wasn't looking, I was grinning with my eyes to hide my happiness for fear he'd lose interest if he knew how joyous I was lying in his arms. I self-censored and suffocated under the pressure of my fear, drowning out all the words I dared not share.

The next morning, as would become our pattern, I sobbed in his arms when it was time to say goodbye—I couldn't stop myself. That afternoon, such deep grief set in, I called in sick to work (something I had never done). It was disenfranchised grief—the kind that makes your friends think you're nuts. What I didn't realize then was how this grief response was associated with the loss of my grandfather. The Artist withdrew from communication for several weeks. Any guy who had a nervous system would've run a marathon to distance himself from my clinging, my anxious energy, my fear of separation.

Fortunately, I had a lifeline now, what psychologists call limerent supply: his social media feed.

James Barrie, the creator of Peter Pan, must have been an optimistic limerent. He wrote, "Let no one who loves be called unhappy. Even love unreturned has its rainbow." By my mid-thirties, I'd turned into a damn leprechaun chasing rainbows (with no pot of gold) and running out of me lucky charms.

CHAPTER 8

JACK DANIELS

So it persists, for many of us, hunger channeled into some internal circuitry of longing, routed this way and that, emerging in a thousand different forms. The diet form, the romance form, the addiction form, the overriding hunger for this purchase or that job, this relationship or that one. Hunger may be insatiable by nature, it may be fathomless, but our will to fill it, our often blind tenacity in the face of it, can be extraordinary.

—Caroline Knapp, *Appetites: Why Women Want*

One autumn, my small church group of four ladies chose Brené Brown's *Braving the Wilderness* to discuss during our weekly meet-ups. I devoured it. "The definition of vulnerability is uncertainty, risk, and emotional exposure. But vulnerability is not weakness; it's our most accurate measure of courage," Brown wrote.[1]

I don't think Brené Brown had in mind shooting three shots of tequila and going home with alpha narcissists when she spoke of courage and vulnerability in situations of uncertainty. And just as the limerent fantasies stimulated dopamine release in my brain, so did risky business.

Swim with sharks on my period: check. Stand on an iceberg in a bikini: check. Jump off a five-story cliff into the Adriatic Sea: check. I'd done it all.

Addiction has a bidirectional relationship with risk-taking behavior. That means, over time, they reinforce each other. The more you engage in risky business, the more you crave it. The prefrontal cortex, known as the "decision-maker" and "personality center," is where we develop our "insight, foresight and planning capabilities into actions that define who we are."[2] Control over these cognitive processes is enabled by my dearest friend, the one I craved, dopamine. It's no surprise, studies have found, that people with ADHD symptoms tend to overestimate the anticipated benefits of risky behavior. Contrary to what most might think, it was the perceptions of *benefits*, not the perceptions of *risk*, that were associated with higher engagement in risky behavior. Why? Researchers attributed this to ADHD personality traits like sensation seeking.[3] It's the same magical or hopeful thinking that limerents experience. For me, the perceived benefits were related to self-esteem.

Much to my grandma Velda's disappointment, alcohol and, eventually, its cousin dissociation became the third and fourth wheels on dates I anticipated would result in a hookup.[4] They were the ways I attempted to let go of my fierce control (and accompanying fear of abandonment) by numbing the voice of the Judge in my head and enabling the voice of the Chaser. It seemed to be the only way to keep some skin in the game in a dating world that demanded physical intimacy but admonished emotional intimacy.

By my mid-thirties, alcohol had become so intertwined with dating, it was like the allergy pill I took before running a race in the middle of a hay field. When the numbing agent was fully welcomed in my body, like it had a job, it spread and multiplied. It attempted to disconnect any emotional thoughts from the nerves in my breasts, ears, neck, clitoris, thighs, and even the tips of my fingers—while carefully not desensitizing them. With alcohol, I could comfortably move through my dating world, exploring with naked strangers who I'd sometimes never hear from again.

I felt desired and that felt like making the A-Team I'd worked so hard to achieve ever since I was younger. I proved to my mother that I could "get" the hot guy after all and still not have sex—and that made us both feel pretty. The next morning, I'd work off my hangover with a half-punishing, half-confessional ten-mile run with girlfriends. It was a stark contrast with my childhood bestie Mallory, who, at this point, was busy caring for three young children.

Limerence + Alcohol

In speaking with others whose romantic lives also felt dominated by limerence, I found that alcohol and limerence go hand in hand.

Whereas limerence showed up first for friend Chris Gregory during his childhood, alcohol began fueling his romantic fantasies a few years later at age thirteen. "I started masking—classic personality disorder stuff—creating a character for every person I interacted with, one that would appease and please whomever I was communicating with. The alcohol, in particular, allowed me to develop a character that felt free to pursue sex and romantic relationships and obsess on them."

At age fifteen, he had intercourse for the first time with a woman several years older. "We were both drunk at a high school party. I never saw her again. I therefore thought this was the norm, and this became the standard for my relationships."

Chris felt like he needed alcohol in order to connect with others and even to have sex (he had erectile dysfunction without it). Women with healthier self-esteem and boundaries were not enticed by such behavior, he notes. "They would be the women I would develop huge crushes on and never understand why things didn't work out as I'd hoped. Alcohol would then enable me to further idealize unhealthy relationships that were based on alcohol and sex," he said.[5]

Though not true for me, other self-identified limerents described how alcohol and limerence were both rooted in neglectful and disconnected childhoods. A fifty-five-year-old man named Hugh told me he associates his limerent experience with a woman he met in Spain when he was eighteen with his father being an alcoholic politician. He learned to read the room because he never knew which version of his father (drunk or sober) he was going to get. When he was fourteen, his father told him, "If you don't lose weight, you're never gonna have a girlfriend." Deeply insecure, Hugh didn't lose his virginity until he was twenty-eight. "When you put away that authentic self, it's hard to receive anything from anyone," he told me. For a decade, he fantasized about being with the Spanish woman. In his daydreams, he'd play her role; he was in control of how she cared for him.[6]

Others say having LOs gives their mind a sense of connection, and alcohol helps mask the sadness and emptiness of not having had true connections. For some, alcohol makes limerence more powerful.

A young woman I met through a limerence support group described the connection of alcohol and limerence for her: "If LO and I were drinking, then it would accentuate the feelings of hope that it would lower both our inhibitions enough to allow for a deeper connection. I always hated the night being over as it signaled the loss of the hope which resulted in me having major FOMO with regard to LO. I would want to stay out and keep drinking for as long as possible with him."

The Chaser vs. the Judge

Just as love is portrayed as winged Cupid and death is depicted as the Grim Reaper, I wondered what "waiting" would look like if it were incarnate. A giant lassoed ticking clock? A cobweb-strewn skeleton sitting on a bench along an empty stretch of train track? A giant dialogue cloud in the sky shouting, "Not yet!"

I was tired of convincing myself that, if I was still physically desirable, then my virginity wouldn't expire. Being in a dating pool that was shrinking almost as fast as my egg count, I also feared catching an increasing number of STIs. I deeply feared becoming the girl who couldn't finish the marathon she'd signed up for, the girl from the True Love Waits ceremony with the bent purity ring who couldn't wait another minute longer for the right guy. The girl who couldn't resist swallowing the chocolate cake she'd let sit in her mouth so long it had already begun to melt.

In her book *Drinking: A Love Story*, Caroline Knapp says she realized that "putting down the drink may give you an opportunity to solve problems, but abstinence won't solve them on its own."[7] Sexual abstinence, for me, was a way of protecting myself (like drinking was for Knapp) from growing up, being left, and being robbed. If I still had my virginity, then being left wouldn't matter because I'd still have "something," I thought.

Two distinct voices lived rent-free in my head: the Judge and the Chaser. One night, the Chaser, who was always running down fun and romantic connections for me, nearly drowned out the voice of the Judge. The Chaser was always louder when I was drinking. After racing a half-marathon in Missoula, I found myself in the back of a green hatchback with a carpenter (an old friend who'd moved to Missoula), both of us naked and ravishingly exploring each other. The sexual tension between us was just as charged as it had been the last time I'd seen him ten years earlier, but this time we had the support of alcohol. It was three in the morning, and we both had had enough whiskey that neither of us should've ever made it home alive.

The dark, torn interior of his car masked the terrifying ordeal he had endured. In the musty air, beyond the scent of male farts and alcohol hung the ghostlike specter of his experience: A year earlier, he and his friend had been taken hostage in this car by a convicted murderer. They'd escaped. And the car was eventually returned to him after it was found hundreds of miles south, where the murderer had killed a woman.

Knowing the source of the bad juju lingering in his car—as I see it now, a container where control had been lost and gained, where decisions were made for others—doubled the significance of this evening, and my curiosity. I was subconsciously looking for a situation where I couldn't "blame" myself for losing control.

"It's the perfect place to be taken hostage," the Chaser goaded in my head. "You want to be ravished. You want to be wanted."

As we bounced between three bars in this dilapidated little car, the carpenter flicked a leather cross hanging from the rearview mirror like a talisman as he bellowed Johnny Cash's "Walk the Line" out the open windows. We sped down the backroads of Missoula. Dim yellow streetlamps flickered in through the windows, making me feel as if I were in a cartoon flipbook.

After our last stop, the carpenter pulled into a small city park and turned off the ignition. I could feel the Judge inside stiffen against my reclined seat, half trying to get out of the way, half barricading any progress.

We scrambled to the outspread blanket in the back of the car and he lifted the hatch, revealing the clean-smelling warm night and starry sky.

"Turn off the ache like you did in the half-marathon, you drunk whore," the Judge said. "Can't you taste the bad mojo, here? It's sinfully suffocating. You couldn't get further from sacred ground. Not here, not now."

But the Chaser leaned closer to the carpenter, whose hand was already resting on the inside of my thigh.

"What a waste of time," the Judge hissed. "What about all the other men you denied? Sober men who loved you? What if he has an STI? What if he never calls you back?"

"Let go," said the Chaser.

I lay back on the dank blanket. He tugged off my ruffled rose-print skirt as I lifted off my tank top and removed my bra. He hastily shucked his button-down plaid shirt, tight bootcut jeans, and Stetson.

I slithered on top of his lanky, firm body, careful not to bump my head on the raised hatch, aware of his giant erection. I pushed aside his soft long curls to lick his salty neck and kiss his cigarette-soaked lips. His skin felt strangely familiar. I had a deep urge to care for the carpenter.

The Judge peered over the passenger seat and winced, like a parent watching their daughter's dangerous gymnastics routine—wanting her to stick the dismount safely. "You can back out now," she warned. "I'll give you permission in the near future. He's not the one."

"Oh, shut up!" the Chaser retorted. "Holding on to her won't make us any younger."

The carpenter grew restless and flipped me over and climbed on top, like he was pinning a sheep. "I want you," he whispered.

Part of me was flattered, but the other half of me that felt him spreading my legs and trying to enter me began to shake. "No," I gasped. "No," I repeated and started to cry quietly.

Startled but responsive, he immediately stopped and flopped down on his side beside me.

Then I was sobbing the way a four-year-old convulsively gasps. Scared, ashamed, confused by how far I'd let things go.

"I'm sorry," he said. "I thought that's what you wanted."

For the first time that evening, I felt his wood-carver's fingers caress my body, like he might actually care for me, respect me. He tenderly stroked my head and comforted me as a father might a small child.

The Judge released an audible sigh, relieved but also tired. So tired. Perhaps it would've been easier if the Chaser had won. Then the Judge could say she had been right all along. Then they could stop this tug-of-war. Did her job still matter? Could she rewrite her job description? Could she become someone else? Could she be replaced?

This was the first of many more times my body would respond by crying and shaking as if it had been raped. In the future, it would more frequently speak for itself when I drowned out the Judge and the Chaser with alcohol. Dissociation was a way of escaping the feminine, nurturing protector in me who for decades had said, "You're hungry, eat good food," and "You're tired, stop racing," and now, "He's toxic, get away!" All my appetites—for nourishment, success, love—had gone off the tracks.

If I could sit with that girl who was me in my thirties, I'd tell her, "Slow down! And stop running long enough to see the damage you're doing to your body. There's no need to throw yourself into physically intimate relationships to prove your worth!" I would hold her in my cradling arms for as long as she'd let me and tell her it will all work out.

Hunger

Senior year in college, we used to amusingly call our friend Sasha a sexual bulimic. She'd resist for a couple weeks and then binge with the same jerk who otherwise ignored her on campus for four years. Sasha would then purge herself by telling us every detail down to the fact she'd caught her nail in his pubic hair. The flipside of that "joke" was that I was the sexual anorexic. I never imagined a former Chicago mobster would diagnose me as one. But he and I had one thing in common: addiction. And he knew it when he saw it.

In my mid-thirties, after leaving a writing residency in California where my mind had felt trapped, I stopped along Highway 1 for a coffee on the terrace balcony of Café Kevah. There, in the parking lot overlooking the Big Sur coast, I met the mobster on his Harley. And as conversations with strangers you're likely to never meet again sometimes go, ours quickly found its way to talking about our life struggles. He was disappointed in himself for having sold his life story to a screenwriter who was reinventing it as something very different from the life he'd lived as a teen growing up in the south suburbs of Chicago. As a writer, I could empathize with his frustration with editors. I told him I feared writing about my virginity and how it might be edited and interpreted by others.

"You've never had sex?" this burly Renaissance man asked. He was a nightclub-owning, heroine-dealing mobster turned recovery center founder moonlighting as a real estate agent for multimillionaires in Hollywood—and a father. "You are a sexual anorexic," he casually diagnosed me.

I laughed out loud. I thought he was kidding.

"You know there are programs that can help you with that," he said. "I was a member of SLAA: Sex and Love Addicts Anonymous. You should check it out."

Later that day, I navigated to the SLAA website. The organization describes itself as "a program for anyone who suffers from an addictive compulsion to engage in or avoid sex, love, or emotional attachment." The program has adapted the Twelve Steps and Twelve Traditions used by Alcoholics Anonymous to help addicts recover from their sex- and love-related compulsions.

Sexual anorexics are described by SLAA as having addictive obsessions with unavailable people. They also admit to having issues with perfectionism and loneliness. They fear entering or exiting a relationship, the intimacy of connection with others, and the feeling of suffocation or loss of self.[8] There are definite overlapping characteristics between love addicts and sexual anorexics. While love addicts consciously desire intimacy, they also unconsciously choose partners who can't provide healthy intimacy. Love addicts, driven by the fantasy of rescue, are often attracted to commitment-fearing, seductive, dishonest sex addicts.[9] According to SLAA, the four core values of love addicts are: (1) I am defective. (2) I am unlovable. (3) My needs are never going to be met by others. (4) Finding love is my most important need.

Nationally known psychologist and sexual addiction expert Patrick Carnes describes sexual anorexia as "an obsessive state in which the physical, mental and emotional task of avoiding sex dominates one's life. Like self-starvation with food, deprivation with sex can make one feel powerful and defended against all hurts."[10] When I read this, I gasped: This was me. It also explained my pattern of hookups that I wouldn't allow to go *too* far.

By choosing not to have sex, I remained in control of *something* when my life felt out of control—not too different from how many of my college friends spiraled into an eating disorder. Somewhere in our culture in the nineties eating disorders became so common they were almost trendy. Somehow women found it appealing to control their diets—there was a sort of win in knowing you'd resisted temptation when others couldn't. It was a twist on the feminist movement that told women they were in control as well as a counterintuitive response to a male-serving culture that said women's bodies had to be a certain way.

And this dubious method of grasping at control has been occurring for centuries. Catherine of Siena was one of many medieval Catholic saints in Italy who starved herself. Rudolph Bell's book *Holy Anorexia* is revered as the authority on the topic. One article argues that for Bell, "all cases of holy anorexia represent the struggle by women for autonomy in a patriarchal culture."[11]

Unlike the anorexic medieval Catholic saints of Siena, the Burnesha (Sworn Virgins) of Albania restrict *sex* to "earn" the rights reserved for men in a patriarchal culture. In this dying medieval tradition, women born into a family with no male heir can choose to remain celibate for life in exchange for all the rights granted a man. She sacrifices potential romance and pleasure for the right to own property, wear pants, vote, drive, inherit the family's wealth, carry a weapon, earn money, smoke, and drink. Shit, she's even granted the right to swear out loud.[12]

Is it not surprising that a Burnesha also gains the privilege to vocally express herself? The fifth chakra, located in the throat, is the energetic center of choice and willpower. The primary strengths of this chakra are "faith, self-knowledge, personal authority, and the capacity to make decisions knowing that no matter what decision we make, we can keep our word to ourselves or to another person."[13]

Chicken or Egg

Limerence is a road that leads to and from other addictions. But, for many, limerence is harder to stop. SLAA member Grace says stopping limerence was harder for her than quitting alcohol or sex addiction. Her most intense limerence developed for a guy she met on an alcohol recovery site; again, researchers say this is not an uncommon outcome. It's easy to glom on to someone else who is going through an intense experience with you.

"A limerent object has been my go-to escape and coping mechanism in recent years," Grace said, "just like alcohol was in my drinking days. And it's harder to quit, because I don't have to go to the liquor store nor spend money to get that escape. No one would know. It's always just a thought away."

Writer friend Tawny Lara, a former bartender and author of *Dry Humping: A Guide to Dating, Relating, and Hooking Up Without the Booze*, learned the term *limerence* when she entered her sex and love addiction recovery, a few years into her recovery from alcohol use disorder. Tawny experienced limerence in the form of celebrity obsession. "I stayed single voluntarily just 'in case' I had the chance to meet my celebrity crushes, hoping they'd fall in love with me. . . . Part of my sex and love addiction recovery was unfollowing celebrity social media accounts."

Tawny pointed out how, when recovering from drug and alcohol abuse, avoiding the substance is actually possible. However, when it comes to recovering from sex and love addiction or an eating disorder, you have to learn to find healthy relationships with sex, love, and food.[14]

During my interview with Orthodox rabbi Manis Friedman about his book *The Joy of Intimacy*, he told me, "People are addicted to the physical—the junk food—and it won't solve the problem—the emptiness—especially if you are lacking nutrients. Ten minutes later you are still hungry. Intimacy—total surrender and merging with another human being—is a need. Sex—stimulation of body parts—is not a need, it's a pleasure, like chocolate. That's why we can never get enough of it. You can't satisfy that which is not a need. That's why you can go your whole life without sex but not without intimacy."[15]

Getting Stuck

A 2015 groundbreaking study on anorexia found that "for women who are vulnerable to anorexia, weight loss initially serves as a reward, eliciting compliments, relieving anxiety and increasing self-esteem. Over time, though, the pairing of dieting with a reward—weight loss—may result in the act of dieting itself becoming rewarding."[16] This study supported the theory of the primary researcher's 2013 paper titled "The Enigmatic Persistence of Anorexia Nervosa," which proposed that, compared to the general population, an anorexic's behavior is more strongly governed by habitual systems in the brain.

I wondered if my habitual restrictions around sex were similar to an anorexic's engrained habits. Had the original reward for resisting sex—reserving it for someone who "mattered"—become second to the reward of reinforcing the habit of resistance? It did seem that habit (the "habitual system"), not willpower, ultimately made my disorder (or streak) so difficult to break.

A blind friend of mine who checked herself in to an in-patient hospital treatment program on two occasions spoke to me about the anorexic community. Among those with anorexia there was tacit encouragement to stay "stuck" so you could still "belong." As it had become for me, resistance was a part of Karen's identity. I wondered what a treatment center would be like for sexual anorexics. How would you slowly integrate sexual fulfillment into their lives? What "weight" would they have to maintain to "get out"? Would the nurses force-feed it to them?

Karen described anorexia as an addictive high that, over time, grew harder and harder to reach. In the beginning, skipping a meal gave her a rewarding high. But then she had to skip a whole day of meals to get an equivalent high. Food was garbage. Not eating made her pure. During weeks of severely limiting her calorie intake, my blind friend explained, she would imagine in great detail the elaborate meal (a sort of reward) she would release her hungry appetite upon—but never did.

She spoke of endurance with regard to temptation and how avoidance of tempting situations led to isolation. The two things Karen said she had wanted, a relationship and a child, she sabotaged. By starving herself, she eliminated her chances of getting pregnant. Therefore, she rationalized, it didn't matter whether or not she was in a relationship (due to isolation) because she wouldn't be able to get pregnant anyway. Similarly, by not having sex with men, in many ways I prevented full connection, which in turn decreased my chances of developing the very thing I wanted most: a relationship. There was safety in dating noncommittal assholes because I knew I would never agonize over the choice of whether or not to finally have sex with one of them only to be denied, like I had with my West Point boyfriend.

Karen understands now how, by resisting treatment and nourishment, she was hurting not only herself but also those she loved and who loved her in return. In a way, I understood, too. I felt guilty: By resisting feeding my sexual appetite, and that of the man I was with, I felt like I was hurting both of us.

I began to wonder whether the church's approach to sex was akin to the "clean eating" disorder, orthorexia, which is concerned not with the amount of food consumed but with the value/virtue of the food. Orthorexia was listed in the *DSM* in 2015. It looks positive and healthy, but does it set us up for failure? For a decade, my virgin female (and a few male) friends (both Christian and Muslim) supported each other to resist, avoid temptation, and ask for forgiveness when we did fulfill sexual desires. Were we detoxing our way to our purest selves? In the nineties, the born-again virgin movement swept the nation, where we could rinse our bodies to a renewed virgin state. Some sexually active Muslim women go so far as to undergo hymenorrhaphy to restore their hymen. Now, with the growth of the clean-eating trend, variations on the "born-again virgin" label, like "born-again vegan," are emerging.

From a control perspective, secular propaganda treats dieting differently from chastity. Billboards, for example, encourage dieting and discourage chastity. In the spring of 2024, dating app Bumble came under fire for its billboard ads that stated, "You know full well a vow of celibacy is not the answer" and "Thou shalt not give up on dating and become a nun." The church has been conflating sexual desires with hunger for food since the Garden of Eden. And refusal of food as a form of religious asceticism, as a way of making things even, has been around since biblical times.

"Those who are seriously attempting chastity are more conscious, and soon know a great deal more about their own sexuality than anyone else. . . . Virtue—even attempted virtue—brings light; indulgence brings fog," writes C. S. Lewis in *Mere Christianity*.[17] Although I don't agree that desires are the enemy, as Lewis proposes, without having had intercourse I had become more keenly aware of my body and my desires than most people would think.

I knew what my teacher in massage school meant when she'd instructed me to "breathe into your vagina." I knew what it was like to salivate from both sets of lips. I knew what it felt like to resist feeding desire for so long that my inner tongues would reach out like a giraffe's curling around a branch to make the hunger pains subside. I knew the single electric pulse from my clitoris at the mere sight of an attractive man bagging my groceries.

It's easier to fantasize about a place or a person when you have an incomplete picture. And so, I repeatedly returned to that highly addictive and unhealthy space of "what if." And in that hungry space I dreamed of being rescued from drowning in loneliness, resuscitated, carried away, and swaddled in someone's warm arms. I learned to find satisfaction, to feel full, through the workings of my well-trained imagination.

It was never about sex, just as anorexia isn't about food. Virginity just became a part of a mental transaction that kept me "safely" trapped in longing for someone worthy of letting go for, when I was the one who didn't find *myself* worthy of anything more than crumbs.

Longing, not alcohol, was my addiction—my crutch. Knapp says, "When you quit drinking you stop waiting."[18] Maybe if I could quit longing, I would quit waiting in my self-made prison of this illusion of control. But as any alcoholic or anorexic person will agree, diverting from a well-worn path isn't easy without a lot of practice, accountability, and some life-changing moments (little gifts from the universe).

CHAPTER 9

THE CRITICS

How you wait is who you are, and everything depends
on your sense of an ending.

—Adam Phillips, *On Getting Better*

Occasionally, my teetotaling, Bible-thumping, Thanksgiving-prayer-orator Grandma Velda would call and ask, "Got any lovers to tell me about?"

I would tell her about recent dates and the flavor of the week.

She'd tell me about the old men at the grocery who had winked at her.

"Well, if you can find someone at your age, maybe I can find someone at my age," I'd say.

"For Heaven's sakes! I sure hope so," she'd respond.

She had strayed a long way from her early hopes for her only grand-daughter's romantic future and the great-grandchildren she (and I) still desired. But she continued to pray every night for him. "He's out there!" she encouraged me. She and I were both waiting for our respective messiahs to "take" us.

And while she'd fall doing asinine things like bending over to pick up lint off the floor while holding the dog in her other hand, I was falling for the men whose presence gave me anxiety-induced diarrhea.

In her nineties, Grandma still drove her car, seated atop two booster pillows. She had started driving when she was fourteen behind the wheel of the family Model-T Ford. Despite surviving two bone-crushing car crashes, one that sent her head through the windshield while she was pregnant with my mom that required her jaw being wired shut, she still hated wearing her seat belt. Yet, she and I had an ongoing deal: If she wanted to live long enough to see me get married, she had to wear her belt.

In January 2012, at ninety-three years old, she fell and broke her pelvis. When my dad called with the news, I crumbled to the ground like I had at the airport gate when I realized I'd missed my flight because I had dillydallied too long. I knew for many elderly people, a broken hip meant the beginning of the end. I flew across the country to check on her and post signs around her room that said, "Squeeze your cheeks!"—a reminder for her to do her physical therapy exercises to heal.

Her fall sent me into an emotional tailspin that landed me in the therapist's seat for the first time since college. "There's nothing wrong with you," the therapist comforted me during our first session. "Find another therapist," my father lovingly advised.

The root of my anxiety stemmed from fear of losing Grandma Velda before I found the man I'd marry. I didn't want to light a candle at my wedding to represent her presence. I wanted *her* there.

Something about Grandma Velda running out of time on this earth created a sense of urgency on my own timeline. Neither event could I truly control. All the societal pressure to get pregnant before my eggs dried up didn't measure up to the urgency I felt to find a loving and committed partner when she fell.

How did her imminent death make me question my choice to remain abstinent until I was in a committed and loving relationship? I worried that my restraint, this seat belt of sorts, was preventing me from getting into the relationship I was seeking.

Grandma's life-threatening fall wasn't the first time death had made me question my virginal status. When I was a sophomore in college, my high school cross-country teammate Trisha was killed in a head-on collision. One December evening, a driver had drifted across the yellow line and smashed into my beautiful friend's shiny red Mustang. As her coffin was carried down the church aisle by six male high school friends, our friend leaned over and whispered to me, "At least she wasn't a virgin."

For fourteen years after her death that comment echoed in my head. It rang like an alarm when my grandma fell.

Crossroads

Usually, the voice in my head while I'm running in the woods is the voice of Reason; it's a problem solver, a reminder of tasks, a creative idea generator. But after Grandma Velda broke her hip, this voice was kidnapped and the quiet space it left became filled with the voice of critics— complete strangers trolling me on the internet and friends trying to help.

"Why didn't you fool yourself into falling in love like most teenagers do and lose it then?"

"Have you considered that your expectations are too high?"

"What's commitment anyways? Everyone gets left eventually."

"Are you sure you aren't a lesbian?"

"Have you heard of the word *asexual*? Maybe you're that!"

"Pleasure! Don't you want to experience the best sex of your life before your sex drive has plummeted and your vagina has dried up?!"

"You just need a good fuck."

"The only person you're denying the gift is yourself."

Perhaps the question that rattled around most in my head was an observation in an email Mon Ami had sent me in 2003, two years after his rejection letter. Rummaging through my childhood desk drawer while at my parents' home for Christmas, I pulled out the printed email I'd stashed there: "It has seemed to me for a long time that you are a very physically intelligent person, and that sex is actually more important for you than for many other people. Thus, it is extremely paradoxical that you are the one not indulging in it."

Why *was* I waiting? Had my virginity expired? Was I like the Olympic athlete whose prime year to peak was the year we boycotted the Games, but she couldn't give up the dream?

My parents were supportive of my choices even if they had faced a drastically different dating environment in the sixties in their rural hometown in Illinois and didn't understand why my brain seemed wired to chase these unavailable men.

My mom, who patiently listened to most stories I called to divulge, would occasionally throw in a jab. "I slept with your father last night, and *he* stayed for breakfast." Or, "What's wrong with this one? Did he sleep with his half-sister too? It seems like all the guys you've dated have issues."

"Mom, we all have issues," I responded. "You and Dad just got married early before you realized what each other's issues were."

My father was more focused on how I used my time. "Cut bait and move on. He's not interested!" He even mailed me pieces of advice he had typed and framed as visual reminders. One of them, in an antique two-inch by two-inch frame, read: "Relationships: Don't overthink them as you might screw them up, not to mention the time and energy you consume." I wish he'd said, "Those men you are investing time in don't deserve your love and attention." When I complained of feeling lonely in my queen size bed, he recommended I downgrade to a twin. I got a weighted blanket instead. When I asked him why he thought the men I was interested in weren't interested in me, he said, "You're too much for them." I shut up. I swallowed that pill. What I wished he'd said was, "They don't deserve you."

(Ten years later, when I asked him what he meant, he said, "You're smart, fast, strong, pretty, independent."

"Why didn't you say that back then?" I asked.

"Why didn't you ask?" he responded.)

I have always tried to write my way out of my problems. What began as a personal response to Mon Ami's decade-old observation turned into an essay *The New York Times* Opinion editor accepted for the Private Lives column and a headline in the Sunday Review of *The New York Times* in November 2013, titled "Does my virginity have a shelf life?"[1] (It was published online the night before Grandma Velda's ninety-fifth birthday.)

There was something very triggering about my essay that prompted six hundred comments in less than twenty-four hours (the one with the most thumbs-up being "Just do it!"). The general message in the comments was: "Stop making a big deal out of something that's really not a big deal." The article was one of the top ten most emailed for a week. I felt a huge rush of satisfaction in the success and an equal amount of overwhelming fear. I wanted to shout it from the rooftops and hide in a hole at the same time.

The problem with opening up to the world in an essay with a title in the form of a question is that unsolicited advice came pouring in from complete strangers who felt the authority to lean in with their two cents.

I garnered both support and criticism from the extreme right and left wings: feminists who supported my choice to make a choice and feminists who argued that virginity was a suppressive social construct designed by patriarchy. Christians said I couldn't say I was abstinent if I claimed to enjoy lying naked in bed with men. Misogynists and incels told me I was a selfish tease for denying intercourse to "deserving" men. There were men who said I was to be respected for my choice but had no interest in dating someone like me and sixty-year-old fathers who responded with the advice they'd give their daughters. Friends who were mothers messaged me to share the conversations my essay had struck up between them and their daughters. And many women (and a few men) from all over the world reached out to say, "I see myself in your essay." One woman was a twenty-nine-year-old Muslim from the UAE; another was a self-professed "good Catholic girl" who was homebound in the States. Another woman was divorced and reconsidering sex as she entered the dating market.

A thirty-three-year-old British virgin raised as an Orthodox Jew wrote explaining how she grew up in "anti-purity" culture, where

Jewish camp counselors encouraged coupling up and having sex with your boyfriend. Now identifying as bisexual, she wrote, "Growing up in an extremely sex-positive environment where you're practically forced into dating and finding a boyfriend was a big part of why I remained a virgin, because the pressure to date and have sex was overwhelming and it scared me."

A New York City-raised Bangladeshi virgin Muslim woman wrote to tell me my essay had given her hope. She also wrote something that sounded very limerent-like: "I can conjure up a pretty creative playbook of erotic fantasies at least with my imagination. But as I reached my thirties, my fantasy evolved from saving myself for my imaginary husband to wondering if he is even there."

Some of the messages came from mansplainers like Robert: "You're being way too selfish. Don't live life like an accountant. The next time you meet a man you have positive feelings about, and you know that he appreciates you almost but perhaps not quite as much as you appreciate him, be a little more generous at the risk of receiving less than you give. I promise you'll receive something good in return, sooner or later."

One of the most unique suggestions came from a shamanic healer who asked, "Have you considered the possibility that you might have been a cloistered nun or monk in a past existence? I would be sorry if you missed any more exciting opportunities for increased happiness because of something left over from a past existence, or from fear that could be assuaged by a good soul retrieval."

A writer for *Slate* wrote a response against virgin shaming titled "It's Easier to Be a 'Slut' Than a Virgin." Author Katy Waldman wrote, "Some people long for passionate physical aerobics. Some long for board games and cuddling on the couch. I long for the day in which no woman's (legal) sexual preferences are deemed outlandish enough to warrant a quasi-defensive opinion piece in *The New York Times*."[2] *Cosmopolitan* wrote a response titled "Saving Your Virginity Won't Save Your Dignity" that belittled my choice. Author Laura Beck wrote, "Holding onto your virginity like it's some magical talisman that wards away evil and keeps you pure and safe is not only a lapse in logic but brings up the important question of why virginity is such a valuable commodity. How many buckets of salt will it fetch you?"[3]

Katie

A few months later, I got the mother of all invites: an email from a producer at Katie Couric's show inviting me on as a guest to speak about my essays. In the final phone "screening" before inviting me on *Katie*, the show producer had three questions:

"Do you want children?"

"Yes."

"Have you been sexually abused?"

"No."

"Do you go to church?"

"Yes."

I passed their phone interview and then, two weeks later, flew with my mom to NYC for the filming.

The day before the main interview, I did a thirty-five-minute interview (eventually cut down to sixty seconds to introduce the segment) with a videographer, an older white-haired gentleman with a British accent. At the end, he asked me, "Will you lower your expectations for men now?" as if he could envision the exact location of my proverbial bar.

This isn't limbo, I thought and then paused. "What do you mean by *now*?" I asked.

"Well, now that you are thirty-six and still searching?"

"No, my expectations aren't too high," I told him. "You should meet some of the guys I've dated."

The next morning, I sat in my designated spot on the couch next to Katie's chair, but my Tri-Delta sister and I didn't exchange our secret handshake. I noticed the sign hanging behind us indicating the segment's theme, "The Virginity Movement," with a man putting a ring on a woman's hand (something I wasn't necessarily waiting for). Was I really learning the theme one minute before I went live on national TV, presumably, representing the trend?

Then the questions began.

"When did you make the decision that you were going to wait?"

"When people hear that you've made a decision to remain a virgin, do they think you are out of your mind?"

"How has this all affected your relationships?"

"Do you think it's taken on too much meaning? Maybe your desire to be in a committed relationship has taken on too big a role in your life."

I felt like a deer in the headlights.

The camera panned to sex educator Sari Locker, who said, "Perhaps they're holding on to that virtue as if that's their identity, as if it's so important to them to say they're a virgin even if they're doing 'everything but.' They sort of lose perspective that it's just a part of life."

I was gutted and had no opportunity to defend myself. I felt like my heart had been spanked on national TV.

During the commercial break, I learned from Katie that people working at the studio thought I had fairy-tale princess syndrome—that I was waiting for my knight in shining armor to sweep me off my feet.

Maybe I was still hopeful of living out a romantic love story with a happy ending, even in the midst of a shitty dating environment that had left many of my friends feeling worthless. Was there anything wrong in wanting to be swept off my feet? For wanting the first time I had intercourse to feel secure and sacred in some way? For wanting to be loved—not just "fucked"?

Shortly after we left the studio, my mom and I went out for lunch at Katz Deli, where the famous fake orgasm scene in *When Harry Met Sally* was filmed; you know the line: "I'll have what she's having." I pointed to the picture of Katie Couric on the wall, plastered among hundreds of pictures of famous celebrities eating at Katz Deli, and told the waiter that I'd just been interviewed by KC on virginity.

A smile spread across his face, "Are you a professional?" he asked in a thick Brooklyn accent. I laughed it off. "I guess that's relative to one's opinion," I responded. Did I identify as a professional virgin on a career path? Seeking continuing education and building my résumé? Dear God, I hoped not! What would a virgin's job description look like?

But ask anyone during their first year of retirement: It is hard to quit a job you've been doing for decades.

Streaks

In a way, my not having sex was just like any other streak that cultivates emotions like pride, fear, and guilt on the basis of an underlying system of rewards and punishments. The longer a streak lasts, the greater the perceived benefit in continuing the streak and perceived loss in breaking it. Psychologists say streak obsessions develop when we become more concerned with the perceived loss than with the benefits.

As an ADHD athlete who struggles to make decisions, streaks are my jam. They provide a goal to achieve within a determined structure.

Professor Wendy Wood told *The Cut*, "We have this emotional reaction to losing something we've created, and that's what keeps us going with streaks. Simple ownership makes us like something more, and we own our streaks. Streaks are hard won. They're something we value."[4]

Looked at this way, my virginity was something to which I'd assigned a ton of value and invested a lot of time, something that I felt represented my identity. Keeping my virginity, like any other streak, was influenced by what economist Richard Thaler called the endowment effect. This behavioral economic concept says people who own "a good" value it more than those who do not own it.

In fact, Aristotle was writing about the same concept centuries ago. "For most things are differently valued by those who have them and by those who wish to get them: what belongs to us, and what we give away, always seems very precious to us," he wrote in Book IX of the *Nicomachean Ethics* (F. H. Peters translation).[5]

Loss aversion causes us to undervalue opportunity costs. In other words, we overcharge the customer at our yard sale for our grandma's vase because we are fixated on losing the item. When items have been imbued with value associated with self-concept, the perceived loss of the item is a threat to the self.

Dear Lord almighty, loss aversion had become my measuring stick in the dating world. Was expecting love and commitment in exchange for sex the same as overcharging for my grandma's very breakable vase?

Christian Identity

A relative informed me after the interview with Katie Couric, "You can't say you are a *real* follower of Jesus Christ and also say that the reason you are waiting to have sex is based on a personal choice."

So, the next Sunday, I rushed to the front of my church to find our only female pastor, Joy, and ask for prayer, something I'd never done at the end of a sermon. If there'd been a confessional booth, I would've jumped into it. I was dying inside not only for acceptance but also for forgiveness. In my writing and in the interview, I had mentioned growing up in the church and its positive influence but claimed that my decision to wait for a mutually exclusive and loving relationship in which to have sex was a personal decision, not because of my relationship with Jesus Christ.

Joy placed her hands on me and prayed for clarity and peace and then rushed off to pick up her daughters. I walked out of the sanctuary alone.

Journalist Anna Broadway, author of the memoir *Sexless in the City*, extensively studied singleness in the church globally for her book *Solo Planet: How Singles Help the Church Recover Our Calling*. "The church is really in denial of its significant sex gap. Based on my calculation with Pew estimates, there are 21 million more women in the US church, and it's even a greater disparity on the global scale. That has really profound implications for how we talk about singleness." Broadway traveled around the world for seventeen months interviewing nearly 350 single Christians from almost fifty countries. "If we really acknowledged that number, we would have to reckon with the fact that not everybody who wants marriage is going to find it if they're holding to this idea of marrying a fellow Christian."[6]

When my grandma asked me if I'd found any nice Christian boys at church yet, I responded, "No, they all married my friends."

Unsatisfied with my answer she went on to suggest, "So, then why don't you go to another church where there are more single men?"

"I like my church," I replied. "I don't want to choose a church based on the stock of quality single Christian men." If I was basing my decisions on male availability, I would have moved to Wyoming or Alaska by now.

A few months later, on "Connect Sunday" (designed to help church members get involved in church groups), I approached the Women's Ministry table to find out how I could share my story, one of an educated, social, God-loving, and forward-thinking woman who dated and had had long-term relationships but never thought she'd find herself as a sexually frustrated disillusioned thirty-something celibate still waiting for the "one." They looked at me like I had horns growing out of my head and then told me I should talk to the high school and university ministry. I balked. I tried to explain why my story was one many Christian women (mid-twenties to mid-forties) could relate to but didn't hear in the church.

The woman, a mother about my age, with a genuine intention to help, then suggested I see if I could help in the nursery. I was stunned at her inability to relate. With tears streaming down my face, I responded, "*That* would make me feel really bad about myself." I turned and left.

Churches have done a disservice by creating neat little boxes into which the "marriage bound" community (should) fits: high school, university, young adult, elderly, et cetera. But, what happens when the singles—divorced, never married, widowed—don't fit?

"Where's my boat off this island, God?" I asked in prayer. I'd met enough Peter Pans; couldn't he pull a Peter miracle?

The Virgin Threat

My story didn't fit the modern-day script of a "normal" single woman in her mid-thirties, and that really bothered people, both religious and nonreligious. In discussing my boundaries around intercourse, people often responded as if they feared I was judging their choices or expected them to follow the same "abstinence diet." Women, in particular, seemed uncomfortable when an equal playing field, whether it's sex or food, wasn't maintained. "Oh, you don't eat gluten? Do you think I'm bad if I chow on this bagel?"

There was something about my writing about virginity as a form of empowerment that threatened people. There's a reason the Greek tragedies depicted virgin sirens as powerfully destructive.

During different periods of history, the social and relational state of virginity, not the physical one, evoked qualities of social autonomy and potency. Take, for example, the virgin choruses in the tragedies of Aeschylus who were feared and despised because their bodies were considered charged with destructive and disruptive energy.[7] Then there is the legend of the bearded Christian saint Wilgefortis, whose name (likely an adaptation of *virgo forti*) means "powerful virgin."[8]

The Vestal Virgins exchanged a vow of chastity for thirty years for power and prestige. A priesthood of six women (chosen before they hit puberty) served the cult of Vesta by guarding the sacred flame of Rome. They rode through the streets in a carriage accompanied by a bodyguard. If their chastity was ever found questionable, they could be buried alive.[9]

Reputed virgins Elizabeth I and Joan of Arc are remembered for choosing power and personal independence over sex. For Greek goddesses—Hera, Athena, Aphrodite, Demeter, Artemis—and Indo-European goddesses—Indian Madhavi and Scandinavian Gefjon—virginity could be permanent or even renewable. These goddesses had the *power* to return to an "intact state" and thus preserve the full force of their erotic energy. According to Eleanor Irwin in her essay "The Invention of Virginity on Olympus": "The specific strength of these immortal virgins in fact resided in their refusal to relinquish *partheneia*, the ephemeral state between childhood and motherhood experienced by all young women."[10]

How could I avoid feeling I had lost independence and power but gained strength after having sex? Could I be like the Greek goddesses and reinstate my virginity if the first go-around was horrible? Had my disciplined nature created an inescapable situation? If virginity had become so enmeshed with my identity, could I still have sex and not abandon that part of my identity I'd learned to value and treasure? What if I wasn't a *real* virgin?

Real Intimacy

I began asking a variety of people to explain their take on intimacy and sex to see, well, if I had fairy-tale princess syndrome. Was following my desire to have sexual intercourse for the first time only in a mutually loving and committed relationship really a syndrome? Would sex "heal" me? Was I waiting for a man who didn't exist? Was there a difference between sex and sex with intimacy?

I sought scientific proof for what I felt in my gut to be true, that sexual intercourse was more bonding and therefore it required more love and commitment. I emailed renowned Rutgers University psychobiologist Dr. Barry Komisaruk, who studied orgasms in paralyzed female patients. My question for him was this: Did research show women's brains light up differently depending on the type of orgasm? I told him that plenty of people had said if I'd had oral sex or masturbated, I'd had sex. His research found that a female's brain lit up differently depending on the source of genital stimulation—clitoral, vaginal, or cervical. What he wrote I'll never forget: "If science does not have the answers that you are looking for, I recommended that you go with your gut. . . . Obviously, take both 'science' and your 'gut' into consideration as you make a life decision, weighing the potential risks and benefits, a balance on which only you can decide."[11]

I reached out to my brother's old Vegas housemate, Frankie—better known by her dominatrix porn star name, Annie Cruz. "There have been numerous times when I'll have someone over to have sex and I'm so dissatisfied with what happened that I absolutely have to call someone else to come over and fix it. And then somebody else would come over and either fix it or break it. And then I'd be like, I'm done for the night." After thirteen years in the porn industry, Cruz says she has performed in six hundred movies. For most of her adult years, Frankie has had polyamorous relationships, even during her marriages. But Cruz says that, ultimately, love and commitment made all the difference between having a mind-blowing orgasm with a beautiful man she wasn't in love with and having one with her boyfriend. "Mutual love and commitment made the same mind-blowing orgasms better," she said.[12]

I'd had several men tell me, "Sex won't change you." In a way, they were right. Sex wouldn't change my pattern of chasing men who would never commit or love me. And sex wouldn't make them stay. When I relayed the story to Rabbi Friedman during an interview, he replied, "Sex won't change you. But if it's sex with intimacy, and that's what you're looking for, then you're never the same again."

I also reached out to interview a consecrated virgin I found through reading her letter published on the Catholic Woman website, which professed dedication to "cultivating catholic feminism." I thought she would understand my compulsion to follow a strong feeling. When I met her at the coffee shop, she looked like any thirty-year-old. There was no long, flowing black habit, but she did wear a ring on her wedding finger. Ruth had taken a vow of chastity through the Catholic Church, but, unlike nuns, she lived and worked in the secular world as a nurse.

I wasn't saving myself for God, per se, but I was curious whether she'd met the same resistance from her peers as I had—that they thought something was wrong with her.

When Ruth's friend took her out to some bars as an "intervention" before her official consecration ceremony, Ruth recalls telling her friend, "My vagina isn't going to blow up if I don't have sex!" She sipped her skinny latte and spoke frankly about the path that led her to choose a life of chastity. "I long for the day I meet Jesus," she told me.

I understood how she felt. I also longed for someone who would love me unconditionally, and I believed he existed. We both were waiting indefinitely. We both longed for someone we'd never met.

Definitions

In some cultures, like the Amazonian Canela tribe, the word *virginity* doesn't even exist.[13]

My lesbian friends pointed out that, if I were a lesbian, I wouldn't be a virgin anymore.

Was I like my teetotaler sommelier friend who swished and spit for a living?

It was a delicate dance choosing the right words to talk about a hollow space marking absence: *voluntarily celibate, virgin, abstinent, chaste, boy sober.*

Broadway says in her memoir *Sexless in the City*, she gravitated toward the word *chaste* because "it doesn't have so much a sense of what you're *not* doing. It suggests the possibility that there's something more going on here, and the older that I get, the more important I think it is to think about what is the yes that drives my no."

Medical professionals avoid the term *virgin*. At every annual checkup, I had to go through the interrogation. No longer do they ask me, "Have you had sex?" Instead, they ask, "When is the last time you've had sex?" and "Do you still get your periods?"

One time when I got an STI screening, the PA asked me, "When is the last time you had sex?"

"I haven't," I responded.

"Have you had a penis in your vagina?" she asked, clearly in disbelief.

"No."

"Have you had a penis in your anus?"

"No," I responded.

Thank God, she stopped there.

The real question I should've been asking myself was not, "Who would I be if I weren't a virgin?" or "What's a real virgin?" but "Who would I be if I weren't longing for the love of my life?"

I was tired of defending myself in a predatory world of compulsory sex where, if you're not having sex, you're considered incomplete. I was tired of researching which label fit me best: asexual, demisexual, sexual anorexic, anhedonic, maladaptive daydreamer? Had I been brainwashed by purity culture? Couldn't I just be a late bloomer? What was wrong with being a hopeless romantic who believed in *kairos*, which is Greek for divine appointments, or the right or critical moment?

One night in my search for prayers related to longing, I came across a poem by the Persian poet Rūmī titled "Love Dogs." A man suddenly becomes doubtful that anyone is actually listening to his prayers. During a restless night of sleep, "the guide of souls" visits him and encourages him to continue praying, "This longing you express is the return message. The grief you cry out from draws you toward union. Your pure sadness that wants help is the secret cup."[14]

Was my sad longing, my prayer to God for my Superman, my "secret cup"? Or was it a crutch?

The Stranger

I contemplated this question and other concerns of life on trail runs with my friend Knox. He was one of several guy friends I felt lucky to have that my girlfriends who'd married young didn't have. During one run up Mount Sanitas, our conversation quickly shifted from his S&M tales with his new situationship to him telling me, "The guy who takes your virginity will have to be a stranger. No man who loves you is going to want that sort of pressure."

The idea of first having intercourse with a stranger sounded like a nightmare. Actually, I think I had had that nightmare. Like the nightmare of flushing down the toilet something irreplaceable. But the more I thought about it . . . I shuddered. After years of waiting for "the one," the thought of having sex with a stranger sounded . . . freeing.

I recalled Erica Jong's novel *Fear of Flying*. The character Isadora Wing discovers in her late twenties that "The zipless fuck is absolutely pure. It is free of ulterior motives. There is no power game. The man is not 'taking' and the woman is not 'giving.' No one is attempting to cuckold a husband or humiliate a wife. No one is trying to prove anything or get anything out of anyone. The zipless fuck is the purest thing there is. And it is *rarer than the unicorn*. And I have never had one."[15] The reality shows *Love Is Blind*, *The Bachelor*, and *The Bachelorette* depict this allure of the stranger and have even dedicated segments to virgins.[16]

I thought about my paralyzed friend who had lost her virginity to a man who professed to be a sexual surrogate. The therapeutic practice usually involves three individuals: a licensed sex therapist, the sexual surrogate, and the client. The purpose is to help the person become more comfortable with their body during sex and help them develop the skills they need for intimacy.[17]

I wondered if I could do that. I would have no expectations of that guy after sex. Right? I wouldn't be concerned if he was worried about me or his performance. Would I? I could move on and have sex with men I'd wanted and who, also, had wanted me. Couldn't I?

I could do it for myself. Yes. I could call it a personal exploration. All this time, I thought I was saving my first sex experience to share with the love of my life. Perhaps, instead, my limerence had been creating the biggest obstacle to that relationship that I so badly desired. And as time ticked on, it was only snowballing into a bigger and bigger obstacle.

CHAPTER 10

CAPTAIN VACATIONSHIP

And if travel is like love, it is, in the end, mostly because it's a heightened state of awareness, in which we are mindful, receptive, undimmed by familiarity and ready to be transformed. That is why the best trips, like the best love affairs, never really end.

—Pico Iyer, "Why We Travel"

The Shaky Bridge

In their 1974 study known as the Shaky Bridge study, psychologists Arthur Aron and Donald Dutton examined the link between sexual desire and physiological arousal. They found that being in an environment that provokes anxiety or excitement (depending on how you want to characterize the feeling) can result in romantic attraction, even falling in love. Science calls this "misattribution of arousal." The Shaky Bridge study showed we are more likely to be attracted to a person if we meet them on a scary suspension bridge than if we were to meet the same person on a safer bridge.[1]

Since my teens, I'd been falling in love with men at the end of shaky bridges in the form of travel. By my mid-twenties, that "somewhere" over the rainbow had become many places I longed to (re)visit and the mystery men I associated with those very places. I felt empowered while traveling. Abroad, I could make my limerent dreams come true. It was easy to confuse falling in love with a radically new place or experience with falling in love with the person that was a part of it.

The summer after my freshman year in college, I crossed the Mississippi for the first time to fly from Ohio to Tokyo to see Yumi, my high school exchange student friend, who had taught me the legend of the Three Supermen. I had a hidden agenda, though. Sam, my church LO with the perfect pecs, was stationed at the Marine base in Yokohama. Yumi and I arranged to meet him and his Marine friend in Roppongi for dinner. On the subway platform after two hours of dancing and drinks, Sam leaned in and kissed me. As our subway train pulled away from the Roppongi station, he ripped his shirt off. I imagined the way Grandma Velda would've raised her eyebrows and giggled had she been there (two years after she'd embarrassed me at church). The thrill (risk + uncertainty + novelty) of travel made me feel like I had superpowers.

Less than a year later, I'd flex that muscle again but this time in Paris crossing off a bucket list item: kissing someone at the top of the Eiffel Tower. I spotted a cute redhead in line before ascending the tower and struck up a conversation with him during the elevator ride to the top. It was a frigid, windy January evening, and it felt exponentially colder atop the Eiffel Tower. I had no time to waste hoping some romantic muse would inspire my redhead, so I outright told him my goal.

He hesitated, no doubt a bit surprised. Then he asked, "What kind of kiss?"

"A simple kiss," I responded. And so it was: a peck on the lips.

When I returned to my host family in Strasbourg that week, I proudly declared my romantic feat at the dinner table, "J'ai baisé quelqu'un à la Tour Eiffel." They all looked at each other with raised eyebrows and returned to the meal without commenting. Mon Ami jumped in on my behalf: "Elle a embrassé quelqu'un à la Tour Eiffel." He explained to me later that evening that I had said "I fucked someone on the top of the Eiffel Tower." (I learned that, although the word *baisser* means "a kiss" in French, it cannot be converted into a verb to mean the same thing like it does in English.)

When I was twenty-eight, I quit my job to travel around the world for six months as a teacher aboard the Peace Boat. I was one of fifteen volunteer teachers instructing Japanese passengers in English and Spanish. My Colombian friend Maria and I dared each other during the voyage to obtain certain "flags"—a kiss from a man from another country. Maria dared me to get one from a Colombian man during our short eight-hour stop in Cartagena.

Upon descending the gangplank onto Colombian soil, I spotted a handsome young security guard standing alongside the railing. I made eye contact with him and smiled. He smiled back. If he's still here and I return without a flag, I told myself, I'm going to kiss him. (I work best under deadlines.)

Eight hours later I returned to the ship to meet the curfew but with no Colombian flag—yet my security guard still stood there. Maria explained my goal to him in Spanish. He leaned over and kissed me. As the boat pulled away, I threw my streamer roll to the tiny crowd below and a clump of unraveled streamers landed near my security guard. He picked them up, blew me a kiss, and rode off on his motorcycle, my streamers blowing behind him. If ever there was a symbol for the dopamine high I felt in that moment, it was those streamers. Some psychologists would consider this "collection of flags" the conquest aspect of love addiction; others would see it as gathering fuel for future limerent fantasies.

Romance Tourism

Like many of my peers, I was hooked on the allure of romance tourism and the hope of finding "the one" while I was abroad. Travel is foreplay. Just the fantasy of travel is arousing. Our brains release more dopamine planning a vacation than taking it.[2] Experiential purchases like travel lead to more happiness than material purchases, and with travel there's no hedonic adaptation: New shoes get boring, but the joy we get from booking a trip lasts long after the trip is over.[3] Add the hope of finding true love, and my brain was seriously aroused.

In 1995, researchers Deborah Pruitt and Suzanne LaFont coined the term *romance tourism* while studying female tourists in Jamaica. Unlike sex tourism, which involves exchanging money for sex, romance tourism, as seen in Jamaica, focuses on courtship and romance.[4] And although the term might have been coined only recently, romance tourism has been around for centuries. Take, for example, Les Filles du Roi. These eight hundred single women (ages 16–40) were recruited and sponsored by the king of France to emigrate to Quebec between 1663 and 1673 to help populate New France. They were given a dowry of up to one hundred pounds and upon arrival received a "hope chest" with various clothing accessories and sewing materials.[5] My hope chest would've included a bikini, red lipstick, and a journal for poems.

Hollywood tells us there's a reason Stella got her groove back when she traveled to Jamaica in the 1998 film. Romance tourism sells hope, empowerment, and self-discovery. Services like Girlfriend International cater to Black women seeking love abroad, and Olivia Travel services LGBTQ+ women seeking love. Reality shows like *Love Island* suggest love is easier found when we're trapped on an island with a bunch of strangers. Books (turned movies) like *Eat, Pray, Love* and *Under the Tuscan Sun* regale lonely readers with tales of middle-aged women who went traveling and found their one true love (or at least clarity). And, of course, there's the trilogy of *Before Sunrise*. In the first film, French activist Céline and American writer Jesse have a whirlwind romance in twenty-four hours after a chance meeting on a train in Vienna. Fodor's Travel published "5 Simple Tips for Finding Love on Your Next Vacation," and *The New York Times* published a story titled "In Search of Romance? Try Moving Abroad."[6] Meanwhile, Bumble advertises "Find

Dates Before You Land in Travel Mode." During an interview I had with Pauline Frommer, whose father Arthur started the legendary Frommer guidebooks in 1952, she told me the Holy Grail of travel is finding your soulmate—even if you're married.[7] You can spend a day reading Reddit threads that explore the topic.[8]

The year before my fortieth birthday you'd have thought I was on a world tour of shaky bridges to find my soulmate. The riskier the bridge, the better.

Pilgrimage

While friends with young families were putting down payments on new homes or paying for annual ski passes or day care that gobbled up their paychecks, I sought out every affordable opportunity to travel on my meager income from coaching, teaching, massaging, and freelance writing.

A few days after I turned thirty-nine, a solution came to me: If people felt emotionally detached while cursing in a foreign language, perhaps having sex in a foreign country would be easier for me—free from inhibitions.[9] Call it breaking a self-imposed spell or curse, or call it rationalizing my way away from my dream. Maybe if I was abroad, it wouldn't feel like I was sacrificing the sacred and giving up the dream I'd had of having sex in a mutually exclusive and loving relationship. And *then*, I thought, maybe it would be easier to fall into that relationship I had longed for since I was a tween. Call it a romantic pilgrimage.

Abroad is where the lines between the sacred and the profane blurred. Abroad is where my biological clock would shut the hell up. I worshipped the chase, the search for some transcendent experience. I'd long lost sight of my Lover-Shadow, Dave the Watchmaker, and I was now losing myself. I held onto each new experience—dare I say exploited it—no matter the hurt or shame attached, until I could make some sense of it and create something good from it, often a short poem or a story. If I couldn't create art from a reckless experience, then it felt like a giant waste of time.

Turquoise Syndrome

First stop was, appropriately, the Virgin Islands. An engineer with a handlebar mustache, who was a self-admitted atheist whore (he said he'd lost track of sexual partners after reaching one hundred) with a vasectomy—clearly not personal characteristics I'd pasted on my annual vision board collage—had asked me out on Halloween at a party in Boulder. He retracted the offer after learning through the grapevine that I was a virgin. "I don't think it's a good investment of my time for us to go on a date," he'd messaged me, "but we can be friends." My ego saw him as a challenge.

When I learned this intense Burning Man participant spent his winters working online from his family's second home on Saint John, where the mahi mahi fishing was stellar and the clear turquoise waters seduced women, I inquired whether he had a room to rent me the first week in January. He encouraged me to come down to the islands and write, asking only $250 for lodging—an incredible deal.

It was a week of investments and exchanges: sharing, giving, taking, accepting, wanting, needing, withholding. The dominant question, "What do I owe you?" hung silently in the air between us and equations developed out of thin air.

On the third night, after three glasses of red wine and dancing at a local bar, I wandered down the dock by myself. I heard his footsteps following.

"Don't jump!" he yelled, perhaps having seen this before with other drunk female visitors.

I turned around and kissed him.

We spent the following days fishing and cruising on his boat with his ex-pat friends and their younger sugar babies. The evenings we spent cooking, listening to and talking about Leonard Cohen and Nina Simone, and bouncing from bar to bar, where he tried to enlighten me on the important balance of female energy and male energy in relationships. He was a devout follower of David Deida and his "Way of the Superior Male."

"You tell her, 'I'm here and I fucking love you,'" he said. We were sitting and he was staring directly at me, with his hands on my knees.

Shivers ran up my thighs. "Then you fuck her brains out," he added. The shivers disappeared.

Late nights we spent making out in his bed, but I couldn't bring myself to lose my virginity with someone who had another young woman lined up to visit two weeks after me.

When I called home a few days later to tell my mom about my adventure, she asked, "Did you get your money's worth?"

"Yes," I told her, "I wrote him a poem."

Where voltage runs high and clocks run faster
Where boat rides are traded for rum and women for favors
Where bait is debatable, exchangeable, and expendable
Where women cast themselves on the men who troll
Where the unbreakable slender casuarina burns breathlessly
Where fidelity flows with the tides and ripples go unnoticed
Where people wait in liminal pools and drown in beauty
Where frozen mermaids play hollow Keatsian chords
Where possession is sought in place of permission

Months later, I would watch on Facebook as he was tagged in photo after photo with different women of a particular size in all the same locations he and I had visited. They were holding up giant starfish or lounging in string bikinis on the same "secret" beach. I was crazy jealous.

Inshallah

If the seductive turquoise waters of the Caribbean couldn't break the spell, I thought, perhaps heading to the desert in a dominantly Muslim country would do the trick. And so I took advantage of an opportunity to travel to Africa for a volunteer position and meet up with a man I'd been friends with for fifteen years. He was the kind of guy who lit up a room and whose only enemies were the men jealous of his panache. Several of our friends had told us we would be good together. During this trip, he was in a new three-week-old relationship with another woman he'd already told "I love you." She was his usual type: curvy with long dark hair and an accent. His relationships usually lasted three to six months on average, so part of me thought I had a chance to convince him our friends were right.

The first night in the foreign land, he made the first move and from almost every night thereafter we hooked up as the call to prayer rang out in the village from the mosque intercom. Most nights he would fix his hair and then stroll down through the sand streets to the internet café to video-call his girlfriend and discuss their upcoming trip to Bali. Then he would come back to the house, lock the door to our room, and crawl in bed with me under the mosquito netting. Later we'd retreat to our respective twin beds. In the mornings, he'd cut mangoes for me. After dinner he'd fill my bucket for my bath.

When he offered to have sex with me, I considered. A close friend I trusted and loved in a foreign land where the profane and sacred bled together? Perhaps, if he loved me, I could forgo my desire to be in a committed relationship. But inside I ached because I wanted more.

"Do you love me?" I asked him.

"No," he answered.

When the night chanting
Calls confused lovers
Beneath a gossamer net
Protection from pricks.
Where giving is taken
And receiving is expected
And "if" trumps "when"
And you never say "no."
Where "I'm with him" only
Goes so far as "inshallah"
Because plans don't exist
And hope is everything.
Where ancient trees expand

And make room for hearts
To take root in the sand
To learn to live on less.

He was cheating on her with me, and I was complicit in cheating on myself. How had I gotten so far from my sweet dream? Dear Lord, I prayed, why do I feel so desperate?

The Truth

Into my late thirties, I continued writing and publishing articles on the topic of late-in-life virginity that defended my choice and argued there was power in still having a choice to make in a feminist culture that suggested you were powerless unless you were having lots of consensual, meaningless sex. What I never admitted to my essay readers was that I was petrified of being left by someone I truly loved, not just lusted after.

My thirty-eighth year, a darling Shih-Tzu, appropriately named Pepper, came to me on loan as a long-term dog-sitting job. We both became very attached to each other. She'd jump in my suitcase in anticipation of me leaving, and I relished her sleeping at my feet while I read. For the first time, I was pouring love into a being I could lose who affectionately loved me back.

In between working, dating, travel, and training, I was seeking wisdom from books like *Anatomy of the Spirit*, *Sex at Dawn*, *Why Men Love Bitches* (a gift from my single friend), *Necessary Losses*, *How to Love a Nice Guy*, *Appetites: Why Women Want*, *The Power of Habit*, *Attached* (a gift from a nice guy I dated), and *Narcissistic Lovers* (gifted by my mom). I'd given up going to church. I felt lonelier than ever sitting in the pews solo. During one bookstore trip to browse for hope with my unhappy married friend who was having an affair with a poet, psychotherapist Lori Gottlieb's book *Marry Him! The Case for Mr. Good Enough* caught my eye. Half ashamed, I bought the book with every intention of returning it. At the checkout counter, I sheepishly handed it over like an evangelical Christian buying a book that denounces the existence of God. The title itself went against every bone in my body. "You know, getting married won't make you less lonely," my friend confided as I tucked the book inside my coat.

Through my thirty-ninth year, every other week I saw a gestalt therapist named Glenda who specialized in somatic work. This was a recommendation from my boss, who saw how longing was affecting not only me personally but also my teaching. I knew my boss was right when I found myself in Glenda's office crying off my vulnerability hangover after my trips, as if I couldn't scrub myself clean. I gravitated toward Glenda's approach, which incorporated spirituality and creativity and offered homework. Give me an assignment and I'd strive for an A+. "We have to wash, rinse, repeat until we figure out what is needing to be satisfied in this cycle of rejection," she told me.

Even as I was booking the next flight and ruminating over the last trip, I was also beginning to recognize the abusive relationship I was in with myself and how I kept returning to a heightened but empty state of anticipation. "Amanda, get to know your boyfriend," Glenda said in one session after I'd seen her at least a dozen times. "Longing is your lover."

Longing disguised as hope was stealing my precious time and keeping me from pouring my love and attention into those who deserved it, namely, Grandma Velda. She and I discussed taking a road trip to the Grand Canyon together (her idea), but when I asked her doctor, she warned against it. "She has congestive heart failure," she told me. So, instead, Grandma and I went on short local adventures whenever I flew back to Cincinnati to visit every couple months.

Often, we'd venture over to the shoe outlet to try on a variety of fancy shoes—black boots with silver studs, hot-pink heels with rhinestones, and shimmery ruby-red pumps. I'd take photos of her posing, often holding onto the shoe racks for dear life. And when the time came for my parents to drive me back to the airport at the end of my visit, Grandma rode in the backseat with me, holding my hand between both of hers, her skin so translucent it was obvious she was fading.

Landing

I longed to land somewhere with someone where I felt at home, so I used my savings to purchase a condo through the affordable housing program. On closing day, despite my realtor Rachel encouraging me to carefully read the *binding* contracts, I signed docs as quickly as I could through snot and tears. All I could squeak out was, "I didn't want to do this alone." But, honestly, the word *binding* still scared the shit out of me.

Before my move, the hand-me-down mattress was an easy giveaway. By getting rid of that old mattress, I thought I could symbolically start fresh with relationships with a new bed.

I forced myself to go mattress shopping by myself.

It was an odd situation to lie on beds while passing men stared down at me. One even did a muscle test: With my arm raised in the air, he instructed, "Now, don't let me push your arm down." We tried this on three mattresses and then he asked, "Which mattress makes you feel stronger." Oddly enough, I had an answer. And, of course, he had an explanation. The Durango is the most accommodating mattress, he informed me. "That's the kind of man I usually dump in the first week," I blurted out.

Reminders that society thought I should be married with kids were more prevalent than ever after I closed on my home. I began receiving magazines addressed to "The McCracken Family." When I shopped for the refrigerator, the salesman recommended ones that were easy to wipe a child's fingerprints from. I was told I needed to get the stove with the safety installed so my child would not pull it over on him-/herself.

I moved into my new place with the help of my parents (who drove across the country with furniture) and ten friends (four of whom I'd dated). I unpacked and then repacked the peach dress I'd bought in France when I was twenty for my future infant daughter. My friend Sadie, the one who kept decision-making cards in her purse, helped me paint my bedroom "Marry Me Pink" (yes, it exists). That first week in that new condo, I didn't feel the pride my dad told me I should feel as a single woman buying her first place on her own. I don't think I'd ever felt lonelier.

But I didn't look like the lonely single female curled up with cats and a rom-com streaming on Friday nights. I threw themed costume parties in my tiny new home with sixty of my "closest" friends. I also had melt-downs in the grocery store card aisle shopping for congratulatory cards for the latest baby shower or wedding to which I'd been invited sans plus-one. I'd call my grandma for support.

"Oh, hun, you're gonna be okay. Have you prayed for him lately?" she'd ask. After attending events solo for almost fifty years without her husband, she well knew the weight of loneliness and the fear of being left behind.

CHAPTER II

ANCHOR MEN REVISITED

Life can only be understood backwards; but it must be lived forwards.

—Søren Kierkegaard

"I love the takeoff. I just hate the landing," I admitted to my seatmate as our plane's wheels neared the runway. I was returning from Scottsdale, Arizona, and the forty-fifth wedding I'd attended (not including the fourteen wedding invites I'd declined because of distance or calendar conflicts). Thirty-three weddings I'd gone solo. In six of them I'd been a bridesmaid, and in four I'd read scripture. At two of them I'd caught the bouquet (if you include the one where I wrestled it from the hands of the bride's sister, who was already engaged). I'd spent several thousand dollars on travel, gifts, and dresses.

I'd tapped an infinite number of glasses to goad the bride and groom to kiss. I'd released half-dormant butterflies, blown hundreds of bubbles, tossed a thousand wildflower seeds, and sprinkled untold numbers of rose petals. I'd danced to "All the Single Ladies" at least twenty times and sat an equal number of times to "The Way You Look Tonight," wishing

I had someone to dance with. I've left weddings with parting favors of cookies, cups, coffee, plants, fudge, tea, taffy, magnets, soap, seeds, CDs, and, frankly, best of all—a sheriff badge engraved with my name.

However, I'd *never* walked out of a wedding reception sobbing. Until my youngest cousin's wedding (I'm the oldest), when I had stuffed away so much frustration in waiting for "my turn" that I found myself choking on the bitter reflex. It began seeping out the corners of my eyes during the bride and groom's first dance. Those tears, I thought, could safely be confused for sweet happiness for the occasion.

But then no amount of willpower could hold back what was clearly anything but sweet happiness later. No matter how embarrassed I felt for appearing so selfish on someone else's day, I was vomiting emotion all over the table of family guests by the time the father–daughter dance rolled around. I turned to my mom and whispered, "I'm not going to any-more weddings," and then got up and walked out the closest door, which fortunately was near so I didn't have to wade through the crowd of three hundred guests while dripping despair.

My father, surprisingly, followed.

"I'm sorry if I embarrassed you," I told him.

"You didn't embarrass me," replied the man who was still my emer-gency contact at my ripe old age of thirty-seven.

"I'm sorry I feel so selfish. But I am sick and tired of waiting for my turn. I feel like I followed all the rules and there was no reward."

"You have every right to feel that way," he said. His arm wrapped around my shoulders.

We walked circles around the building as I calmed myself down with a convincing dose of hope. I cleaned up my emotion-ridden face in the country club bathroom.

As we walked back into the ballroom, my dad assured me, "We'll dance together someday."

Never before had I felt like my dad had hope for me like he did in that moment. Instead of showing up to help me pack my bags to run away, as he had done when I was little, his actions told me I was wanted and deeply cared for, and I didn't need to keep running.

His support that weekend in March 2015 was reinforced two years later in my work with Glenda. The seeds of change planted in our lives can take years to germinate. Sometimes they need to be pollinated by a wise therapist, psychic, friend, or former mobster. Glenda helped me see how the pattern of chasing men that led to rejection formed a familiar structure. "It's more appealing to wallow in your misery—to feel like you're the victim or you screwed up—than to be in a healthy, boring relationship. Wallowing in shame allows you to feel *something*. It keeps you in a place where you can keep longing," Glenda explained.

During our time together, Glenda encouraged me to do a little self-reflective time travel to better understand how I'd gotten stuck in this masochistic cycle. This required revisiting a few formative experiences that happened several years prior with my dad at the wedding and the two potent LOs who still haunted my dreams: Mon Ami and the Artist. Some evenings after a session with Glenda, I'd pull out old letters, photos, and sketches to help me sink into scenes with these men. I'd pour myself a glass of pinot grigio and journal about the unanswered questions and painful rejections. I tried to create endings and find silver linings where I had none and make sense of an invaluable psychic's reading.

The Reunion

Reunions provide some of the best limerent fuel for a longing junkie: memories to revisit and relationships to potentially rekindle. My fifteenth college reunion in October 2015, however, felt like an unexpected and unwanted medical procedure to extract the false hope and self-blame I'd used to poorly patch an old wound.

When I saw Mon Ami at the reunion party, it had been fifteen years and two months since I had laid eyes on his now salt-and-pepper curly hair and brown eyes that drooped at the outside corners just a little more. He entered, without his wife, carrying a quiet little boy who looked just like him. My throat vibrated with the energy I felt between myself and the man who admittedly communicated better with Sudanese rebels and their government than he could with women he loved.

... with lots and lots of affection, he had written fifteen years ago in his last letter.

As we stood around with others providing glimpses of our last fifteen years, a well-meaning classmate saw Mon Ami's son and then turned to me. "Is he your son?" she asked enthusiastically.

"No," I replied before the knot in my throat grew large enough to block sound and air from escaping. Her question wrapped its arms around my trachea and grinned. Somehow, I managed to swallow the absence that hung in the air. "Well, I think I ought to be going." I excused myself to avoid making a scene.

Mon Ami followed me to my car. In the fresh fall evening air, we chatted about our current jobs and how little or much we were running. And then he ripped it wide open, the wound I thought had healed so long ago I could barely see the scar.

"I think I owe you an apology."

I felt the blood rush out of my body and my legs felt limp.

"I didn't treat you very well, and I'm sorry," he said.

I was speechless. After years of negotiating peace treaties, Mon Ami was attempting to make a truce with me. My mind raced ahead, imagining the ideal dialogue that would follow. Something along the lines of, "I'm getting a divorce. I've always loved you."

Fifteen years of "what might have beens" awoke a bit disoriented. Slowly, they came to their senses and then, collectively, began pounding inside my shoddily mended heart. They were angry. They wanted out! But all I could say in response to his apology was, "It's okay."

As I stood limp, he continued, "I wanted to distance myself from everything related to college when I graduated," said the man who, following graduation, grew his hair out in dreads and moved to the other side of the world.

"And I was part of all that you wanted to distance yourself from." I said what he didn't. Or couldn't. For fifteen years, I thought I had said or done something wrong.

Indecision often comes, I think, from trying to satisfy everyone, and obscuring what you really want, he'd written in 2000. He was right.

I mourned our friendship unlike any other I'd seen resurface only to submerge and disappear again. I wanted to know his moments of joy and peace. I wanted to know his physical and emotional scars.

For fifteen years, I'd kept the lavender-scented soaps he'd sent me from the exotic French island, the massive World Atlas birthday gift, the necklace he'd made me, and of course the letters. I'd kept the photo album he made of his family's summer trip with me. Something in my heart told me he'd return. I'd stored up a million memories to share with him and questions to ask. I wanted to tell him how hearing "Dancing in the Dark" sends me to a dimly lit stairwell where I'm kissing him. How one summer I fell in love with a man from Catalonia and thought maybe it was meant to be because it would mean we'd both found partners from there. How the sight of a Frenchman's overly pursed lips saying "Oui" reminded me of his.

In one of my many dreams of Mon Ami during the previous decade, I stood in the balcony at his wedding. From below, he looked up at me and gave me a caring nod. The next morning when I woke up, I called my college friend, married to Mon Ami's best friend, to share my dream. "That's odd," she said. "They got married earlier this month at the justice of the peace."

Standing there in my lonely bubble beside my car at the reunion, my heart sank.

He asked me to send him some of my writing. "To where should I send it?" I asked. He buckled his two-year-old into the stroller and then handed me his business card with his address scribbled on the back. "Send it here." My eyes stared at his handwriting. It felt like a false life-line: all of his contact information. Everything but his real contact.

"Goodbye, friend," he said with a brief hug.

"Au revoir," I responded reluctantly.

I recalled those lines he'd written in that card senior year in college, *Un des aspects le plus merveilleux du francais, c'est que le mot 'ami' est ambigu-exactement comme notre rapport,* he'd written in one letter, meaning, "One of the most marvelous aspects of French is that the word 'friend' is ambiguous, exactly like our relationship."

As he pulled away that night, I found myself emotionally diving in after him, reaching and then trying to hold onto part of his holographic heart as it slipped from my grip and disappeared. Waiting for my flight at the airport, I texted my college roommate Beth a selfie of my puffy tear-stained face. She immediately called from where she was stationed at an Air Force hospital in Kabul. "Oh, girl. What happened?" she asked. But she knew.

Upon returning home from the reunion, I pored over his letters again and wove them into my memories to create a makeshift past. I went through spells of ugly crying off and on for days. I had done a shitty job of patching the wound in my heart from the words in his letter sent fifteen years ago and from fifteen thousand miles away: *My reason tells me that being with you is a once in a lifetime opportunity, but my heart tells me that I'm not truly in love.*

Something was deeply satisfying in rereading those letters and replaying his apology at my car.

It had been easier to believe for all those years that it was my fault our relationship hadn't worked than it was to realize, with his admission of guilt, I hadn't been in control. By blaming myself, I had control. But with those three words, "I am sorry," the first man, besides my dad, I'd truly loved had taken the illusion of control away.

Mon Ami wasn't the only man to tell me it hadn't been my fault that our relationship had ended. I randomly texted the Soldier two months after we had officially broken up to ask why our relationship had fallen apart. He replied simply: "Three deployments, sorry." The very distance and time that had attracted me and allowed me space to idealize him were what killed the chance for a real relationship to develop.

L'Étranger

The French word *étranger* means "stranger, foreigner, or outsider." I had always been drawn to the mystery of the Trinity. To me, the Artist was that godlike enigma. He was my writing muse, and I so badly wanted to be his—for him to need me.

A sharp Chicago wind whipped my cheeks one crisp December afternoon in 2012 as I stood nervously waiting for the Artist to pick me up at the platform of the metro stop. Anxiety had buried itself deep inside my gut, like a dog burying a bone. The bone was my fear of looking or smelling or acting ugly. My innards had wrapped themselves around each other so tightly, there was little room left to breathe.

I always tried to erase my flaws in his presence, even my bowel movements. Two years earlier, I'd seen him in Chicago for an afternoon while visiting my cousins. I'd been so embarrassed to poop in his bathroom that I floated a layer of toilet paper on the surface to cushion the landing and turned on the sink for background noise. But horror of horrors: When I flushed, it all got stuck. I didn't dare ask for a plunger for fear he'd offer to plunge my shit down his toilet. So, I did the first thing that came to my mind. I took off my ring and plunged that toilet with my fist. It was my first and only fisting and it worked. The kind of anxiety I felt around him was consistent with the anxiety I felt with other LOs I placed so high on a pedestal they couldn't even see the real me. It may have been adoration, but it was not love.

As I waited on the platform, I imagined myself as French sculptor Camille Claudel on her way to sit to be sketched by master sculptor and her eventual lover Auguste Rodin (who never left his wife for Camille). I envisioned the Artist and I entwined like the lovers in Rodin's *Le Baiser* or Claudel's *The Waltz*, sensual statues I'd spent hours staring at in Paris museums.[1] I was imagining being seated on a stool watching his brushstrokes move from the canvas to my thigh, when I noticed two piercing black ovals peering at me through the fence between the platform and the parking lot.

The ovals melted into the face I adored, with its firm jawline below a mess of black hair, and his square shoulders floated toward me. My heart leapt to him, but I stood still, planted firmly on the bricks, and swallowed half the size of the smile that tried to rise to the surface.

"Good to see you!" he said, embracing me for a second, long enough for me to inhale him. He grabbed my bag and we walked home to his place.

About a month after running my fastest Chicago marathon (in which the Artist had run miles 20 to 25 with me), I had proposed over text that he paint me nude. Yes, this was the most cocktease scenario I'd ever concocted, and the Artist went for it. "I'd love to paint you nude," he texted back. Now, there had been times when I'd proposed we meet up and he'd sounded interested but never followed through. This time, he invited me to his studio the weekend before Christmas. (And why wouldn't he? I was offering to come to him.) I'd fly to him in Chicago first before continuing to Cincinnati to see my family. "I'm thinking Vermeer's *Girl with a Pearl Earring* meets Manet's *Olympia*," he texted me. My imagination feasted on the anticipation for those weeks leading up to our rendezvous. Of course, I didn't want a painting of me nude; I wanted him to want me nude.

Late the afternoon of my arrival, we commenced. I took off my clothes in his bedroom and pulled on the plush black robe he'd offered. It smelled like his laundry-fresh gray college T-shirt I'd slept in one night ten years prior during grad school.

He directed me where to lie on the couch or sit on a stool, how to angle my chin, when to cross and uncross my legs, where to put my arms above my head or in my lap, how and when to arch my back. Relax, he instructed. He tucked my hair behind my ear, and then after altering the lighting, took a few snapshots. The brush of his hand and his attentive gaze on my form were orgasmic. I swear, even if it hadn't been so chilly in his apartment, my nipples would have still stood erect.

He squinted disappointedly at his first attempt at sketching my torso, crumbled it up, and tossed it to the wooden floor. "I'm an abstract landscape painter, you know," he said, irritated, and pulled out another sheet of paper to begin again.

In that moment, I felt guilty that I'd asked him to practice an art form that made him feel vulnerable. What I couldn't recognize then was how his comment illustrated how he was seeing me as just an object he couldn't get right. He kept a few sketches from which to paint and gave me a few to take home. Souvenirs.

Psychic Direction

Within a year of posing nude for the Artist and about three years before I started seeing Glenda, I saw my primary care physician about my anxiety. I took a pen-and-paper test and checked enough boxes to warrant an ADHD diagnosis and began taking Adderall.

That same year, I also reached out to a nearby Japanese psychic recommended by a friend. Reaching out to a stranger for advice felt helpful when I felt distance from God and prayer. When I arrived at Naomi Horii's doorstep, her one-eyed dog Ginger Blossom greeted me. What Naomi shared gave me a new lens through which to see things and, most importantly, hope.

"When you meet that right person, you're very capable of having a lovely marriage. But it's important to do your own work and him to have done his work to allow the energy of the combined relationship to come together," she told me. She also said the shaman who'd emailed me about my *NYT* essay was possibly right, I might have been a nun in my past life.

Using my astrological chart, she said the best time to find that long-term partner was between October 2016 and November 2017.

"Oh good," I said, "I haven't missed him yet."

"Well, you might have met him already," she said, squinting at the chart as if looking into a crystal ball. I thought of my Japanese high school friend's legend of the Three Supermen. "But your energies weren't aligned. You know, the virginity piece has become a shield and a test for men who are interested in you. If they want to be with you, they have to intend to be with you forever. Allow relationships to evolve organically," she advised.

Then what she said next made me cry. "The sacral chakra is the origin of both sexual and creative energy. I see that you've used that energy to perform. You've given it away. Train yourself to have that energy for you."[2]

But, at the time, this advice was Greek to me.

I will never know whether the Artist actually made a painting from his sketches of me. Two years after the posing, he drove from Chicago to my home in Boulder to deliver an oil painting based on a photo of a sunset over the foothills I'd taken and sent him. There was no mention of the nude portrait. I paid him $200 for the landscape painting (a bargain, he said), and he helped me hang it over my bed. He would stay for two deeply sensual nights—dinners out, dancing in my living room, and hours pleasuring each other in my bed (the "everything but" kind).

After a couple glasses of wine, I got up the gumption to ask if he would consider a relationship with me. He hemmed and hawed about the distance.

The night before he left, as we lay side by side, I asked, "If I get cancer and I have three months to live, will you have sex with me—even without the commitment?"

"That's sorta morbid," he replied, "but, yes."

My heart buzzed with hope. Once he seemed asleep, I leaned over and whispered, "I love you."

In her book *Love and Limerence*, Dorothy Tennov describes the classic limerent fantasy of a tragic event. "It is very hard to explain to one who has never been limerent how such a tragic daydream can provide a kind of pleasure, but it can. In another recurrent limerent fantasy, the limerent receives news that death is near. LO learns of this and rushes to the limerent's side to confess mutuality."[3]

The next morning, I found the courage to ask him when I'd see him again. "Sometime," is all he could say, and, "We'll make it happen."

The day after another painful departure, I tried to run out the sadness but ultimately fell to my knees on the trail, a pile of deep grief beside a coffin of absence.

Months later, after not having heard from him, I had a vivid dream that he was in the hospital. I texted him to let him know of my dream and that I was thinking of him. To my great surprise, he texted back right away: "I'm not hospitalized, but I haven't been well. Depression." This, in my head, confirmed that I was indeed connected to him. Maybe from a past life. Maybe only psychically.

On September 22, 1914, a hundred years before my visit with the psychic, Camille Claudel was admitted to an insane asylum for women called Montdevergues. Her certificate of admittance reported that she suffered "from a systematic persecution delirium mostly based upon false interpretations and imagination."[4] I wondered, if Camille could've had a dozen sessions with her own Glenda, whether she might have realized her patterns and taken a healthier direction.

I was finally able to recognize my patterns but not yet break free of them.

CHAPTER 12

THE DOCTOR

Longing is the core of mystery.
Longing itself brings the cure.
The only rule is, suffer the pain.

Your desire must be disciplined,
and what you want to happen
in time, sacrificed.

— Rumi

The September before she turned ninety-nine and I turned forty, Grandma Velda fell again and hit her head. This fall had resulted not from her cleaning the bird poop off the deck after feeding them (as was her custom) but from a stroke, and it landed her in the hospital for a week with broken ribs, purple bruises, and a gash above her eye.

I jumped on a plane to Cincinnati to spend a few days and see her pull through yet another incident. As usual, we danced around the goodbye. I assured her I'd be back in a month or two and encouraged her to keep her shoes tied and to use her walker. Head drooping and arms outstretched, she said, "I wish you didn't have to go."

Usually, I'd do what men had done to me when I attached too quickly. I'd throw up a wall in response to her clinginess and tell her firmly, "I'll be back soon." But this time I crumbled into tears and held her shrinking body against mine, telling her I didn't want her to die.

"Oh, sweetheart, don't cry. I'm not going anywhere," she assured me as she held the palm of her hand to my cheek cradling my face.

A week later, back in Denver, I boarded another flight—this time to San Francisco with a destination of Maui to report on an outrigger canoeing event for a magazine assignment. It was on that September 2017 flight to San Francisco that I sat next to the smoke jumper turned ER doctor who would be the potion I ultimately needed for change.

Takeoff

He started it. The conversation, that is.

"The airlines really gouge you for your luggage, don't they?"

I admitted to having not actually paid ahead of time for my bag, so I was technically not supposed to have used the overhead space.

He smirked under his tattered cap and promised he wouldn't tell anyone.

This tall brown-haired, blue-eyed gentleman looked like Clark Kent (minus the glasses). He wore a red T-shirt, jeans, and loafers that looked like they'd seen better days. I had come straight from a full day of teaching and wore jeans, a ruffled orange shirt, and Birkenstocks.

I don't remember that flight taking off or landing. I remember telling him I'd just submitted my letter of resignation at the university so I could pursue my writing career full-time and him buying me a beer to celebrate. I remember him telling me he worked in the ER, and when I asked if he was a doctor, he shyly replied yes. I remember him taking my hand and pressing his thumb into my palm to show me how to get rid of nausea when our plane shook with turbulence over the Rockies. I remember asking him whether he thought saving the life of a ninety-nine-year-old woman felt like a waste of time. I remember him saying it was not a waste. I remember talking about my writing and the way he looked when he realized he'd read my 2013 *NYT* essay on virginity when it was published in the paper.

We spoke frankly, as you often do on an airplane sitting next to a stranger you think you'll never see again. "Have you heard the expression 'chasing the horse'?" he asked. "It's what heroin addicts refer to trying to get that first hit again. Maybe it's a little like that with sex."

I never thought he'd be the horse I would chase.

He retrieved my illegally stowed bag from the overhead bin and walked with me to the exit where I could wait for my friend to pick me up. "Are you on Facebook?" I asked him.

"No," he replied. He was on no social media. He fumbled and then offered to give me his number and email. "Let's stay in touch," he said.

Stay in touch?! His name meant "defender of man" in Hebrew. How could I *not* stay in touch?

I texted my mom, "My gut tells me I just met the love of my life." At thirty-nine years old, I'd never said that to my mother. The psychic's window she'd given me in 2014—October 2016 to November 2017—was nearing an end. Maybe he's the one, I thought. I waited about two hours after deplaning and then messaged him: "It was a pleasure meeting you. I wish our flight had been longer or I hadn't had plans with a friend for tonight."

His response: "The pleasure was mine! After countless plane rides, that was the one always hoped for. I of course instantly reread your essay. Really good. Yes, bummer about tonight . . . safe travels and have fun in Hawaii! I hope you stay in touch. P.S. You run too. Swoon . . ."

Was this love bombing or genuine interest?

It was a full moon, and I had twelve hours before my next flight departed. The doctor and I texted a bit more and then he asked, "Can you escape tonight?" My heart literally leapt. It would take me months to retrieve it. I agreed to meet him for a drink at a neighborhood bar near my friend's house where I was staying for my long layover.

Tom Petty's "American Woman" played on the stereo as I entered. There he sat at the bar sheepishly looking in my direction. I felt my body melt into oblivion. We talked about our family dynamics and our waitress's karaoke skills. I said I liked to dance and he asked our waitress if there was any place nearby to go dancing. God, I wanted to spend the entire night dancing with him, but my practical side asserted itself. "I really should be headed back to my friend's house. I have a morning flight to catch to Maui." He agreed to walk me home.

We hadn't gone ten steps out of the bar when he took me in his arms and kissed me. We stopped about every ten steps to kiss more. When we reached my friend's house, he lifted me up onto the car in the driveway to kiss me some more. "Will you go back to my hotel room with me?" He was in town for an interview.

"I will only go back with you if you promise I'll see you again. I don't need another hot hookup," I confessed, hearing Glenda in my ear. He promised we'd meet again.

"Where do you imagine yourself having sex for the first time?" he asked.

I told him I believed that if swearing in another language felt less like breaking rules so would having sex in another country. "Would Canada work?" he asked with a slight chuckle. He lived in Detroit, a twenty-minute drive from the border.

I thought of that passage in *The English Patient*, where Michael Ondaatje wrote, "When we met those we fall in love with, there is an aspect of our spirit that is historian, a bit of a pendant, who imagines or remembers a meeting when the other had passed by innocently. . . . But all parts of the body must be ready for the other, all atoms must jump in one direction for the desire to occur."[1] I wanted to believe that this was that moment for both of us. The delusional fairy-tale writer in me believed this handsome ER doctor could save my grandmother from imminent death, or at least prolong her life, by saving me from myself.

For the next couple weeks, we exchanged inconsistent but hopeful communication that kept me lying awake checking my phone for texts through the nights. During one video call, I told him I wanted to have sex with him. He smirked and seemed amenable. He was too busy to plan a trip, so I found a flight and a weekend that worked for both of us. This should have been my first of many red flags.

My running coach, Jonesy, a former world record holder, drove me to the Denver airport. "Are you sure you want to do this?" he asked with concern. He knew the look in my eyes: the look of an athlete desperate to win the race.

I hadn't felt my body so electrified waiting for a man to retrieve me since five years before when I'd visited the Artist for the sketch session. The Doctor picked me up in his pickup truck an hour late, profusely apologetic. There were other things that made me feel like my visit was a second thought—the thermostat left at sixty, the piss stains on the toilet seat, the dishes piled up in the sink, the trash spilling out of the can, the yellowed bed sheets that looked and smelled like they hadn't been washed in months—but I chalked them up to him being a busy ER doctor. But the single photo of the girl on the fridge seemed almost inexcusable. When I questioned him about it, he pulled it off and told me she was just a friend he'd taken a road trip with.

The forty-eight-hour visit (ten hours of which he had to work) was playful and sensual and intellectually stimulating, and the chemistry was almost as hot as it had been in San Francisco. My body fell asleep in his arms for an entire night (something it had never done with anyone else).

However, I felt him emotionally distancing himself.

My therapist had suggested that if I was going to lose my virginity to him that I try to create some semblance of a ceremony, like a baptism. "Wear some new fancy underwear. Get a new perfume. Light some candles. Say a prayer," she suggested during one therapy session. "Tell the virgin inside you that she's valued and it's safe to let go." It seemed so simple.

In Boulder, I'd bought red panties lined with black lace. I'd gone to the local herbalist to purchase jojoba oil with infused jasmine, neroli, and lavender, scents selected to ignite passion, and with ginger, sandalwood, and vanilla notes for grounding. I'd brought along my passport so we could go to Canada.

At the local hardware store down the street from his apartment, I bought emergency candles. But the thought of losing my virginity in a dirty apartment with a man I felt slowly pulling away threw me back into the whirlwind of my mind that day while he worked a shift at the hospital. That evening, I felt like I was suffocating. I called my friend Lynn to vent my anxiety. "What does your gut tell you?" she asked. The Judge reminded me it just wasn't how I pictured it. The Chaser said get it over with.

I feared my indecisiveness would kill our blossoming relationship like how, when I was a child, my mother had implied my indecisiveness had almost killed her during my delivery when she had a stroke.

That night, when he'd returned home and we were lying in his bed, I asked him, "What would you say to a patient who came into the ER complaining of not being able to lose her virginity?"

"I'd tell her to see her primary care physician," he replied.

"But I already have," I responded.

He looked at me like I needed to see a shrink. "You know you will still be the same person after you have sex."

I wanted him to rescue me from my state of being unable to give up control—I wanted him to gently pry it out of my hands and tell me it was safe to let go. I wanted him to assure me he cared for me, maybe even loved me. Instead, that night, while we were fooling around, he shouted, "God, I want to fuck you!"

The next morning on the way to the airport, I cried quietly, trying to hide my emotion. For someone who had no problem pulling bullets out of gang members, he shifted uncomfortably in his seat noticing my sadness. "You know, this isn't going to be the last time we see each other," he said. "If this is going to end, it will end because you end it. I'm not going anywhere."

On the flight home, I fixated on all the details I'd absorbed in studying him: How sensitive his ears were. How he refused to eat the lunches provided by the drug companies. How much he adored Edward Abbey's writing on solitude. How he chose his houseplants based on a NASA research study.

That night, he texted me at three in the morning: "I'm on my way back to my apartment now. Really wishing you were there."

I was relieved and fell back asleep, wearing the peach nightie that still smelled like him, replaying the sweet things he'd said to me: how his nervous system calmed down when lying next to me, how he liked the softness of my skin and the shape of my breasts, how he wished my smell would linger after I left, how after countless plane rides that was the one he'd always hoped for.

However, his texts and phone calls began to dwindle and become more vague and less personal. Crumbs. He seemed busier, and I felt more panicked and agitated. I was chained to my phone, as if staring at it would magically result in a text from him. I'd been calling Sadie to help me forensically analyze every message and craft my responses. The plans (mostly mine) he and I had talked about for potentially meeting up halfway between Detroit and Cincinnati during Thanksgiving slowly fell apart. He called to tell me his mother had bought him a plane ticket to the West Coast to visit his family. My mind wandered to the photo of the girl on his fridge but then quickly landed on a few kind things he'd said during our phone conversation that rebuoyed my hope for a future holiday visit.

Refusing to Witness the Wound

I still had not learned to let go of these self-defeating beliefs:

The belief that—

I had control in making someone love me.

I was responsible for someone else's emotions.

It was my fault if things didn't work out.

I was too much.

In massage school, we learned that "knots" are found where muscle fibers lie down over each other in a chaotic pattern, often as a result of repetitive motion abuse. Eventually, like scar tissue, these sites actually lose sensitivity. As massage therapists, we use cross-fiber friction techniques to break up the knots, essentially ripping up the mislaid fibers and realigning them so they can heal. It hurts like hell. Indeed, some patched-up wounds need to be ripped open to allow them to truly heal, from the inside out.

I'd refused to write about the Doctor after the night we first met in San Francisco. I feared writing any details would make him become just another story. That was my mistake. He didn't want the pressure of being anything *but* a story. After two weeks of sporadic texts, the Doctor called per my request on December 3, a month after our visit. "I just don't think with the distance this is going to work out. I'm sorry," he said.

Rumi understood. "The wound will not heal unless given witness," he wrote. For two years, I had refused to look at the wound Mon Ami had ripped open for me to see at the reunion. And so, at that moment, standing speechless in my kitchen on the other end of that phone call, I determined that I had not given it my all with the Doctor. His lack of reciprocation was a challenge; I'd have to convince him of my worth. Instead of translating the strain in his voice and words to mean "Leave me the fuck alone," I heard, "You're not trying hard enough."

I refused to believe that it was over. In an interview with neuroscientist Dr. Mary-Frances O'Connor, author of *The Grieving Brain*, she explained the concept of "the everlasting belief," an encoding in the brain that keeps us seeking out our loved one. "When our loved one dies, our brain still believes for a long time that they're out there somewhere. It's still reaching for them because it has a solution. And that solution is, 'Go get them!' But after a death or a divorce or estrangement, that's not a solution anymore."[2]

That December, I sent the Doctor a couple nude selfies and links to songs that reminded me of him, of us. He would respond, "Very nice!" only after I followed up. I desperately needed someone to hold me accountable for "no contact"—a strategy many limerence experts encourage.

As things stagnated with the Doctor, I turned to another potentially rich dopamine path and found solace in striking up an online conversation with the Artist. When he suggested a sexy video call for his birthday, I didn't ask if he had a girlfriend, I just did it. After almost fifteen years of his hologram haunting my mind, part of me wished he'd disappear or get married so he wouldn't be lingering out there, like some untapped possibility—which, I knew full well, I'd tapped over and over. I was scraping bottom.

In mid-January, I learned that my latest band obsession, First Aid Kit, was going to be playing in Detroit at St. Andrew's Hall one week before I turned forty. When I heard their melancholic song "EmmyLou" playing on the radio in the car the next morning, I decided it was a sign that I must go. EmmyLou Harris was the last concert the Doctor had attended. I bought two tickets and a flight for one overnight. I emailed the Doctor to see if he'd join me. Emailing felt less intrusive than a text or a call, and, honestly, I was scared of his response.

He politely responded, three days later, writing: "Sorry for the delay again: mega busy! I'm unfortunately working a double on Sat (urgent care in the a.m. and then overnight at the ER), but let me see if I can move some stuff around to at least say hi. Hope you're well." My goal quickly shifted to an opportunity to meet him before or after the concert.

"You're bat-shit crazy," my childhood friend Lynn informed me. She had always said the Artist was toxic but would still reluctantly listen to me replay our visits every couple years. After her husband left her for the woman he'd cheated on her with, she understandably lost trust in men for a while. "He's not going to show up," she said. "Why are you going?"

"I have to go to know," I responded. But of course, I knew. Didn't I?

"Please don't go," my mother pleaded. "Being with him can't save Grandma." Without me ever articulating it, my mom understood. Earlier that month Grandma had fallen again. In the middle of the night, she'd "wet the bed" (as she liked to say) and, in her attempt to clean any evidence, she'd lost her balance and fallen in the bathroom.

Although I was admittedly *mostly* delusional, I did have a lifeline I'd reached out to two days before the concert: my former student who went to grad school in Detroit. He responded to my message to say he'd be flying back that same day from his home in Saudi Arabia, but he agreed to join me at the concert, and I could crash on his futon.

Everyone (except me) could read the story clearly. After sharing my mission with the flight attendant, she handed me two bottles of gin and said, "You might need these later tonight." When I landed in Detroit, I felt oddly powerful, like a martyr on a mission, but I must have looked like a deer in headlights.[3] The bus driver warned me to be safe and then honked at me when I began crossing in front of oncoming traffic.

I plopped down at the bar at the Apparatus Room, a new hip restaurant in an old firehouse downtown, and texted the Doctor. He'd texted me the day before that there was a chance he could stop by to say hi. "Still stuck," he messaged. He texted a couple more times while I sat at the bar before the concert. Reluctantly, I paid my tab for fries and wine and walked across the street to the concert to meet my student.

I cried through set after set like I was at a memorial service for my own heart and I was the one responsible for her death.

That night, after the concert, I thought of taking an Uber to the Doctor's home and demanding he explain why things couldn't work out. I envisioned a scene with him pointing the gun he had stashed in the drawer by his bed at me and demanding, "Leave!" Fear engulfed me. Had I become one of the limerents whose ruminative thoughts were a precursor to stalking?[4]

My student, a self-proclaimed outcast Muslim, turned out to be my savior that evening. He met me at the concert, took me home, wiped my tears as I relayed the story, gave me a futon to sleep on, drove me back to the airport the next day, and *thanked* me for coming.

The Doctor called me the next morning and said, "I don't know how I led you on."

Had I dreamed our electrifying encounters? Was I crazy or was I being gaslit?

Or was I gaslighting myself?

I left Detroit still "stuck" with my virginity and a tattered self-esteem. I had put the Doctor in a position where he couldn't *not* hurt me.

I felt despicable sitting with myself aboard that Spirit flight home to Denver. Shame, sorrow, and defeat hung around my neck like nooses for all to see and I'd placed them there. "Please, God, don't let me die on the flight home before my fortieth birthday," I prayed as I watched the giant metallic praying mantis contraption deice our wings. God had to be P-R-E-T-T-Y tired of my shenanigans, I thought, and maybe I wasn't deserving of being saved.

That night, I gushed the tragic story to my patient mother, who was relieved I was home safe. Her response was healing: "I still love you. Unconditionally." These were the same words she'd uttered the summer before when I admitted I had hooked up with a married guy.

When I confessed to Glenda in my next therapy session that I'd gone to Detroit, she responded, "I'm not surprised, Amanda. You had to hurt badly enough to want to make a change."

By putting myself in a situation where the stakes and chance of rejection were so high, she explained, I was trying to reverse the addiction of longing. Like hitting heroin so hard—in order to hurt yourself so badly that those around you suffer just watching and beg you not to do it—you have no choice but to "get sober" or die on the streets of Detroit one frigid February night a week before you turned into a forty-year-old virgin.

Glenda helped me see how my mother's stroke at my birth had shaped my patterns of shame. I grew up believing my separation from my mother was my fault and that my indecisiveness (going in and out of the birth canal) had almost killed her. The story I told myself was that, if I get attached, I will ultimately hurt the person I love and as a result be left behind.

Thus, I pursued men who would reinforce that identity of "the one left behind."

"For years you have sought out ways to live the same story because something inside of you feels the story needs to exist so your identity can continue to exist," Glenda explained. "In order to destroy any reason for those self-destructive stories to exist, you have to reestablish self-value and forgive yourself for self-abandonment." Simple, right?

147

One week after my masochistic-turned-cathartic pilgrimage to Detroit, I turned forty and my vagina didn't dry up. My longing and its stepsister grief were still just as strong as my libido—but they were undergoing transformation. It was time to live a different story.

CHAPTER 13

THE SAGES

*It may be that when we no longer know what to do,
we have come to our real work and when we no longer
know which way to go, we have begun our real journey.
The mind that is not baffled is not employed. The im-
peded stream is the one that sings.*

—Wendell Berry, "The Real Work"

The Grip of the Past Lover

I often blamed myself for losing the Soldier and Mon Ami by not jump-
ing into love at the same time they did. And for losing the Artist by leav-
ing for the job in France. By romanticizing the past and not letting go of
regrets, I stayed stuck in a way that kept me from seeing other potential
partners.

My friend Sadie and I often discussed this stuckness.

Her loss of a man named Jack still gripped her even fifteen years
after she kissed him goodbye. Sadie and Jack had met at a mutual friend's
wedding and there was an instant connection. They began flying back
and forth across the country to see each other once a month.

"I fell in love with the forester who lived in earshot of a river and smelled like the rolling rural hills and trees he loved. He surprised me with homemade truffles at the airport, played guitar, had a rosary on his dresser, and wrote and performed slam poetry. I felt safe," she told me on one of our hikes. After eight months passed, they began talking about a future together. But when neither of them seemed ready to move for the other, Sadie decided to end it.

"I have dated others on and off, but Jack set the bar. I feel like I failed. I had a golden opportunity for true love and the family I always wanted—at least in the form I expected. I didn't understand synchronicity or how rare love really is, and my priorities were askew. If only I had seen that then. But I didn't. And so, I try to forgive myself, because I know I made the best decision I could at the time. I believe that I can find that depth of love again. But that uncertainty and longing that I have now felt for so many years is almost more than I can bear," she told me in tears.

I could so relate hearing my friend beat herself up, but I was also beginning to understand how my brain was holding on to the sweet memories that made me feel like I'd messed up with certain men—often forgetting how they'd treated me.

In Love with Loss? Rewrite Memories

My masochistic pilgrimage to Detroit the week before my birthday made me realize I got more of an emotional high from loss than from love. In some ways, I was addicted to grief—and that would never help me reach my goal of a loving, committed relationship. Psychologist Mary-Frances O'Connor and colleagues' research shows that people who never get over loss, who never "let go," may be activating neurons in the reward centers of the brain every time they revisit those memories. This gives these memories addiction-like properties.[1]

In 2003, Dr. Kausik Si published his research on the CPEB prion-like protein, a protein in the brain that he theorized was responsible for long-term memory. Although the protein is virtually immortal, the details of its conformation change every time we think about our past.[2] Our memories are never exactly the same as the original experience.

In my interview with neuroscientist Dr. Tom Bellamy, author of the popular blog *Living with Limerence* and the book *Smitten*, he told me old memories never really go away, they just get superseded. He's written extensively about the importance of mentally rewriting positive "anchor memories" of LOs. Spoil old fantasies by turning them into nightmares, he suggested.[3]

I tried focusing on all the ways the Doctor had made me feel like an afterthought the weekend I'd visited him. I recalled the anxiety I felt waiting for the Artist to answer my texts after our hookups or the pain I felt after receiving Mon Ami's letter. I thought about how sick I felt when the Soldier said no to sex and then deployed to Kuwait for six months with minimal communication.

Most importantly, I created narratives around the losses. I carved out time that spring of my fortieth year to sit in cafés writing key scenes in my love life (like those with Mon Ami and the Artist) that had brought heartache. Into those scenes' endings, I wove not only the heaviness of grief but also the lightness of self-forgiveness and self-compassion. I told myself, even if I didn't know completely what had happened, there was a reason it hadn't worked out. I didn't know it at the time, but science proves this narrative creation helps individuals heal from heartbreak.

In 2017, the *Journal of Social and Clinical Psychology* published a study titled "Tell Me a Story: The Creation of Narrative as a Mechanism of Psychological Recovery Following Marital Separation." Recently divorced or separated participants were assigned to one of three groups to do specific kinds of writing: (1) traditional expressive writing, (2) narrative expressive writing (with a clear beginning, middle, and end), and (3) journal writing about daily activities (without opinion or emotion). Each group wrote in their journals for twenty minutes a day for three consecutive days a week for eight months. Prompts included "Tell the story of the end of your relationship" and "Narrate the separation experience."

Researchers found that heartbroken people prone to ruminating (like me) who wrote about their intense emotions free-form were more likely to experience psychological distress than if they didn't write expressively. But heartbroken "high ruminators" who were given controlled writing assignments, with the goal of making meaning from their experience, were more easily able to distance themselves from the pain. Why? Because they rediscovered their sense of self.[4] In other words, it's easier to stop beating yourself up for an abrupt and confusing ending when you create closure on the page. I especially found that helped with Mon Ami and the Soldier.

But even though writing a redemptive ending may help provide meaning, purpose, and direction where they're lacking, it doesn't stop the brain from falling into the habit of longing. Bellamy explained to me the importance of engaging the executive part of the brain (the cortex) to interrupt (at the subcortical level) a behavior like longing that has become so engrained that we do it subconsciously—similar to picking up our phone. Stuck in limerence for a coworker while happily married with two kids, Bellamy found that mantras were helpful in deliberately intervening. When he ruminated about his LO, he'd stop and literally say out loud, "Hello, my old friend limerence."

Another neuroscientist (and psychiatrist) I consulted, Dr. Jud Brewer, explained how changing a behavior requires us to feel into all the feelings involved in limerence—the itchy moments waiting in anticipation, the euphoric highs, and the tragic lows. "Our thinking brains don't hold a candle to our feeling bodies, and so if we really want to change behavior, we have to look at all the consequences, and a lot of that is centered in our body." Brewer is the author of *The Craving Mind* and *Unwinding Anxiety*. And some of those consequences are how our behavior affects others around us (how many more stories could my patient mother endure?). Only after we bring awareness to the behavior and see how unrewarding it is (in other words, drop the reward value) will we become disenchanted with the behavior.[5]

Longing was a thrilling escape from boredom, but it was also exhausting and costing me years I didn't have left if I wanted to have a child to wear that dress I'd bought in France.

The Body Can't Lie

As Brewer pointed out, experiences aren't just stored in our brain but in our entire body. After my Hail Mary visit to Detroit the week before my fortieth birthday, my episodes of shaking and crying during intimacy, once sporadic, happened almost every time I became even slightly intimate. It was all involuntary, like someone just flipped a switch. After warning one guy before making out with him, he responded with, "That's sexy." It wasn't. After merely taking off my bra while kissing him, my skin got goosebumps and my body started trembling like I was hypothermic. I started sobbing, quietly at first and then whimpering as a dog does when it's been left behind. I felt turned inside out—like my shell had been removed and I was tired of being exposed, touched, licked, bitten, sucked. Taken and left.

I couldn't go back to dissociating and allowing my body to live a lie. I could no longer pretend it didn't need emotional intimacy to be sexually physical.

In the 2021 article "Why Sex-Positive Feminism Is Falling out of Fashion," *The New York Times* columnist Michelle Goldberg argues that "sex-positive feminism became a cause of some of the suffering it was meant to remedy."[6] In another piece, Goldberg writes, "What passes for sex positivity is a culture of masochism disguised as hedonism. It's what you get when you liberate sex without liberating women."[7]

The sex-positive ritual I had become accustomed to looked like this:

You walk past the piles of dirty underwear and the bathroom brimming with trash where reposes a week-old condom wound tight with a long strand of someone's hair, not yours. Down the red carpeted hallway, you walk confidently toward the bedroom. You wonder if there are cameras filming your entry, if you'll be on the internet the next day. You text your friend the address you're at in case you have misjudged your security, in case your drink was laced and it hasn't hit you yet. He goes to the bathroom, which gives you time to gather more evidence about your whereabouts and decide whether the gun he's shown you in the drawer is really for self-protection. You undress each other, your red dress and his button-down flannel shirt and khaki pants, and then fall naked in an embrace into the sheets you casually sniff in between kissing, gripping, and fondling each other's genitals. As he digs his fingers into your back, you try to remember his last name and ask in between sighs if he's been tested for STIs. When he spanks you, you wonder if you should laugh or cry.

Now you feel the weight of all the bodies on you. You feel little black bugs with tentacles crawling in you and on you. You feel the metallic filth pour out of your mouth.

Have the yellowed sheets rubbed off on your aging skin? You drink some water and convince yourself you're sober enough to drive home and that he'll call tomorrow. He stumbles to the door to see you out, and you kiss him goodbye. You feel disappointed. Not because you didn't have a penis enter your vagina. But because you feel like you left someone unsatisfied.

Upon reaching home you jump in the shower and lather, exfoliate, scrub, scrub, scrub that eyeliner off your lids. You wash away the smells of sheets and the shame of the evening. You tell yourself it was a good investment. Maybe he has a friend he'll introduce you to. Maybe he will break up with his girlfriend. Maybe he'll take you out to a nice restaurant and pay since he didn't buy your three glasses of merlot. You put on clean cotton panties, a clean soft T-shirt and crawl into your clean white sheets and feel desired, sexy, and clean again. You turn out the light and start sobbing into your pillow. Your body trembles under the weightlessness of your grandma's handwoven quilt. You aren't sure why. And there's nobody there to hold you, still.

The dogma of sex positivity told me the more consensual pleasurable encounters I had, the less violated and the happier I'd feel. However, although my sexual encounters (sans intercourse) were consensual, they certainly weren't always pleasurable or meaningful. My body felt violated. One might say I was experiencing *hedonic dysphoria*, a term coined by Georgetown law professor Robin West.

A "woman or man who experiences [consensual sex as bad]," West writes, "faces the possibility not just of 'regret,' but of a lack of alignment between the experiences of their physical selves, and the societal expectation of the nature of that experience." She continues, "The distrust is not just 'experience,' but the experiences of one's own physical body, and more specifically, of one's own hedonic self. The result is a psychic and a physical gaslighting."[8]

When I described my body's pattern of shaking to Glenda, she explained, "That's your body responding like it's been raped. It's telling you to 'Wake up!' Your body doesn't want you to keep putting it in these situations where you feel used like an object receiving and giving pleasure." I'd suppressed my voice so much that my body had reverted to whimpering.

Voice

In her book, *Hysterical*, feminist writer Elissa Bassist describes situation after situation where she "warped" her voice to gain acceptance from men who inspired her to write, all in an attempt to "win" their love and attention. In the process, she metaphorically lost her voice. And, ultimately, it made her sick.

Of her limerence for this guy she considered her muse, she wrote in *Hysterical*, "People you see in slow motion go on a pedestal so high that their position creates the distance between you and immunizes you from reciprocal affection, and you're the one who put them there and defined them by their distance."[9]

When I heard other writers like Elissa Bassist describe the connection between limerence and creativity, I felt seen—like we could've been in the same self-help group for writers dependent on crushes. Our identities were tied to our creativity that relied on feeling moved by some man we'd placed on a pedestal who couldn't even see us for who we were. We'd given up our agency and sense of self. For decades of my fertile adulthood, how had I let go of my voice, the voice of the one who thought she was worthy of love and commitment? I grieved those years lost. I wanted my voice back.

Become the One

Infatuated, yes, but I wasn't truly in love with these men who were my writing muses. Psychologists would call them identity crushes. I was in love with what they represented and what I wanted to be: beautiful, powerful, fit, creative, elusive, adventurous. And the narcissists were attracted to me, the limerent, because I reflected back to them the pedestalized version of themselves they so desperately wanted to believe they were (because I did).

It took repeatedly experiencing this endless race and then distance from the experiences to understand what philosopher Alain de Botton meant when he wrote in his book *The Architecture of Happiness*, "Endeavoring to purchase something we think beautiful may in fact be the most unimaginative way of dealing with the longing it excites in us, just as trying to sleep with someone may be the bluntest response to a feeling of love. What we seek, at the deepest level, is inwardly to resemble, rather than physically to possess the objects and places that touch us through their beauty."[10]

But perhaps we want to not just resemble the beloved but also to *become* him. I wasn't wishing to *win* my beloved simply because I wanted to resemble him.

No woman demonstrated this better than the nineteenth-century aristocrat Lady Isabel Arundell. As a young girl, she became enamored with the exotic after a unique encounter with gypsies who predicted she would become part of their "tribe" through a future marriage. At her bedside she reportedly kept Disraeli's novel *Tancred*, whose idealistic young hero leaves behind his conventional ruling-class life in London to follow in the footsteps of his Crusader ancestors in the Holy Land, specifically Damascus. In her diary she detailed her longing for "Gypsies, Bedouin Arabs and Everything Eastern and Mystic: and especially a wild and lawless life."

Then one summer at a resort in Boulogne, France, she met the man who embodied the vision she'd chosen as her destiny. Sir Richard Burton was a rugged adventurer who had just returned from exploring India. Of their first meeting, Arundell wrote, "I was completely magnetized; and when we had got a little distance away, I turned to my sister, and whispered to her, 'That man will marry me.'" She wrote to her mother, "I have got to live with him night and day, for all my life." Alas, Burton took off to explore Asia and Africa. Arundell remained devoted to following his adventures abroad and fantasized about becoming his wife.

Five years later, they encountered each other again in the London Botanic Gardens, and this time, the connection stuck. To her mother, she wrote, "I wish I were a man. If I were, I would be Richard Burton; but, being only a woman, I would be Richard Burton's wife." After a couple of years of exchanging letters while Burton was busy searching for the source of the Nile, Burton proposed. In 1861, Arundell married the living embodiment of her Lover-Shadow. She would accompany him on most of his travels, including one diplomatic stint in Damascus—her childhood dream.[11]

One hundred and fifty years later, we don't have to marry a man to become who he embodies, but even the character Carrie Bradshaw struggled to realize this while chasing after Mr. Big. In an interview for *Vogue*, I asked Candace Bushnell, writer of *Sex and the City* and the OG Carrie Bradshaw, "How do you get over the characters in your life like Carrie's Big?"

"You become him!" she responded. When I pried for more, she explained how you become the qualities in those men you so admired.[12]

Bushnell's advice is actually not far off from what grief experts recommend: Part of healthy mourning for someone you've lost (dead or alive)

is not mummifying them within yourself but taking on some of their best features. I wondered, though, where is the line between totally losing yourself and adopting the qualities you admire in someone else?

Cultivating a Practice of Self-Love

I was tired of playing the limerent game. But was my heart hurt enough, as Glenda had suggested, after Detroit to change my mind's patterns? Or had I just strengthened it with that exercise so it could withstand even more bat-shit craziness?

Our Golgi tendon organs (GTOs), embedded where muscle fibers meet the tendon, control how far our muscles passively stretch and the weight of the load our muscles can handle. These brilliant proprioceptors send warning messages to our brain when a muscle is overexerting or a joint is overextending. But the heart doesn't have the GTO controlling mechanisms found in other muscles.

I worried: How far could I let my emotional heart stretch before it wouldn't work anymore?

I recalled how my blind friend Karen had described her struggle with giving up anorexia as swimming down shore with a heavy backpack and not wanting to let go. "What would ever be *enough* to let go?" she asked. I knew that backpack. It was called longing.

On April 1, 2018, I set up an altar of sorts to self-compassion and expansive love. I lit a candle and placed real eggs in two ceramic holders on either side of the candle. I placed stones Sadie had given me in the shape of hearts around the candle and filled a heart-shaped ceramic cup with red wine. Next to it I placed a framed message Mallory had given me one Christmas: "Friends are God's way of taking care of us." In a silver heart-shaped place card holder I placed the tarot card I'd pulled that night, the Eight of Cups. The card, depicting a hunched person dressed in red carrying a staff and moving along a river away from a stack of eight gold cups, generally represents abandonment. It signifies turning your back on people or plans that are bad for you. It symbolizes courage and weariness and introspection.[13]

I purged my phone of limerence-inducing playlists. Songs like The Seeker's "I'll Never Find Another You" and Peter Gabriel's "Come Talk to Me" and Lord Huron's "The Night We Met" were fuel for a fire I didn't want to stoke anymore. I stopped watching rom-coms by myself because they made me feel like a worthless, wrinkly single lady who'd run out of time to find "the one."

One day leaving a therapy session, I told my therapist confidently, as if to ease her worries, "I'll figure it out."

"No, Amanda," she responded. "You will never figure it out. You have to feel your way through it."

Awareness of feelings was not how I had been taught to solve problems. In fact, ignoring my body's protests is how I'd learned to race marathons. At the beginning of my time with Glenda, I resisted the "feeling" work, so we did the "thinking" work first. As with any injury, you can't just address the source of pain when you've compensated for so long. Compensatory muscles have to learn to relax before you can get at the root of the problem and strengthen what is weak.

Glenda helped me make sense of my masochistic self-trapping patterns by giving me worksheets to interview the voices in my head, who, together, created the character Limerence: the Chaser, the Longer, the Judge, the Regretter. The interview went something like this:

- What was happening in Amanda's life when you first showed up?
- What's your job?
- What are you most afraid of?
- What are you trying to protect Amanda from?
- What are you most proud of?
- When you show up, what feelings do you keep Amanda from feeling?

Glenda used approaches rooted in cognitive behavioral therapy to challenge my beliefs. For example, "How could the Artist be the only man who could possibly fulfill your dreams if he says he doesn't love you?" Or,

"How can you know you tried too hard when in another situation your efforts might have been met with equal love?" And, "If you value communication, how can you put up with someone waiting five days to reply to your text?" She helped me recognize the flaws I'd overlooked in these men and taught me to unlink the men from my higher goal of happiness. I didn't need them to be happy.

In another session, Glenda assigned me the homework of writing a letter to my inner critic as if I were her friend. I wrote:

> *Dear Amanda,*
>
> *Your heart and desire to love is so big it takes off like a dog dragging its owner behind. You did not "fuck up" with the soldier or anyone else. You did your best with what you knew. You sometimes tried too hard in certain situations, where in other circumstances it would've been just right.*
>
> *You are more than enough.*

When I returned from the Virgin Islands and Africa deeply jealous, we discussed Byron Katie's work (she's the author of *Loving What Is*), and Glenda had me fill out the "Judge-Your-Neighbor" worksheets for each of the men I was frustrated with. I realized how what I wanted—to be chosen—wasn't anyone's responsibility.[14] Most of all, I needed to start choosing myself and that meant reminding myself of my self-worth.

I learned to KonMari these men who had not "chosen me" like I'd done with my clothing.[15] By expressing written gratitude in my journal for what each man had taught me, I could more easily let them go: how to move my lips native-like when speaking French, the difference between painting with oils and pastels, why you never give up ground you've gained, which fly to fish in a fast current, how crystals form in solar cells, where to best set up a campsite, how to make thyme liqueur.

With Glenda's help, I could step back and see that many of the men I struggled to let go of represented a place, a time, a death, a creation. He was a romantic weekend in Paris the month my grandfather slowly slipped out of my life, he was a garden patch we spent a season tending together.

To help disrupt the negative self-talk and rumination, Glenda suggested I begin a daily practice of LovingKindness meditation, a Buddhist tradition known for fostering acceptance of oneself and others.[16] You repeat the following expressions five times, the first time starting with "May I . . . ," then "May [someone I care about] . . . ," then "May [someone I'm neutral about] . . . ," then "May [someone I find difficult] . . . ," and finally "May [all beings] . . ."

1. May I be filled with loving kindness.
2. May I be held in loving kindness.
3. May I feel connected and calm.
4. May I accept myself just as I am.
5. May I be happy.
6. May I know the natural joy of being alive.

Neuroscientists have found that meditation deactivates the neural activity associated with the mind wandering going on in the self-referential processing part of the brain, known as the default mode network.[17] Meditation can help people with ADHD, Alzheimer's, and anorexia.

When I warmed up to the "feeling" work, we also did eye movement desensitization and reprocessing (EMDR) to explore scenes that had informed my narrative: If I get attached, I will hurt someone and as a result be left behind. The practice is designed to help remove blockages that are preventing one from healing from emotionally distressing memories (usually traumatic, but not always) and thereby reformulate negative thoughts.[18] The work is exhausting and done in brief sequential doses alongside some external stimulus: usually therapist-directed lateral eye movements, hand tapping, or audio stimulation. I wore headphones that emitted occasional buzzes in one or both ears as I sat with a particular targeted memory. EMDR is designed to not only close wounds but also transform them.

In one EMDR episode, I visited myself as a little girl.

"What did she say to you?" asked my mom, genuinely curious when I told her about the session.

"She ignored me and had her back to me while she was finger painting," I responded.

"But you never liked finger painting," she said. "It was too messy."

"I didn't? Or you didn't?" I asked.

After a year of counseling, Glenda gave me the most powerful homework: Every night write in my journal and say aloud: "I am ready for and worthy of a deeply intimate and loving relationship." On April 4, 2018, I wrote it for the first time and would continue to do so almost every night for over a year alongside a prayer and gratitude. This would prove to be an invaluable tool in learning to give myself permission to have the things my heart truly desired: sexual intimacy in a loving, safe relationship. It became my mantra.[19]

"Forget believing in Superman," Glenda said. "You have to believe you are worthy of, and ready for, a deeply intimate and loving relationship if it is to actually materialize—to become *real*. To attract the love you want, you must first believe you are worth receiving it. If we aren't real with ourselves, including feeling the discomfort resulting from our patterns of longing, we cannot love our true selves enough to receive the love we desire to share."

Did I believe I was worthy? Hell, no! But I began writing it anyway.

My running coach used to say, "If you visualize it, it will come true." My copy of *The Mental Athlete*, a gift from my dad, is well worn and dog-eared. I believed there was wisdom in the clichéd quote I chose for my senior yearbook: "The body achieves what the mind believes." As a fifteen-year-old, I'd not only visualize my 800 meter race but also write down my narration of the race—every turn, every straightaway, and the words I'd hear my parents cheering—then I'd audio record myself reading the narration and relisten to it over and over.

I was raised to believe that whatever you tell yourself becomes your truth. Why would it be any different with relationships?

CHAPTER 14

DAVE THE WATCHMAKER

Important encounters are planned by the souls long before the bodies see each other.

—Paulo Coelho

What Is Real?

My gramps was a passionate man who got down on one knee in muddy fields to cheer for me at running races. When I was a little girl, he frequently read to me from my father's childhood copy of *The Velveteen Rabbit*:

> "Real isn't how you are made," said the Skin Horse. "It's a thing that happens to you. When a child loves you for a long, long time, not just to play with, but Really loves you, then you become Real."
>
> "Does it hurt?" asked the Rabbit.
>
> "Sometimes," said the Skin Horse, for he was always truthful. "When you are Real you don't mind being hurt."
>
> "Does it happen all at once, like being wound up," he asked, "or bit by bit?"

"It doesn't happen all at once," said the Skin Horse. "You become. It takes a long time. That's why it doesn't happen often to people who break easily, or have sharp edges, or who have to be carefully kept. Generally, by the time you are Real, most of your hair has been loved off, and your eyes drop out and you get all loose in the joints and very shabby. But these things don't matter at all, because *once you are Real you can't be ugly, except to people who don't understand.*"

In the summer of 2018, I saw a familiar long-haired man with an armful of groceries dash through the Trader Joe's parking lot to his truck. There was *lehnu* between us, what Hindus believe to be a karmic connection between certain souls. In the Gujarati language, *lehnu* is the link with another soul that causes you to keep crossing his path in a way that positively affects you both.

A month later, my friends Enia and Sylvia and I agreed to meet for margaritas on The Rio restaurant rooftop. When I arrived, the familiar man in the parking lot was seated next to Sylvia. "This is Dave!" Sylvia said, introducing her friend.

Dave and I looked at each other and smiled.

"We know each other, don't we?" I asked.

"Yes, didn't you coach for Fast Forward Sports?"

"Oh, yeah, that's it!" I responded and introduced myself.

That hot July evening, our small group migrated to the Bitter Bar, where Dave and I chatted over cocktails, and then strolled downtown. It had been only four months since Dave had finalized his divorce after a twenty-year relationship. This baseball-loving geologist was a half inch short of the six-foot-two I was always magnetically drawn to.

There was familiarity between us and a small spark, but he didn't set off a swarm of butterflies in my belly—more like a warm, fuzzy feeling. And beyond the sexual attraction I felt when his knee grazed mine in the booth, we seemed to have a sense of genuine curiosity about the other.

Besides having coached for the same organization, we realized for fifteen years we had crossed each other's paths multiple times, including at weddings, mountain trail races, and birthday parties. That night, I had *refound* him.

A week later, Sylvia brought Dave to my Pop-Tail (boozy popsicle) party. When someone broke a glass on the patio, he was kind enough to clean it up. We wove in and out of each other's presence that night as I buzzed around greeting guests.

The next day, I got his number from Sylvia so I could thank him for cleaning up the glass . . . and ask him to a yoga tango class that night. Late that afternoon, when he returned from trail running, he apologized for the delayed response and asked for a rain check. But trips abroad for work for both of us would keep us in messaging mode for two months before we actually had our first date on September 11.

Dave made reservations for 6:45 p.m. at Via Perla, a new Italian restaurant. He picked me up and opened my car door, and then for over three hours we talked about everything, from his mother escaping the convent to our failed relationships and the connection between opera and heavy metal. I learned how much he loved working in the field collecting groundwater samples and identifying rock layers. It reminded me of fossil digs with my dad. He paid for our meal and walked me to my door, hugged me, and, before he parted, asked if he could see me again. It was his first first date in twenty years.

Our next date, we spent nine hours together driving and then hiking to Heart Lake in the James Peak Wilderness. At the edge of the lake, we set out a blanket and snacks and then toasted our new friendship with a bottle of his favorite red wine, Dave Matthew's Crush.

"I'm gonna kiss you," the son of a Dominican nun stated firmly before giving me just enough time to deny him the chance. His first kiss since his ex-wife. It was simple but left me wanting more.

Green Flags

This long-haired former drummer from Long Island with a diamond stud earring was not my type; he actually returned my calls and texts. He was such a good communicator that even his blue-gray eyes changed colors depending on his mood. His pale Irish skin freckled easily, and his chin dimpled when he smiled.

He was in a good space emotionally and physically to be open to a new relationship. It had been over a year since his ex-wife had asked for a divorce. As the divorce was being finalized, he'd quit his full-time job, bought a Tacoma truck, and took a two-week trip to South America with two female friends. When we met, he was working part-time and ready for "new beginnings" (as he'd later state in numerous cards).

After another date, dessert at my favorite restaurant, I invited him in to my condo. My dog Pepper gave him the appropriate "Not another one! This is my territory" bark and then, to my surprise, rolled over on her back for him to pet her belly—something she rarely did with men.

Dave expressed how he liked playing board games, of which I had none, so I offered up a "game" of Tarot card reading. Dave pulled the Knight of Cups card, representing themes of creativity, romance, charm, imagination, and beauty.

I read him the description of the card based on the Rider-Waite cards:

A knight rides on a white horse and holds out a golden cup as if he bears a message from the heart. Over his armour, the knight wears a cloak covered with images of fish, the symbol of water, consciousness and creativity. His helmet and boots are winged, a symbol of an active and creative imagination and an appreciation for beautiful things.

Unlike the Knight of Wands or the Knight of Swords, the horse in the Knight of Cups is not charging forward but instead moves slowly and gracefully, giving an air of calmness and peace. The horse represents power, energy and drive and the colour white is a symbol of purity, spirituality and light.

The background is mostly barren, except for some trees far away and the river that flows through, symbolising the power of the emotions and imagination to create a new life force, even where it may seem that there is none.[1]

That night, before anything got physically intimate, I warned him of my episodes of shaking and crying. It happened again, but he held a supportive and concerned space for it. He hadn't been physically intimate with someone for several years, so he, too, was a bit nervous.

Later that week, he cooked me a pasta dinner with homemade tomato sauce. His affection and attentiveness were so unfamiliar they felt energetically smothering. "If you get too close, I will fly," I warned, words I used to bottle up. He backed off without taking offense.

I was being real. There was something about this man that allowed me to feel vulnerable and authentically myself. I didn't have to warp my voice. I was never afraid of losing him—and not because I had him. His emotional softness, I'd previously associated in other men with being weak, was now appealing. Perhaps, I wondered, my brain was learning to find pleasure in security, not anxiety cloaked as anticipation and excitement.

On my fortieth birthday in February, a week after my crazy trip to Detroit, I had bought two tickets to singer-songwriter Gregory Alan Isakov's September concert at Red Rocks in hopes I would have a date by then. At the end of September, I introduced Dave to my favorite artist under a perfect star-speckled fall Colorado sky.

Dave's last name and heart were both servant-like. That weekend, I flew back to Cincinnati for a short trip to go one-hundredth-birthday dress shopping with my grandma and mom. Dave drove me to the airport *and* walked me to security. When I returned, he picked me up with daisies. I was flattered, but I honestly began thinking he seemed too good to be true. He continued to surprise me with his consistent interest. I was beginning to fall for the geologist who knew his fault lines as well as his eighties New Wave lyrics.

Before we'd started dating, he'd planned a drive back East to New York to help his brother clean out the home of his aging mother. "If you drive through Ohio, you can stay with my parents!" I suggested, half-jokingly.

"Really? Okay," he responded.

A year earlier, I had been in San Francisco thinking I'd met the man of my dreams. A year later, the man of my dreams walked up my parents' driveway carrying a pumpkin and a mum to meet my parents on his own volition. Dave admits now that, as he stood on the doorstep of my childhood home without me, he thought to himself, "What the hell am I doing here?"

My mom, of course, introduced him to my grandma, who was not so fond of his hair, which hit mid-back. When I asked her that night on the phone what she'd thought of him, she responded, "I was liable to get my scissors." She liked him, I could tell.

"He's normal," my mom told my dad later that night.

While he was in New York, I flew back to Ohio to celebrate my grandma's hundredth birthday. The birthday girl (sans breasts as a result of breast cancer) stuffed her bra with socks, pulled on her girdle, and then dressed herself in her new blue lace dress, a strand of pearls, a gold watch, red lipstick, gold heels (of course), and a tiara. Friends and family waited in line for two hours for their turn to greet the centenarian. Grandma Velda was grinning from ear to ear.

Following the party, I flew to NYC to meet Dave. There we enjoyed a romantic night out for jazz at Dizzy's Club at Lincoln Center. During that three-day visit, I took the train up to meet his family in Rhinebeck, including his elderly mother who embraced me warmly and asked me questions of genuine curiosity.

Slow Burn

Things were moving fast. I told my childhood friend Lynn, "I don't think I'm in love with him. That's why it's working."

It felt too easy. Where was the anxiety I equated with love? Where was the fear he'd leave me? This Emerald Isle descendant born the day *The Wizard of Oz* was released made me feel at home.

But the truth was, all the times I'd thought I was in love with someone, it hadn't been the expansive, supportive, trusting feeling I felt being with Dave. It had been, instead, a contracted, anxious, yo-yo feeling that kept me running on my tiptoes blindfolded through a field of glass shards to prove my worth.

Sadie predicted my relationship with Dave would be a slow burn that grew. She was right. My attraction to his transparency and availability grew. Unlike my relationships with other men, I completely trusted him before I loved him. Our brains felt so in sync that countless times we texted each other the same question or thought within seconds of each other. Science, not surprisingly, attributes this type of synchronization to couples being honest with each other.[2]

Within the first two months of dating, he offered to come with me to see Glenda for a session. "What's wrong?!" asked my friend Mallory, when I told her we were seeing my therapist together. "No, that's what's right," I responded. He was willing quite quickly to explore uncomfortable emotional territory with me and open up about his own fears and boundaries. "I'm afraid you'll dislike me after I start a full-time job," he admitted. He explained how, as an accommodator, he often spread himself too thin and had a hard time prioritizing taking care of himself. While my anxiety manifested in hairpulling and restricted breathing, his manifested physically as gastrointestinal issues and knuckle cracking.

From a toileting standpoint, we'd already crossed that threshold. One fall afternoon, he texted me asking if I'd pick him up with a towel I didn't mind trashing because he had a "code brown" during a trail run. On the flip side, Dave was willing to use his nail scissors to cut out poop encrusted in the hair around Pepper's butthole.

However, I wasn't completely comfortable with him yet in either my emotional or physical space. I probably elbowed him in bed at least four times those first couple months of dating—not out of spite but because I truly wasn't used to sharing physical space with someone.

One November evening, I was hanging with some girlfriends drinking wine and playing our childhood future-predicting game MASH, when I received a notification on my phone—an email from Dave titled "Loneliness." After a couple paragraphs reflecting on whether or not loneliness was correlated with failure, he wrote:

> *And now I sit here—alone on a Saturday night—eating a GF frozen pizza, drinking my fave red wine right out of the bottle (why dirty a glass when the bottle feels better?), and listening to Gregory Alan Isakov. He is a true artist. I really appreciate him being reintroduced to my senses by a pretty special human, BTW. He's got this great combination of beauty & beast, conflict & peace, weakness & power. It makes me think of the flawed human—unsure, imperfect, insignificant, and fucking magnificent. So . . . wanna go to Paris?*

Below his letter were screenshots of (1) details pertaining to a Gregory Alan Isakov concert December 2 in Paris, and (2) flight days and times for that weekend.

I was still with my girlfriends when I got the email, so of course I read it to them.

"Don't you think it's too soon to be asking a girl to Paris?" I asked my friends. "I mean, what does he want from me?"

"What?! You gotta go!" exclaimed Enia.

"OMG. He's a freakin' unicorn," her twin Ayla declared.

And so I said yes, but not before asking him if he expected sex in return. His response floored me, "No. That's on your terms. You are worth waiting for."

Paris

As fate would have it, Dave's first love Lois (the girl he lost his virginity to in high school) saw on his Facebook page that he would be in Paris the same time she would. He arranged for us to meet for lunch one after-noon. We hit it off.

Our little Airbnb was tucked away on the top floor of a building overlook-ing Saint Michael's fountain. If you craned your head out the window, you could see the Eiffel Tower sparkling at night. We warmed ourselves with mulled wine at the many Christmas markets and ate our weight in crepes. Near Pére Lachaise cemetery, we swayed in our tiny square of basement space inside La Maroquinnerie to the melodious poetry of Isakov. After a bateau mouche ride down the Seine, we dined on coq au vin at La Jacobine, a revolution-themed restaurant in Cour du Commerce Saint-André, my favorite three-hundred-year-old cobblestoned passageway in Paris.

I wondered about all the possible scenarios that could describe my trip to meet the Soldier in Paris fourteen years earlier. The right guy, at the right place, at the wrong time? The wrong guy, at the right place, at the wrong time? Ultimately, it was about the right me showing up at the right time with the right guy. Paris was always the right place. I was finally learning to receive and return love with a man who stood facing me with his arms wide open.

"Do you think the Doctor was right when he said, 'You'll be the same person after you lose your virginity?'" I asked Dave one night.

He smiled. "Yes, because him saying that released you and made you available to me."

The following months were a whirlwind that commenced with a road trip east with Dave and Pepper to visit my family for the holidays. There he got to witness all the family dynamics: my mother reprimand-ing Grandma for feeding the dog under the table, my father staying busy with dishes so he didn't have to socialize, my brother's partner pouring himself a full glass of dessert wine and then spilling the entire bottle on my mom's white tablecloth, and my grandma silently rolling her eyes and shaking her head.

"His hair picks up all the perfume in the shampoo. It irritates my allergies. And I hate when he cracks his knuckles," I complained to my parents as we were cleaning dishes one night.

"Well, you're not perfect either," my mom replied.

Dave and I joined Lynn and Mallory for a holiday nightcap the day after Christmas. As Dave and I were about to leave, Lynn leaned in the car window and told Dave, "Not that you need it, but you have my approval."

Before we left to drive back west, my grandma called me into her room to show me the floor plans she'd drawn for her room in the retirement home my parents were building in Tennessee (even though she knew they'd already secured a place for her in a senior living facility in town near her friends). This floor-planning skill wasn't something new to her. She'd drawn up the floor plans for the two small homes she and her husband had built when my mom was a young girl. But the plans she showed me on yellow tracing paper were less about building a future and more about ensuring she wasn't left behind.

A couple weeks after Christmas, I was set free with one scroll of Facebook. There in one update was the announcement that the Artist was married. I dug some more and realized that only five months after we'd had our sexy video call for his birthday, he had gotten married. His wife had tagged him in wedding photos from their June wedding, which was one month before I met Dave at the Rio rooftop. I felt nauseous and called Dave to talk it out. He sat with me at a café patiently and lovingly listening to me cry over this stranger—the guy I never had.

Dave *was* a freakin' unicorn.

"Can we take down his painting hanging over your bed, now?" he asked.

That night, after we'd removed the painting, I texted the Artist with a screenshot of the FB marriage announcement (my last message to him): "Now I understand your silence. I can stop dreaming. You broke me. I loved you. And I deserved more than silence." And, of course, there was never a response. Thank the good Lord.

On January 11, two days after I'd been set free of my most potent LO, Dave chopped seven inches off his thick black hair, which he had been past his shoulders for twenty-five years. Cutting his hair was something he'd been considering for quite some time. Although his long hair had initially intrigued me, now he had the Superman curl and some facial semblance to the Lover-Shadow I'd been searching for for years. Perhaps, the Velveteen Rabbit was right, "Everything that is real was imagined first." And maybe my five-year-old self knew something about timing when she invented Dave the Watchmaker.

On my forty-first birthday, he fixed me breakfast in bed and took me to the symphony. This time instead of envisioning a love affair with some imaginary man as the music grew solemn, I squeezed his hand.

On Valentine's Day, over dessert at a fancy restaurant, he told me he was "falling" for me. I smiled. He sent me a dozen roses with a card: "Every day I'm with you, I am appreciative. Each day we're apart I have the good fortune of the anticipation of our next meeting. Thank you for opening your life to me. I love feeling alive with you. You've got me for the long haul." A letter like this from a man in my twenties or early thirties would've sent me running for the hills, but now his words of admiration and security felt nurturing.

I wasn't writing poems about Dave, but I was dipping into my file of "love" cards I'd collected for fifteen years to give to a boyfriend, someone who wouldn't be scared off by my showing affection and love. Dave was that guy.

In early April, we agreed to make and share with each other lists we'd each written describing our priorities for our near and far future. I could still hear the Soldier's advice echoing in my head: "Decide on a goal, strive for it, and amend it (increasingly) as appropriate," and "Sitting is retreating," and "Never give up ground."

Among my goals were:

1. To help my parents as they planned to move to the home they were building
2. To do something momentous with Grandma Velda
3. To sink in deeper with Dave (marriage and baby if possible) or get out

As I uncomfortably sucked down my chokeberry cider, after reading my goals, he took my chilled hands and said, "You are worthy of love."

Inwardly, I cringed. But I believed at that point that *he* believed it. I think it was in that moment that I decided I would exchange my virginity for a commitment to positive change: to replace an addiction to longing with a healthy desire to be loved. After twelve years, I had finally repaired the damage of the Soldier's "No," a self-defining memory from which I'd learned to grow.

During a spring visit to Cincinnati, Grandma Velda and I went to a store to buy a new watch battery. Hers was dying. I told her Dave was going to church with me. "He even went on his own without me last Sunday," I said. Dave had grown up Catholic but stopped going to mass when he was in his late teens.

"Do you think he's the one?" she asked.

"I don't know," I responded.

"Are you in love with him?" she asked.

"I'm not really sure," I replied.

"Well, you ought to know by now. What if he left you?" she asked.

"Maybe he should," I told her. "And then I'd know."

But deep down I already knew.

My grandma kept her husband's letters from World War II bundled and wrapped in a red ribbon. "My dearest darling," they began. When I asked her that Christmas if she'd read them to me, she stopped midsentence to wipe the tears from the soft creases of her one-hundred-year-old face. I saw her laugh when she was happy, shout "I swear to John!" when she was angry, and sulk when lonely, but I rarely saw her cry. "When you see him again in heaven, what age do you think your body will be?" I asked her. She looked away and said a sullen and honest, "I don't know."

On Easter, I hid plastic eggs for Dave around the place he was renting. In each egg was a piece of paper describing something I loved about him: how his goodbyes took forever, how he lay awake at night thinking about his mom, how he shoveled the snow for Pepper so her little legs didn't have to trudge through the snowbanks to go potty, how supportive he was of my writing even when it pertained to him, how even after a five-mile run he still smelled good, how he welcomed my cold feet on his warm legs at night, how he insisted on taking me to the airport even after dating several months.

In the golden egg, I'd hidden in his bedroom, the message read, "I love you."

He cried. There was no dramatic clanging of cymbals and singing of violins. There was no passionate sex that followed. We simply embraced each other.

That May, we began planning a big trip with the exclusive purpose of losing my virginity. I didn't want to just have sex on a random Tuesday night and then get up Wednesday and go to work. I wanted to be deliberate. After considering the Greek islands, we decided on French Polynesia for its warmer waters—the islands that had drawn the likes of painter Paul Gaugin and explorer Captain James Cook. The Tahitians were renowned for their wayfinding. They trusted and tuned in to the natural world—stars, currents, birds—to navigate the ocean centuries before European explorers learned to depend on their compass. I liked the sound of being in such a place. Somewhere new for both of us.

Huahine

All my adventure seeking with or to see men had not been a waste. They had been practice for the right time with the right guy in the right place. Perhaps with one of my Three Supermen. Unknowingly, I was using my creativity through travel planning to increase passion, something research has proven works like a charm.[3]

Ten months after our first date, Dave and I flew to French Polynesia. Huahine, the second of five islands we visited, is known as the rebel island because it was the last of 118 to fall under French control. Upon arrival, our taxi driver told us the island meant "the sex of the woman." This is the place, I thought.

Everywhere you turn in Huahine, you face something sacred: the red hibiscus flowers, the profile of the pregnant woman in the mountains, the marae stones that mark ancient ritual sites, even the blue-eyed eels that carry the souls of deceased ancestors. Just as these are sacred to some Polynesians, experiencing sex in this loving relationship was sacred to me—despite what others had tried to convince me of for so many years.

It had been three years since Dave had had sex. So, in some ways, he felt like he was starting anew with me. He surprised me with a fun deck of cards, each with a different sex position. We made stacks: "Slam dunk," "Awkward, but let's try it anyways," "Impossible, even for Gumby." I wore new pink lattice lace panties and lit a candle.

We made love in our bungalow overlooking a turquoise lagoon and it was perfectly imperfect.

✿

The brown wooden beams of the red bungalow ceiling arranged to
form an arc, a pinnacle. And the middle beams a crucifix above them.
The pattern formed the hull of a boat, the nave of a tiny church.
Three wooden beams formed an inverted Greek delta,
a nabla, against the front wall.

There was a gentle sway in the nave as if there were waves beginning
to rock the ship. A low whistle seemed to seep in between the cracks:
air, water, spirit. Hum, hum, rock, rock. The nabla began
to spin in place like a windmill.

The hibiscus bloom, wide open, leaned closer to the scent of sweat.
Dew dripped rhythmically down its pulsing stamen. The pink
and red pigments of the petals bled into each other.

She was surprised at how naturally she moved with him, above him,
against him. Between her and the white starched sheets lay the man
she'd chosen, the rock loving drumming runner. His pale body lay
relaxed below her, a sacrifice, his hands cupped her breasts,

chalices on which he placed his lips. It was her who had
pulled him into her and found space to hold him.
She was surprised at how secure the space feels. A glass poured
into, flooded with a pitcher of warm milk. Finally full.
The beams expanded in their grooves causing the nave to swell as if
the spirit herself was breathing in the room. The nabla spun faster,
she could not make out its shape anymore. Triangle? Circle?
She felt right. Complete. Sanctified. The beams settled back
into place, and relief washed over her.

Around her she felt his arms embrace her and below she could
feel the pulse of his heart against her wet cheek. She could see in the
glimmer of his blue eyes staring into her the spirit of a baby girl.
For a moment she felt fulfilled.

Hiking through Huahine's dense jungle the next morning with our barefoot guide, I felt an indescribable fullness. My entire body tingled with a peaceful awareness. Having sex in the loving, committed relationship I'd desired felt freeing. I wasn't worried if he would want to see me the next day, if he would return my phone call, and if he was secretly seeing someone else *or multiple* people on the side. I'd be lying, though, if I didn't analyze every last detail the next morning and wonder if it had been as perfect as possible.

A few days after I lost my virginity, he proposed to me with a black pearl ring off the deck of our overwater bungalow in Bora Bora. My response: "Is this happening right here? Right now?" and then, "Yes!" I didn't feel overwhelmed with joy, I felt calm and relieved.

When I called my family to tell them I was engaged, my grandma Velda declared, "Well, for heaven's sakes! It's about time!"

But just because the right guy has asked you to marry him in the right place at the right time doesn't mean someone who struggles with decisions doesn't question her choice. "I'm afraid. What if I keep longing for someone who isn't available?" I asked my therapist when we returned for a couple's session. I was being real and honest, and Dave was there for it all. "I think you'll just shift your longing to something else," she said confidently.

The first week of August, I flew back to Ohio to plan a small wedding for October in Cincinnati so that my two grandmothers and Dave's elderly mother could attend because it was unlikely they would be able to travel to Colorado for the wedding we were planning for the following July. Grandma Velda would deliver the prayer, Grandma Nancy would give the toast, and Dave's mom would give a reading at the October ceremony.

When I went to pick up Grandma Velda for our pedicures, she was coloring in one of her books, something she frequently did to pass time. "Can I have one of those?" I asked. She looked at me like I'd asked her to paint me a mural. "I guess. How about this one?" she offered. "You will seek me and find me when you seek me with all your heart. Jeremiah 29:13," it read. "Yes, please. Will you sign it?" I asked and took a photo of her hands signing her name. I loved photos of her well-worn hands, which had wrapped measuring tape around my torso a hundred times and shaped untold numbers of pie crusts. She had practically sewn me a wardrobe and easily had made over three hundred pies in her life.

As we were about to leave, she offered, "Why don't you pick out a ring." She directed me to a drawer in her tower of jewelry (much of it she had beaded herself). From what looked to me like costume jewelry she'd won through the Publisher's Clearing House, I pulled out a dainty worn gold ring with a tiny diamond in the middle flanked by an etching of orange blossoms—a traditional engagement ring from the 1930s I'd later learn.

Later that August, Grandma Velda was hospitalized with pneumonia. I flew home again. When we discussed possible outcomes with her, she rolled her eyes and told my mother she wasn't "leaving" until after the wedding.

"Feel it." She placed my hand on her heart during her echocardiogram. Having had both breasts removed because of cancer, the barrier between her heart and my hand was so thin her heartbeat practically leapt into my palm. One and two and three four five. I felt her heart skip and race as she lay still and exposed under the chill of the ultrasound wand.

She recovered enough from the pneumonia to make it to a rehab facility, where she progressed for a week, until congestive heart failure took over. On September 18, she was rushed back to the hospital. Her heart rate was spiking at 160 beats per minute, but it couldn't flush out the fluid increasingly filling her cavity, like an hourglass filling with sand.

I was at Machu Picchu, Peru, for a five-day press trip when my mother called from the rehab center in tears. Part of me felt like Grandma wouldn't leave if I were far away. "Grandma is not doing well," Mom said, pausing to catch her breath. "How quickly can you get home?" She put Grandma on the phone briefly. "Sweetheart, I love you with all my heart," she told me in a distressed voice. "Grandma, I love you too, but I am coming home! I am coming home," I said. I stood weak-kneed in the doorway of my hotel staring up at the morning fog rolling over the mountains four thousand miles away from her. Then I started my excruciatingly long trek back to her.

Instead of believing that she was dying, and I had done everything I could or was supposed to do, I blamed myself for her leaving. Old habits die hard, especially those learned at birth. And who was I to think I could play God?

After a train ride and three flights, I arrived at her bedside. She stretched out her arms, "There's my girl!" she said and hugged me tightly. She pressed her pearly pink cheek against the palm of my hand and squinted at the clock on the wall. "Do you have to go back tomorrow?" she asked. "No, I'm not leaving until you get out of here," I replied.

But, less than seven weeks before her one hundred and first birthday, it was obvious she would not beat death this time. The day after I arrived, Dave flew in from Colorado. Two hours later, with the help of hospital staff, we created a bedside wedding ceremony.

In a hospital office I changed into my mother's wedding dress—the only wedding dress we had on hand. Just the weekend before, my mom had brought it back from Grandma Nancy's attic in Illinois. Until that

Friday afternoon, it had been sealed in a dry cleaning box for forty-six years. It fit.

The chaplain delivered a modest bouquet of daisies for me to carry. One nurse took a video and pictures while the other played the processional Pachelbel's "Canon in D Major" from her phone.

At 4:30 p.m., when I walked into her room and took her hand at her bedside, Grandma Velda immediately began delivering her prayer, unprompted and unscripted. I watched the familiar choreography of her facial features in prayer. I listened intently to her chapped red lips wrap around the words that were nearly drowned out by the whiz of oxygen.

The minister from our family's church continued the ceremony with our vows and the exchange of rings. We used the tiny worn ring my grandmother had given me in early August. When I realized I didn't have a ring for Dave, my father pulled off his ring and handed it to us. "Temporarily on loan," he said with a smile. It fit Dave.

I kept my eyes on my grandma throughout the ceremony when I wasn't called to look at my husband. My left hand gripped hers and my right rested in his. When her head wasn't drooping, she gazed up at me two or three times and whispered, "You look beautiful."

We celebrated at the end with vanilla cupcakes and sparkling grape juice—the last liquid she voluntarily took. After the ceremony, Dave leaned in close to her. "I told her I knew how easy it is to worry about loved ones but that she need not worry because I'd take good care of you for the rest of my days," Dave later told me.

She was bright and present for us during that brief ceremony, but she was slipping away. Only twelve hours later, after painstakingly analyzing every possible direction, we decided to let her go and put her on hospice. I had always imagined her passing away peacefully and willingly, asleep in her recliner while *Bonanza* played in the background. But another twenty-four hours later, my family labored through hymns and tears at her bedside. "You Are My Sunshine" poured out of my mom and I like it never had before.

Her heart stopped beating under my palm at 5:40 p.m. on September 23—the first day of fall.

The morning of her memorial service my mom and I went to the funeral home to make sure she looked "herself" after the mortician had applied makeup. My mom pointed out how heavy her eyebrows looked and that she needed red lipstick. Perfecting till the very end.

When I fell to my knees in grief, the coffin was real this time.

A few days after she passed, we entered the dreaded emptiness of her room at home where everything was just as she'd left it. The Kleenex in her sweater pockets, the sermon notes from some Trinity Broadcasting Network (TBN) preacher she'd scribbled down, the geranium she'd asked me to water, the perfectly folded nightgowns in her drawer, the hidden blood pressure pill split in half because the warning labels had scared her into thinking it might kill her.

I opened the drawer to her desk to pull out memorabilia. Inside a small box was an old watch and it was ticking. "That's my dad's watch," my mom said in a quivering voice.

Less than two months later, I learned I was pregnant. The fact that I got pregnant naturally at almost forty-two years old after only a handful of times trying felt like a miracle. Instead of imagining my husband into life, as I had as a child, I imagined my grandma's spirit actively at work nurturing my pregnancy. At only seven weeks, I heard Grandma Velda in the heartbeat—160 beats per minute blossoming into life.

Our daughter was born in August, exactly a year to the day my grandma had signed her picture of the Bible verse for me: "You will seek me and find me when you seek me with all your heart." Our daughter turned one hundred days old on what would have been my grandma's one hundred and second birthday. When she was an infant, she wore the twenty-two-year-old stork-printed peach dress. She has my grandma's wispy, curly hair and expressive face. And someday she will visit the heart-shaped Polynesian island she is also named after and know the gift of love she embodies.

CHAPTER 15

THE NARRATOR

If you want a happy ending, that depends, of course, on
where you stop your story.

—Orson Welles

Redemption

How do you define your happy ending? In his mythical stories, J. R. R. Tolkien linked the happy ending, or what he called a eucatastrophe, to the gospel, where fairy tales are called parables and fate is God's plan.

Most of me still believes my happy ending was part of God's plan.

According to academic and romance novelist Catherine Roach in her book *Happily Ever After*, a happily ever after (HEA) is one in which women feel loved, safe, whole, sexually fulfilled, respected, in control of their choices, and happy. There's both erotic faith and reparation fantasy involved.[1]

I feel all these.

My HEA almost makes up for slogging through the anxiety-ridden, self-belittling, patriarchal-dug trenches of hookup culture, or so I tell myself. What I didn't realize for almost fifteen years was that I had been repairing my path as I was writing my way into my own redemption story.

In one 2018 study on narrative identities, individuals were prompted to outline "chapters" of their love lives. They were then asked to describe the following nine key scenes in their life: a high point, a low point, a turning point, a positive early memory, a negative early memory, a vivid memory, a life challenge, a failure or a regret, and a moral challenge. Last, they were asked to describe the next chapter of their love life and identify the central theme in their love life. Researchers found there was a greater tendency over time for participants' chapters to become more emotionally positive. Lead researcher on this study, William Dunlop, called this progress the "redemptive sequence."[2]

When I asked my daughter, "What makes you happy at the end of a story?" she replied, "Unicorns."

I found mine.

On Advice for My Daughter

My daughter has cracked open in me an intimacy I didn't know I could share with another human being. The no-strings-attached, unconditional, pure intimacy that comes, surprisingly, naturally. In many ways, I see glimmers of limerence in my daughter: the excitement of hiding and being found, the pleasure in calling a little boy's name into the washing machine to hear how it echoes, the fear of missing out and making the wrong decision, the excitement in packing her bags for a trip (she's often imagined) or going on a treasure hunt.

How will I help her navigate a journey of longing? Or her sexual journey?

Dr. Ellen Langer, the Harvard professor of social psychology known as "The Mother of Mindfulness," told me in an interview that life is much easier if we can get rid of the idea that there is one right decision that will maximize the good and minimize the bad. "There is no right decision. What people should do instead—this is wild—is randomly decide what to do and then make the decision work." We can't compare two different outcomes of two different decisions when we have only made one, she explained, and "given that you can't compare them [the outcomes of different decisions], for people to experience regret is mindless. The decision made sense when we made it or else we would have chosen differently."[3]

I'm still trying to grasp this valuable concept myself and demonstrate it for my daughter. When we reframe perceived loss into moments of learning, our imperfect love lives blossom at their own pace.

I will tell her to run her own race. You can't match someone else's cadence or breathing rhythm. If you try, you'll stumble. The Japanese word *oubaitouri* literally represents the idea that people, like flowers, bloom in their own time and follow their own unique journeys. Each character in the word *oubaitouri*—桜梅桃李—represents a different flower: cherry, plum, peach, apricot.

I will encourage her to trust that God has a plan for her and believes she is worthy of a deeply loving and intimate relationship (if she wants one). One of the best pieces of running advice I ever got was to run from what the Japanese call your *hara*, or center of gravity. That's where your true nature, balance, and vital energy exist—in your gut. When it comes to sexual experiences, I'll tell her to listen to and trust her gut.

I will tell her there's not a right or wrong way to fall in love. Gingerly stepping into love is completely natural, even if Hollywood promotes the "swept off your feet" version. Feeling safe and present is healthy, not boring. Like my parents told me, Dave and I will tell our daughter she can live a fulfilling life as a single woman or as a married woman—we just want her to be happy.

I will never tell her "It's just a crush," even if I don't want her to feel the pain of heartbreak or disappointment. In Lisa A. Phillips's book *First Love*, psychologist Dr. Alexandra Solomon says of teen crushes: "The path forward is to validate the hell out of the length, width, and height of your young person's pain. Even though it feels paradoxical, you shrink the pain by giving space for it."[4]

I will tell her to find someone who is eager to stick around and be part of her story. During a recent trip, a TSA agent chuckled when he commented on Dave joining me in the "regular" passenger line despite his TSA PreCheck privileges. "You're the first husband I've seen with PreCheck who hasn't left his wife behind."

Recently, my daughter wanted to play Huckle Buckle Beanstalk: a game where one person hides an object, and others try to be the first to spot it. But she didn't want to know what she was searching for. In her love life, I will encourage her to have a clear idea of what she's looking for but to be open to variations. I will discourage her from believing in the myth of the soulmate and instead encourage her to believe in timing and give grace for her imperfect self who is fully deserving of love.

Struggles

This is the happy ending of a woman who still occasionally struggles with feeling unworthy of love, longs for that which she doesn't have, questions her choices, and feels freer being sexually intimate when she's tipsy. It's the story of a woman who fears things are too good to be true, so anticipates tragedy around the next corner. A woman who still has to temper the voices of the Judge and the Chaser. But it's also the story of a woman who is more aware of her patterns, better at receiving love, and more accepting of her own flaws and those of her partner. A woman who tries to live more in the present and fantasize less about the past and the future. A woman who can receive genuine love and trusts there is freedom in letting go of control. A woman who feels less compelled to run and more compelled to sit, spending time with her friends and family.

I could blame a long list of factors for my journey of longing. Maybe it's due to a disordered attachment style that stems from my brief separation from my mother at birth that makes me clingy in some situations and avoidant in others. Maybe it's due to today's care*less* toxic hookup culture and dating apps that made me feel like there were endless choices. Maybe my imaginative ADHD brain is just wired for limerence. Or maybe the psychic and the shaman were right: There is something about my lineage I was trying to reconcile in this lifetime.

Awareness of our past is helpful, but it won't solve the problem. For me, what it came down to was believing I was worthy of love and letting go of illusions of idealized past lovers. I had to recognize that time is too precious to spend it longing for someone who, at most, left me bread-crumbs and who would never redeem my imperfections. There are more possibilities within a relationship than there are in the imagined ones.

The Good Witch of the North in *The Wizard of Oz* was right: I always had the power within to take myself home (with a little help from some friends along my yellow brick road).

I still occasionally dream about the Artist, but I realize now that it's not a sign but rather my subconscious trying to resolve or find closure in an unresolvable situationship.

This year on the morning of my forty-seventh birthday, I woke up with a damp face. I'd been dreaming I was saying goodbye to the Artist. He offered to kiss me goodbye and share his gum as a parting gift. As I felt the heartache of him pulling away, I was greeted with the stark con-trast of welcoming arms. When I wiped away the tears, I felt the embrace of my adoring husband. Two minutes later, I heard a pitter-patter of feet as our daughter entered and hoisted herself onto our bed for a family sandwich. "Happy birthday, Mommy!" she sang out. "Happy birthday, my love!" Dave followed with a kiss (even with my morning breath and patchy eyebrows).

My fairy godmother Glenda taught me that allowing me and my partner to be imperfect was not settling for less. Not expecting perfec-tion from my partner frees us both and makes it easier to feel gratitude. And by accepting my parents' imperfections in raising me, I can grant myself and my husband a lot more grace as we parent our daughter. Neither Dave nor Moorea are extensions of me. And I have to remind myself that every day.

Meaning Making and Adventure Making

I believe God took my grandma Velda to her heavenly home and gifted me a beautiful, healthy baby girl in exchange, my new muse. That gift redirected my longing in healthy ways I couldn't have reached without first surrendering my love to Dave and receiving his. The gift of my daughter has laid the limerence beast to rest. But for others it doesn't have to be a child. Any purpose in life that captures that longing in you and spins it in healthy and meaningful ways can do it. It can be a project at work. Or a big trip you're planning with or without friends. Or a new hobby you're learning that you love. Find purpose in your life and romantic limerence will have less gas to fuel it.

I've learned to temper my desire to spin meaning out of everything—I don't have to attach a story to make an experience worthwhile. Connections in time are everywhere, and yet I don't have to recognize every one of them. That's the beauty of not being in control.

Keeping the Faith

Happy endings are impermanent. Loss is inevitable. And loving is just as much about letting go as it is holding on. This journey not only strengthened my faith but also taught me how little in control I actually am and how God's plan is always unfolding.

Most mornings, my daughter and I sing Celine Dion's "That's the Way It Is" on the way to her preschool. "Don't give up on your faith / Love comes to those who believe it," she belts out from her car seat in her pink kitty cat glasses. I hope for years to come she makes those lyrics her mantra.

And while some people will assume you want too much in life, in the words of Mel Robbins, "Let them."

So, does virginity have a shelf life? Hanging on my wall for the past two decades are framed postcards from a story I've loved since reading it sophomore year in high school, *The Little Prince*. One of the quotes reads, "C'est le temps que tu as perdu sur ton rose qui fait ta rose si importante."[5] One translation is: "It is the time *wasted* on your rose that makes your rose so important." Another translation reads: "It is the time *spent* on your rose that makes your rose so important." It's all a matter of perspective. The time I spent standing by my commitment to share intercourse in a mutually loving and committed relationship was not a waste. Maybe the time I spent chasing after men who were clearly not loving me back was not a waste. Maybe it was the universe stalling until Dave was available.

Our favorite musician, Gregory Alan Isakov, was right: "If it weren't for second chances, we'd all be alone." Sometimes we have to give ourselves three, four, or fifty chances, plus a heavy dose of hope.

ACKNOWLEDGMENTS

I've been longing to share some form of this book with the world for over a decade now. But, as is the case with many books, I hadn't quite met all the characters, including my husband and daughter. Without their support and inspiration, this book would have a very different ending. Dave, you really are a unicorn. For all those nights I kept you awake asking for advice on structuring scenes with old flames, thank you for your genuine care and attention. And Moorea, someday when (if) you read this book, I pray you find it half as inspiring as you are to me. Mom and Dad, thank you for offering me your unconditional love, pouring hope into me when mine was depleted and trusting me to write this. Thank you to my brother Thom for demonstrating to me how to keep moving ahead even when faced with challenges. I'm forever grateful to Gramps for saving my writing because he thought it was worth something. To my grandma Nancy, for "Poof on them," when I got discouraged. To my grandma

Velda, for saying, "He's out there!" To my therapists H and L, this book wouldn't have a happy ending if it weren't for your love and wisdom.

To my agent Beth Davey, thank you for being the caring and enthusiastic champion Laura Carney said you'd be. I'm thankful for your wise direction, generous time, and listening ear. To Daisy Hutton, my publisher at Hachette, thank you for believing in my book and reminding me that the inability to let go is the only thing holding me back. To my editor Marissa Arrigoni, thank you for all the time you've poured into helping me shape this book into one designed to not only entertain but help readers. To Jenny Baumgartner, thank you for your vision and seeing promise in this book before it was brought to life. To my copy editor Christina Palaia, thank you for making my sentence structure infinitely better. To Whitney Hicks, thanks for creating *WLBYL*'s beautiful and meaningful book cover.

This book's spirit is full of oral and written testimonies from women and men who have shared their romantic tales of longing with me. For them, many of whom wish to remain anonymous, I'm grateful they trusted me to share their stories. And for the experts who shared their insights and time with me, thank you: Shannan Baker, Elissa Bassist, Leslie Bell, Tom Bellamy, Jud Brewer, Candace Bushnell, Zoe Donaldson, Jen Douglas, Manis Friedman, Pauline Frommer, Justin Garcia, Naomi Horii, Barry Komisaruk, Ellen Langer, Mary-Frances O'Connor, Lisa Phillips, Giulia Poerio, Sharon Salzberg, Nirit Soffer-Dudek, Alexandra Solomon, and Lisa Wade. I'm especially grateful to *Huffington Post* editor Emily McCombs and *NYT* editors Charanna Alexander and Trish Hall for accepting essays that became the blueprint for this book.

Thank you to my literary-minded friends who read excerpts from variations of this book and provided generous feedback: Shari Cauldron, Yann Colliat, Lauren DePino, Amelia Dickerson, Martha Freeman, Kaitlin Herlihy, Sarah Howlett, Joni Kozdeba, Megan Kram, Amanda Loudin, Shannon Luders-Manuel, Wendy McMillan, Pam Moore, Charl Norloff, Terribeth Smith, Kirsten Stauffer, Jennifer Stewart, Marsha Voigt, Florence Williams, and Laura Yorke. Pattie Logan was a lifesaver by providing valuable feedback on the entire manuscript twice in its early stages. Thank you to writing teacher extraordinaire Lisa Jones for helping me tap into my senses. Thank you to the nurturing Lighthouse Writers Workshop community in Denver and especially my Lighthouse friend Annette Taylor, for her enthusiastic support. Massage therapists Sephra and Rene, thanks for helping me talk through puzzles on the table. Thank you to my Tuesday book call friends, Anna, Cece, Gemma, and Melissa, for all the publishing advice. I owe a special thank-you to my coach Jonesy and my many running partners (including Andrea, Deanna, Erica, and Melody) who tirelessly listened to story after story over hundreds of miles and helped me solve problems. Thank you to my church friends Heidi, Kim, Lara, Lisa, and Nicole for supporting my faith. I'm indebted to my childhood friends Beth, Cindy, Evelyn, Kristen, Cousin Laura, Lisa, Liz, Molly, Tana, and Yumi for your steadfast love.

To all the men who have inspired characters in this book, I'm grateful for all you've taught me.

And to all the many other friends, family, and complete strangers who shaped this book, thank you from the depths of my heart.

NOTES

Introduction

1. Dorothy Tennov, *Love and Limerence: The Experience of Being in Love* (Stein and Day, 1979).

2. Giulia Poerio, in discussion with the author, December 27, 2023.

3. Albert H. Wakin and Duyen B. Vo, "Love-Variant: The Wakin-Vo I.D.R. Model of Limerence," paper presented at the 2nd Global Conference on Challenging Intimate Boundaries, 2008, https://digitalcommons.sacredheart.edu/psych_fac/131/.

4. Tom Bellamy, "How Common Is Limerence: The Numbers," *Living with Limerence* (blog), April 13, 2024, https://livingwithlimerence.com/how-common-is-limerence-the -numbers/.

Chapter 1: The Imaginary Husband

1. Kate Howard, Anne Martin, Laura Berlin, and Jeanne Brooks-Gunn, "Early Mother–Child Separation, Parenting, and Child Well-Being in Early Head Start Families," *Attachment & Human Development* 13, no. 1 (2011): 5–26, https://doi.org/10.1080/14 616734.2010.488119; and Myron Hofer, "Psychobiological Roots of Early Attachment," *Current Directions in Psychological Science* 15, no. 2 (April 2006): 84–88, https://doi.org /10.1111/j.0963-7214.2006.00412.x.

2. Amanda McCracken, host, *The Longing Lab*, podcast, episode 21, "Psychologist Giulia Poerio on Limerence and Mind Wandering," March 30, 2024, https:// podcasts.apple.com/us/podcast/psychologist-giulia-poerio-on-limerence-and-mind /id1606581375?i=1000650933499; Louise Taylor, "Limerence, Love, and Neurodivergent Women," *The Neurodivergent Therapist* (blog), *Psychology Today*, February 14, 2024, https://www.psychologytoday.com/us/blog/the-neurodivergent-therapist/202402 /limerence-love-and-neurodivergent-women; and Sharon Saline, "ADHD and Rejection Sensitivity Dysphoria," *Your Way with ADHD* (blog), *Psychology Today*, June 8, 2021, https://www.psychologytoday.com/us/blog/your-way-adhd/202106/adhd-and-rejection -sensitivity-dysphoria.

3. Gabor Maté, *Scattered Minds: The Origins and Healing of Attention Deficit Disorder* (Penguin, 2023).

4. Kelly McDaniel, *Mother Hunger: How Adult Daughters Can Understand and Heal from Lost Nurturance, Protection, and Guidance* (Hay House, 2021).

5. Ethel Spector Person, *Dreams of Love and Fateful Encounters: The Power of Romantic Passion* (W. W. Norton, 1988), 97.

6. ThrowAmwayaccount (u/throwamwayaccount), "Limerence Is Being Homesick for a Place That Only Exists in Your Mind," *r/limerence*, Reddit, October 4, 2023, https://www.reddit.com/r/limerence/comments/175lle9/limerence_is_being_homesick_for_a_place_that_only/.

7. Jason Scott Jones, *The Concept of Toska in Chekov's Short Stories* (PhD diss., University of North Carolina at Chapel Hill, 2017), ProQuest (10287162), https://www.proquest.com/openview/65561d02a050f02f3bad0150e82b28bb/1?pq-origsite=gscholar&cbl=18750.

8. Caitlin Gibson, "The Children Who Remember Their Past Lives," *Washington Post*, May 2, 2024, https://www.washingtonpost.com/lifestyle/2024/05/02/children-past-lives/.virginialiving.com+15.

9. Lynn Willmott and Evie Bentley, "Exploring the Lived-Experience of Limerence: A Journey Toward Authenticity," *Qualitative Report* 20, no. 1 (January 2015): 20–38, https://doi.org/10.46743/2160-3715/2015.1420.

10. Elaine Hatfield and Susan Sprecher, "The Passionate Love Scale," in *Handbook of Sexuality-Related Measures: A Compendium*, 3rd ed., ed. T. D. Fisher, C. M. Davis, W. L. Yaber, and S. L. Davis (Taylor & Francis, 2009), 469–472.

11. Elaine Hatfield and Danielle Young, "The Juvenile Love Scale: A Child's Version of the Passionate Love Scale," in *Handbook of Sexuality-Related Measures: A Compendium*, 3rd ed., ed. T. D. Fisher, C. M. Davis, W. L. Yaber, and S. L. Davis (Taylor & Francis, 2009), 466–468.

12. Elaine Hatfield, Connie Brinton, and Jeffrey Cornelius, "Passionate Love and Anxiety in Young Adolescents," *Motivation and Emotion* 13, no. 4 (December 1989): 271–289, https://doi.org/10.1007/BF00995539.

Chapter 2: Superman

1. Diane Ackerman, *A Natural History of Love* (Vintage Books, a division of Penguin Random House, 1995), 104.

2. Alexandra Solomon, in discussion with the author, May 2024.

3. Hope Gillette, "Limerence and ADHD: Falling in Love Quickly," *ADDitude*, December 20, 2024, https://www.additudemag.com/limerence-adhd-falling-in-love-quickly/.

4. Amanda McCracken, host, *The Longing Lab*, podcast, episode 21, "Psychologist Giulia Poerio on Limerence and Mind Wandering," March 30, 2024, https://podcasts.apple.com/us/podcast/psychologist-giulia-poerio-on-limerence-and-mind/id1606581375?i=1000650933499.

5. Brandy E. Wyant, "Treatment of Limerence Using a Cognitive Behavioral Approach: A Case Study," *Journal of Patient Experience* 8 (November 23, 2021), https://doi.org/10.1177/23743735211060812.

6. Simone de Beauvoir, *The Second Sex*, trans. Constance Borde and Sheila Malovany-Chevallier (Vintage Books, 2011), 705.

7. Ravin Alaei, Nicholas Rule, and Geoff MacDonald, "Individuals' Favorite Song Lyrics Reflect Their Attachment Style," *Personal Relationships* 29, no. 4 (December 20, 2022): 778–794, https://doi.org/10.1111/pere.12448.

8. Haruki Murakami, "The Kidney-Shaped Stone That Moves Every Day," *The New Yorker*, September 26, 2005.

9. Natan Ophir, "Soulmates," in *Encyclopedia of Love in World Religions*, ed. Yudit Kornberg Greenberg (ABC-CLIO, November 2007), 593–597.

10. Jamie Ballard, "Do Americans Believe in the Idea of Soulmates?," YouGov, February 10, 2021, https://today.yougov.com/society/articles/34094-soulmates-poll-survey-data.

11. Kinsey Institute and Match.com, *Singles in America* (Kinsey Institute, June 2025), https://www.singlesinamerica.com/.

12. Pew Research Center, "When Americans Say They Believe in God, What Do They Mean?" (Pew Research Center, April 25, 2018), https://www.pewforum.org/wp-content/uploads/sites/7/2018/04/beliefs-about-god-for-web-full-report.pdf.

13. Katie Bishop, "Why People Still Believe in the 'Soulmate Myth,'" BBC, February 4, 2022, https://www.bbc.com/worklife/article/20220204-why-people-still-believe-in-the-soulmate-myth.

14. Raymond Knee, Aruni Nanayakkara, Nathaniel A. Vietor, Clayton Neighbors, and Heather Patrick, "Implicit Theories of Relationships: Who Cares If Romantic Partners Are Less than Ideal?," *Personality and Social Psychology Bulletin* 27, no. 7 (2001): 808–819, https://doi.org/10.1177/0146167201277004.

Chapter 3: Jesus, My Boyfriend

1. True Love Waits was established in 1993 in Nashville about a year before I signed my pledge card.

2. Andrew Newberg, Nancy A. Wintering, Chloe Hriso, Faezeh Vedaei, Marie Stoner, and Reneita Ross, "Alterations in Functional Connectivity Measured by Functional Magnetic Resonance Imaging and the Relationship with Heart Rate Variability in Subjects After Performing Orgasmic Meditation: An Exploratory Study," *Frontiers in Psychology* 12 (November 11, 2021): 1–12, https://doi.org/10.3389/fpsyg.2021.708973.

3. Shannan Baker, in discussion with the author, June 18, 2024.

4. Diane Ackerman, *A Natural History of Love* (Vintage Books, a division of Penguin Random House, 1995), 54.

5. Catherine M. Roach, *Happily Ever After: The Romance Story in Popular Culture* (Indiana University Press, 2016), 171.

6. Anna Rollins, in discussion with the author, June 25, 2024.

7. Jennifer Stewart, "Girls with Big Boobs Can't Be Saints," in *This Former Present Glory: An Anthology of Honest Spiritual Literature*, ed. Matthew E. Henry (Grey Party Productions, 2020), 18–32.

8. Jennifer Stewart, in discussion with the author, September 12, 2024.

9. Mary, Facebook message to the author, June 29, 2024.

10. Josiah Hesse, in discussion with the author, July 19, 2024.

11. Salma El-Wardany, in discussion with the author, June 10, 2024.

12. Amy Chauhan, email message to the author, August 7, 2024.

13. Walter Mischel, Yuichi Shoda, and Philip K. Peake, "The Nature of Adolescent Competencies Predicted by Preschool Delay of Gratification," *Journal of Personality and Social Psychology* 54, no. 4 (1988): 687–696, https://doi.org/10.1037/0022-3514.54.4.687.

14. Celeste Kidd, Holly Palmeri, and Richard N. Aslin, "Rational Snacking: Young Children's Decision-Making on the Marshmallow Task Is Moderated by Beliefs About

Environmental Reliability," *Cognition* 126, no. 1 (January 2013): 109–114, https://doi.org/10.1016/j.cognition.2012.08.004.

15. Helen Gurley Brown, *Sex and the Single Girl* (Bernard Geis Associates, 1962).

Chapter 4: The Chads

1. Cory Stieg, "Why Some People Have an Easier Time Separating Sex & Emotion," Refinery29, June 29, 2017, https://www.refinery29.com/en-us/couple-sex-separating-emotion-benefits.

2. Mansi Shah, "How to Have Casual Sex Without Getting Emotionally Attached, According to Science," *Elle* (India), July 19, 2018, https://elle.in/article/how-to-have-casual-sex-without-getting-emotionally-attached-according-to-science/.

3. Louise Perry, *The Case Against the Sexual Revolution: A New Guide to Sex in the 21st Century* (Cambridge: Polity Press, 2022).

4. In February 1996, *Newsweek* published an article that ended with, "Don't take your eyes off your drink."

5. James C. Dobson, *The Strong-Willed Child: Birth Through Adolescence* (Tyndale House, 2014); and Marcia Guttentag and Paul F. Secord, *Too Many Women? The Sex Ratio Question* (Sage Publications, 1983).

6. Barbara Dafoe Whitehead, *Why There Are No Good Men Left: The Romantic Plight of the New Single Woman* (Crown, 2003).

7. Caroline Heldman and Lisa Wade, "Hook-Up Culture: Setting a New Research Agenda," *Sexuality Research Social Policy* 7 (December 2010): 323–333, https://doi.org/10.1007/s13178-010-0024-z.

8. Amanda McCracken, host, *The Longing Lab*, podcast, episode 17, "Sociologist Lisa Wade on the Rules of Hookup Culture and How It Stemmed from a Stalled Sexual Revolution," October 30, 2023, https://podcasts.apple.com/us/podcast/sociology-professor-lisa-wade-on-the-rules-of/id1606581375?i=1000633259161.

9. Lisa Wade, *American Hookup: The New Culture of Sex on Campus* (W. W. Norton & Company, 2017).

10. Harvard Magazine, "From Title IX to Riot Grrrls," January–February 2008, updated December 21, 2016, http://harvardmagazine.com/2008/01/from-title-ix-to-riot-gr.html.

11. Daniel J. Kindlon, *Alpha Girls: Understanding the New American Girl and How She Is Changing the World* (Rodale, 2006).

12. Farid Zaid, "How the Word 'Incel' Got Away from Us," Lens, Monash University, June 12, 2025, https://lens.monash.edu/@medicine-health/2025/06/12/1387551/how-the-word-incel-got-away-from-us.

13. Harbour Fraser, "Girl Power: What Has Changed for Women—and What Hasn't," *Harvard Magazine*, January–February 2008, updated December 21, 2016, https://www.harvardmagazine.com/2008/01/girl-power-html.

14. Leslie Bell, in discussion with the author, June 5, 2024.

15. National Institute on Alcohol Abuse and Alcoholism, "College Drinking," NIH, updated January 2025, https://www.niaaa.nih.gov/alcohol-health/college-drinking.

16. John Keats, "Ode on a Grecian Urn," in *The Norton Anthology of English Literature*, Vol. 2, ed. Stephen Greenblatt (W. W. Norton, 2018), 902–904.

Chapter 5: Anchor Men

1. Simone de Beauvoir, quoted in Dorothy Tennov, *Love and Limerence: The Experience of Being in Love* (Stein and Day, 1979), 61.

2. Elisabeth Kübler-Ross, *On Death and Dying* (Macmillan, 1969).

3. Helen E. Fisher, Lucy L. Brown, Arthur Aron, Greg Strong, and Debra Mashek, "Reward, Addiction, and Emotion Regulation Systems Associated with Rejection in Love," *Journal of Neurophysiology* 104, no. 1 (July 2010): 51–60, https://doi.org/10.1152/jn.00784.2009.

4. Amanda McCracken, host, *The Longing Lab*, podcast, episode 13, "Neuroscientist Zoe Donaldson on Romantic Pair Bonds & What Yearning Looks Like in the Brain," June 29, 2023, https://podcasts.apple.com/us/podcast/neuroscientist-zoe-donaldson-on -romantic-pair-bonds/id1606581375?i=1000618780565.

5. In 2013, neuroscientist Mary-Frances O'Connor and psychiatrist Tamara Sussman developed the Yearning in Situations of Loss (YSL) scale to find out whether the experiences of yearning felt in different situations of loss (bereavement, romantic breakup, homesickness) were similar. Not surprisingly, they were. The yearning was most felt with bereavement, followed by romantic breakup and then homesickness. "Yearning in Situations of Loss (YSL) Scale," Mary-Frances O'Connor website, https://maryfrancesoconnor.org/ysl-scale.

6. Lauren DePino, "I Sang at Hundreds of Funerals. This Is What I Learned About Grief," *The New York Times Magazine*, September 17, 2024, https://www.nytimes.com/2024 /09/17/magazine/funeral-singing.html.

7. Lauren DePino, in discussion with the author, August 27, 2024.

8. National Institute of Mental Health, "Loss," https://www.nimh.nih.gov/research /research-funded-by-nimh/rdoc/constructs/loss.

9. Self-Defining Memories web source, http://www.self-definingmemories.com/.

10. Jefferson A. Singer, *Memories That Matter: How to Use Self-Defining Memories to Understand and Change Your Life* (New Harbinger Publications, December 2005), 21.

Chapter 6: Peter Pans

1. Lisa M. Juliano and Kristen Beesley, "A Face of Narcissism: The Vulnerable Narcissist," *Psychology Today*, June 26, 2022, https://www.psychologytoday.com/us/blog/psycho analysis-unplugged/202206/face-narcissism-the-vulnerable-narcissist.

2. Shankar Vedantam, Chris Benderev, Shankar Vedantam, Jennifer Schmidt, and Maggie Penman, "Me, Me, Me: The Rise of Narcissism in the Age of the Selfie," *Hidden Brain*, National Public Radio, July 12, 2016, https://www.npr.org/2016/07/12/485087469 /me-me-me-the-rise-of-narcissism-in-the-age-of-the-selfie.

3. William M. Kenkel and C. Sue Carter, "Voluntary Exercise Facilitates Pair-Bonding in Male Prairie Voles," *Behavioural Brain Research* 296 (September 25, 2015): 326–330, https://doi.org/10.1016/j.bbr.2015.09.028.

4. Semir Zeki, "The Neurobiology of Love," *FEBS Letters* 581, no. 14 (May 8, 2007): 2575–2579, https://doi.org/10.1016/j.febslet.2007.03.094; Donatella Marazziti, Alessandra Rossi, and G. B. Cassano, "Alteration of the Platelet Serotonin Transporter in Romantic Love," *Psychological Medicine* 29, no. 3 (1999): 741–745, https://doi.org/10.1017/S00 33291798007946; and Enzo Emanuele, "NGF and Romantic Love," *Archives Italiennes de Biologie* 149, no. 2 (June 2011): 265–268, https://doi.org/10.4449/aib.v149i2.1367.

5. Anton Chekhov, "The Darling," in *The Portable Chekhov*, ed. Avrahm Yarmolinsky (Penguin Books, 1977), 151–162.

6. Ethel Spector Person, *Dreams of Love and Fateful Encounters: The Power of Romantic Passion* (W. W. Norton, 1988), 23.

7. Lexi Inks and Sophie Saint Thomas, "What Is Limerence and How Is It Different from Real Love?" *Cosmopolitan*, November 21, 2023, https://www.cosmopolitan.com/sex-love/a42110762/limerence-vs-love/.

8. Roy Baumeister and Sara Wotman, quoted in Arthur Aron, Elaine N. Aron, and Joselyn Allen, "Motivations for Unreciprocated Love," *Personality and Social Psychology Bulletin* 24, no. 8 (1998): 787–796, https://doi.org/10.1177/0146167298248001.

9. Giulia Poerio, in discussion with the author, December 27, 2023.

10. Ulrike Rimmele, Karin Hediger, Markus Heinrichs, and Peter Klaver, "Oxytocin Makes a Face in Memory Familiar," *Journal of Neuroscience* 29, no. 1 (January 7, 2009): 38–42, https://doi.org/10.1523/JNEUROSCI.4260-08.2009.

11. Tom Bellamy, "Supernormal Stimuli," *Living with Limerence* (blog), January 23, 2021, https://livingwithlimerence.com/supernormal-stimuli/.

12. Dorothy Tennov, *Love and Limerence: The Experience of Being in Love* (Stein and Day, 1979), 63.

13. San Francisco Ballet, "The Story of Giselle," San Francisco Ballet—Backstage, 2023, https://www.sfballet.org/discover/backstage/the-story-of-giselle/.

14. "Ali," in discussion with the author, August 10, 2024.

Chapter 7: Mr. Maybe

1. J. R. Thorpe, "Here's What Happens in Your Brain When You Get a Match on a Dating App," *Bustle*, September 22, 2019, updated February 20, 2024, https://www.bustle.com/p/what-happens-in-your-brain-when-you-get-a-match-on-a-dating-app-18735535.

2. Jennifer Douglas, in discussion with the author, October 23, 2023.

3. Nirit Soffer-Dudek and Eli Somer, "The Comorbidity of Daydreaming Disorder (Maladaptive Daydreaming)," *Journal of Nervous and Mental Disease* 205, no. 7 (July 2017): 525–530, https://doi.org/10.1097/NMD.0000000000000685.

4. Amanda McCracken, host, *The Longing Lab*, podcast, episode 32, "Psychologist Nirit Soffer-Dudek Explains Maladaptive Daydreaming, Where Fantasy Becomes Disabling," March 31, 2025, https://podcasts.apple.com/us/podcast/psychologist-nirit-soffer-dudek-explains-maladaptive/id1606581375?i=1000701662256.

5. Megan Garber, "The Quiet Cruelty of *When Harry Met Sally*," *The Atlantic*, July 19, 2019, https://www.theatlantic.com/entertainment/archive/2019/07/when-harry-met-sally-and-the-high-maintenance-woman/594382/.

6. "Nicole," in discussion with the author, September 25, 2024.

7. Richard Fry, "A Record-High Share of 40-Year-Olds in the U.S. Have Never Been Married," Pew Research Center, June 28, 2023, https://www.pewresearch.org/short-reads/2023/06/28/a-record-high-share-of-40-year-olds-in-the-us-have-never-been-married/.

8. Chanell Washington and Laquitta Walker, "Marriage Prevalence for Black Adults Varies by State," US Census Bureau, July 19, 2022, https://www.census.gov/library/stories/2022/07/marriage-prevalence-for-black-adults-varies-by-state.html.test.census.gov+7.

9. Amanda McCracken, host, *The Longing Lab*, podcast, episode 18, "Psychologist Alexandra Solomon on How Our Current Low Accountability Dating Culture Fosters a Collective Attachment Disorder," December 28, 2023, https://podcasts.apple.com/us/podcast/psychologist-alexandra-solomon-on-how-our-current-low/id1606581375?i=1000639973334.

10. Barry Schwartz, *The Paradox of Choice: Why More Is Less* (Harper Perennial, 2004).

11. Tom Bellamy, "How Indecision Worsens Limerence," *Living with Limerence* (blog), August 5, 2022, https://livingwithlimerence.com/how-indecision-worsens-limerence/.

12. Jean M. Twenge, Ryne A. Sherman, and Brooke E. Wells, "Sexual Inactivity During Young Adulthood Is More Common Among U.S. Millennials and iGen: Age, Period, and Cohort Effects on Having No Sexual Partners After Age 18," *Archives of Sexual Behavior* 46, no. 2 (August 2016): 433–440, https://doi.org/10.1007/s10508-016-0798-z.

13. Kinsey Institute and Match.com, *Singles in America* (Kinsey Institute, June 2025), https://www.singlesinamerica.com/.

14. Marcel Zeelenberg, Bernard A. Nijstad, Marijke van Putten, and Eric van Dijk, "Inaction Inertia, Regret, and Valuation: A Closer Look," *Organizational Behavior and Human Decision Processes* 101, no. 1 (September 2006): 89–104, https://doi.org/10.1016/j.obhdp.2005.11.004.

Chapter 8: Jack Daniels

1. Brené Brown, *Braving the Wilderness: The Quest for True Belonging and the Courage to Stand Alone* (Random House, 2017), 13.

2. William R. Hathaway and Bruce W. Newton, "Neuroanatomy, Prefrontal Cortex," in *StatPearls* (StatPearls Publishing, updated May 29, 2023), https://www.ncbi.nlm.nih.gov/books/NBK499919/.

3. Rachel Shoham, Edmund Sonuga-Barke, Ilan Yaniv, and Yehuda Pollak, "What Drives Risky Behavior in ADHD: Insensitivity to Its Risk or Fascination with Its Potential Benefits?" *Journal of Attention Disorders* 25, no. 14 (August 2020), https://doi.org/10.1177/1087054720950820.

4. Elizabeth R. Bird, Amanda K. Gilmore, Cynthia A. Stappenbeck, Julia R. Heiman, Kelly Cue Davis, Jeanette Norris, and William H. George, "Women's Sex-Related Dissociation: The Effects of Alcohol Intoxication, Attentional Control Instructions, and History of Childhood Sexual Abuse," *Journal of Sex & Marital Therapy* 43, no. 2 (February 2017): 121–131, https://doi.org/10.1080/0092623X.2015.1124304.

5. Chris Gregory, in discussion with the author, summer 2024.

6. "Hugh," in discussion with the author, October 2024.

7. Caroline Knapp, *Drinking: A Love Story* (Dial Press, 1996), 267.

8. "Does Anorexia Tie in to Your Sex and Love Addiction? Responses to a Questionnaire," Sex and Love Addicts Anonymous Fellowship-Wide Services, https://www.slaafws.org/anorexia-questionnaire/.

9. Linda Hatch, "When Love Addicts Fall for Sex Addicts," *PsychCentral*, January 16, 2013, https://psychcentral.com/blog/sex-addiction/2013/01when-love-addicts-fall-for-sex-addicts#1.

10. *Sexual Anorexia*, conference-approved pamphlet, Sex and Love Addicts Anonymous Augustine Fellowship, rev. November 23, 2020, https://www.slaafws.org/files/Sexual_Anorexia.pdf.

11. J. Griffin and E. M. Berry, "A Modern-Day Holy Anorexia? Religious Language in Advertising and Anorexia Nervosa in the West," *European Journal of Clinical Nutrition* 57 (2003): 43–51, https://doi.org/10.1038/sj.ejcn.1601511.

12. Tui McLean, "The Last of Albania's 'Sworn Virgins,'" BBC 100 Women, BBC News, December 9, 2022, https://www.bbc.com/news/world-europe-63904744.

13. Caroline Myss, *Anatomy of the Spirit: The Seven Stages of Power and Healing* (Harmony Books, January 1996), 220.

14. Tawny Lara, email message to the author, August 30, 2024.

15. Rabbi Manis Friedman, in discussion with the author, April 27, 2018.

16. Erica Goode, "Anorexia May Be Habit, Not Willpower, Study Finds," *The New York Times*, October 12, 2015, https://www.nytimes.com/2015/10/13/health/extreme-dieting-of-anorexia-may-be-entrenched-habit-study-finds.html.

17. C.S. Lewis, *Mere Christianity* (HarperOne, 2001), 102.

18. Knapp, *Drinking*, 263.

Chapter 9: The Critics

1. Amanda McCracken, "Does My Virginity Have a Shelf Life?" Opinionator, *The New York Times*, November 13, 2013, https://archive.nytimes.com/opinionator.blogs.nytimes.com/2013/11/13/does-my-virginity-have-a-shelf-life/.

2. Katy Waldman, "It's Easier to Be a 'Slut' Than a Virgin," *Slate*, November 24, 2013, https://slate.com/human-interest/2013/11/amanda-mccracken-35-year-old-virgin-writes-about-her-virginity-in-the-new-york-times.html.

3. Laura Beck, "Saving Your Virginity Won't Save Your Dignity," *Cosmopolitan*, November 2013, https://www.cosmopolitan.com/sex-love/news/a16527/saving-your-virginity/.

4. Katie Heaney, "Why Breaking a Streak Feels So Awful," The Cut, April 5, 2019, https://www.thecut.com/2019/04/why-breaking-a-streak-feels-so-awful.html.

5. Aristotle, *Nicomachean Ethics*, trans. F. H. Peters (2012; repr., Hardpress Publishing, 2012), Book IX

6. Anna Broadway, in discussion with the author, April 30, 2024.

7. Judith Fletcher, "The Virgin Choruses of Aeschylus," in *Virginity Revisited: Configurations of the Unpossessed Body*, ed. Judith Fletcher and Bonnie MacLachlan (University of Toronto Press, 2007), chap. 2, 24–39, https://doi.org/10.3138/9781442685109-003.

8. Livia Gershon, "Meet Saint Wilgefortis, the Bearded Virgin," JSTOR Daily, March 22, 2024, https://daily.jstor.org/meet-saint-wilgefortis-the-bearded-virgin/.

9. Lily Moore, "In Ancient Rome, the Vestal Virgins Achieved Power Most Women Were Denied—but at Great Cost," *The Conversation*, July 17, 2024, https://theconversation.com/in-ancient-rome-the-vestal-virgins-achieved-power-most-women-were-denied-but-at-great-cost-232987.

10. Eleanor Irwin, "The Invention of Virginity on Olympus," in *Virginity Revisited: Configurations of the Unpossessed Body*, ed. Judith Fletcher and Bonnie MacLachlan (University of Toronto Press, 2007), chap. 1, 13–23, https://doi.org/10.3138/9781442685109-002.

11. Dr. Barry Komisaruk, email messages to the author, March 26, 2015, and June 11, 2025.

12. "Annie Cruz," in discussion with the author, March 9, 2019.

13. Christopher Ryan and Cacilda Jethá, *Sex at Dawn: The Prehistoric Origins of Modern Sexuality* (Harper, 2010).

14. Jalāl al-Dīn Rūmī, "Love Dogs," in *The Essential Rumi*, ed. and trans. Coleman Barks (HarperSanFrancisco, 1996), 166–167.

15. Erica Jong, *Fear of Flying* (Holt, Rinehart and Winston, 1973), Kindle location 398.

16. Jennifer Nied, "11 'Bachelor' and 'Bachelorette' Contestants Who Saved Their Virginity for Marriage," *Women's Health*, July 19, 2021, https://www.womenshealthmag.com/life/g31079040/bachelor-contestant-virgin-marriage/.

17. WebMD Editorial Contributor, "Sex Surrogates: What They Do and When to See One," WebMD, medically reviewed by Sabrina Felson, December 4, 2022, https://www.webmd.com/sex/what-is-sexual-surrogacy.

Chapter 10: Captain Vacationship

1. Donald G. Dutton and Arthur P. Aron, "Some Evidence for Heightened Sexual Attraction Under Conditions of High Anxiety," *Journal of Personality and Social Psychology* 30, no. 4 (1974): 510–517, https://doi.org/10.1037/h0037031.

2. Jeroen Nawijn, Miquelle A. Marchand, Ruut Veenhoven, and Ad J. Vingerhoets, "Vacationers Happier, but Most Not Happier After a Holiday," *Applied Research in Quality of Life* 5 (2010): 35–47, https://doi.org/10.1007/s11482-009-9091-9.

3. George Lowery, "Study Shows Why Experiences Are Better Than Possessions," Medical Xpress, March 31, 2010, https://medicalxpress.com/news/2010-03-study-shows -experiences-are-better.html.

4. Deborah Pruitt and Suzanne LaFont, "For Love and Money: Romance Tourism in Jamaica," *Annals of Tourism Research* 22, no. 2 (1995): 422–444, https://doi.org/10.1016 /0160-7383(94)00084-0.

5. Tom Wien and Suzanne Gousse, "Filles du Roi," *Canadian Encyclopedia*, December 6, 2011, last edited February 24, 2015, https://www.thecanadianencyclopedia.ca/en /article/filles-du-roi.

6. Nancy Lova, "5 Simple Tips for Finding Love on Your Next Vacation," Fodor's Travel, January 4, 2022, https://www.fodors.com/world/europe/spain/experiences/news /5-simple-tips-for-finding-love-on-your-next-vacation; and Sadiba Hasan, "In Search of Romance? Try Moving Abroad," *The New York Times*, March 31, 2023, https://www.nytimes .com/2023/03/31/style/finding-love-romance-abroad.html.

7. Amanda McCracken, host, *The Longing Lab*, podcast, episode 24, "Travel Expert Pauline Frommer on Life & Love Lessons at the Intersection of Travel & Longing," June 30, 2024, https://podcasts.apple.com/us/podcast/travel-expert-pauline-frommer-on -life-love-lessons/id1606581375?i=1000660743618.

8. Jusstadot (u/Jusstadot), "Finding Love While Traveling??," Reddit: r/solotravel, May 30, 2023, https://www.reddit.com/r/solotravel/comments/13vsxal/finding_love_while_traveling/.

9. Thomas Moore Devlin, "Why Swearing in a Different Language Is So Unsatisfying," *Babbel Magazine*, November 16, 2021, https://www.babbel.com/en/magazine/why-swearing -in-a-different-language-is-so-unsatisfying. Orgasms and swearing originate from the same place: the hypothalamus in the limbic system, which controls emotion and instinct.

Chapter 11: Anchor Men Revisited

1. If you look close enough, you can tell the lovers' lips are suspended and never actually touch.

2. Naomi Horii, in discussion with the author, January 28, 2014.

3. Dorothy Tennov, *Love and Limerence: The Experience of Being in Love* (Stein and Day, 1979), 40.

4. Odile Ayral-Clause, *Camille Claudel: A Life* (Abrams, 2002).

Chapter 12: The Doctor

1. Michael Ondaatje, *The English Patient* (Knopf, 1992), 275.

2. Amanda McCracken, host, *The Longing Lab*, podcast, episode 19, "Psychologist & Grief Expert Mary-Frances O'Connor on How Our Brains Learn from Love and Loss," January 31, 2024, https://podcasts.apple.com/us/podcast/psychologist-grief-expert -mary-frances-oconnor-on-how/id1606581375?i=1000643715824.

3. Donatella Marazziti and Domenico Canale, "Hormonal Changes When Falling in Love," *Psychoneuroendocrinology* 29, no. 7 (August 2004): 931–936, https://doi.org/10.1016/j.psyneuen.2003.08.006. Neuroscientist Donatella Marazziti found women who report falling in love actually exhibit an increase in testosterone (associated with sex drive and aggression), whereas testosterone decreases in men who report falling in love.

4. Paula Bradbury, Emma Short, and Paul Bleakley, "Limerence, Hidden Obsession, Fixation, and Rumination: A Scoping Review of Human Behaviour," *Journal of Police and Criminal Psychology* 40 (April 25, 2024): 417–426, https://doi.org/10.1007/s11896-024-09674-x.

Chapter 13: The Sages

1. Mary-Frances O'Connor, David K. Wellisch, Annette L. Stanton, Naomi I. Eisenberger, Michael R. Irwin, and Matthew D. Lieberman, "Craving Love? Enduring Grief Activates Brain's Reward Center," *NeuroImage* 42, no. 2 (August 15, 2008): 969–972, https://doi.org/10.1016/j.neuroimage.2008.04.256.

2. "Long-Term Memories Are Maintained by Prion-Like Proteins," Columbia University Irving Medical Center, July 2, 2015, https://www.cuimc.columbia.edu/news/long-term-memories-are-maintained-prion-proteins.

3. Tom Bellamy, in discussion with the author, November 22, 2023.

4. K. J. Bourassa, Atina Manvelian, Adriel Boals, Matthias R. Mehl, and David A. Sbarra, "Tell Me a Story: The Creation of Narrative as a Mechanism of Psychological Recovery Following Marital Separation," *Journal of Social and Clinical Psychology* 36, no. 5 (2017): 359–379, https://doi.org/10.1521/jscp.2017.36.5.359.

5. Amanda McCracken, host, *The Longing Lab*, podcast, episode 28, "Psychiatrist Dr. Jud Brewer on Longing in the Brain & How to Curb Our Cravings Through Mindfulness," November 6, 2024, https://podcasts.apple.com/us/podcast/psychiatrist"-dr-jud-brewer-on-longing-in-the-brain/id1606581375?i=1000675944058.

6. Michelle Goldberg, "Why Sex-Positive Feminism Is Falling out of Fashion," Opinion, *The New York Times*, September 24, 2021, https://www.nytimes.com/2021/09/24/opinion/sex-positivity-feminism.html.

7. Michelle Goldberg, "A Manifesto Against Sex Positivity," Opinion, *The New York Times*, March 21, 2022, https://www.nytimes.com/2022/03/21/opinion/manifesto-against-sex-positivity.html.

8. Robin West, "Consent, Legitimation, and Dysphoria," in *Modern Law Review* 83, no. 1 (October 30, 2019): 1–34, https://doi.org/10.1111/1468-2230.12489; Christine Emba, *Rethinking Sex: A Provocation*, (Penguin, 2022); Christine Emba, *Rethinking Sex: A Provocation* (New York: Sentinel, 2022).

9. Elissa Bassist, *Hysterical* (Hachette Books, 2022), 61.

10. Alain de Botton, *The Architecture of Happiness* (Pantheon Books, 2006), 152.

11. Ethel Spector Person, *Dreams of Love and Fateful Encounters: The Power of Romantic Passion* (W. W. Norton, 1988), 117.

12. Candace Bushnell, in discussion with the author, March 2, 2022.

13. Arthur Edward Waite and Pamela Colman Smith, *The Rider Tarot Deck* (US Games Systems, 1971/2019).

14. *The Work of Byron Katie: Judge-Your-Neighbor Worksheet* (Byron Katie International, 2019), https://thework.com/wp-content/uploads/2019/02/3-Judge-Your-Neighbor-Worksheet-v20250115-for-website.pdf.

15. Marie Kondo, "About the Konmari Method," https://konmari.com; (1) Commit yourself to tidying up. (2) Imagine your ideal lifestyle. (3) Finish discarding first. Before

getting rid of items, sincerely thank each item for serving its purpose. (4) Tidy by category, not location. (5) Follow the right order. (6) Ask yourself if it sparks joy.

16. Tricycle, "10-Minute LovingKindness Meditation with Sharon Salzberg," YouTube video, 8:09, August 25, 2021, https://www.youtube.com/watch?v=e-TeW9CI0bc.

17. Judson A. Brewer, Patrick D. Worhunsky, Jeremy R. Gray, Yi-Yuan Tang, Jochen Weber, and Hedy Kober, "Meditation Experience Is Associated with Differences in Default Mode Network Activity and Connectivity," *Proceedings of the National Academy of Sciences* 108, no. 50 (November 23, 2011): 20254–20259, https://doi.org/10.1073/pnas.1112029108.

18. EMDR Institute, "What Is EMDR Therapy?," https://www.emdr.com/what-is-emdr/.

19. Jennice Vilhauer, "Mantra: A Powerful Way to Improve Your Well-Being," *Psychology Today*, June 2019, https://www.psychologytoday.com/us/blog/living-forward/201906/mantra-powerful-way-improve-your-well-being.

Chapter 14: Dave the Watchmaker

1. Biddy Tarot, "Knight of Cups Tarot Card Meanings," https://biddytarot.com/tarot-card-meanings/minor-arcana/suit-of-cups/knight-of-cups/.

2. Chong Shao, Xuecheng Zhang, You Wu, Wenhai Zhang, and Binghai Sun, "Increased Interpersonal Brain Synchronization in Romantic Couples Is Associated with Higher Honesty: An fNIRS Hyperscanning Study," *Brain Sciences* 13, no. 5 (May 21, 2023): 833, https://doi.org/10.3390/brainsci13050833.

3. Kathleen L. Carswell, Eli J. Finkel, and Madoka Kumashiro, "Creativity and Romantic Passion," *Journal of Personality and Social Psychology* 116, no. 6 (June 2019): 919–941, https://doi.org/10.1037/pspi0000162.

Chapter 15: The Narrator

1. Catherine M. Roach, *Happily Ever After: The Romance Story in Popular Culture* (Indiana University Press, 2016), 166–167. Roach writes:

The romance story is a reparation fantasy of the end of patriarchy. In this fantasy, the romance hero stands in for patriarchy itself in a vision wherein gender unfairness is repaired and all works out.

Erotic faith, [Robert M. Polhemus] writes, is "an emotional conviction, ultimately religious in nature, that meaning, value, hope, and even transcendence can be found through love—erotically focused love."

2. William L. Dunlop, Nicole Harake, Jacob S. Gray, Grace E. Hanley, and Tara P. McCoy, "The Rises and Falls of Romance: Considering Redemption, Contamination, and Affective Tone in the Narrative Construction of Love Lives," *Journal of Research in Personality* 74 (June 2018): 23–29, https://doi.org/10.1016/j.jrp.2018.01.003.

3. Amanda McCracken, host, *The Longing Lab*, podcast, episode 23, "Harvard Social Psychologist Ellen Langer on the Mindlessness of Longing and Regret & the Power of Mindfulness on Our Health," May 30, 2024, https://podcasts.apple.com/us/podcast/harvard-social-psychologist-ellen-langer-on-the/id1606581375?i=1000657427642.

4. Alexandra Solomon, quoted in Lisa A. Phillips, *First Love: Guiding Teens Through Relationships and Heartbreak* (Rowman & Littlefield, 2025), 41–42.

5. Antoine de Saint-Exupéry, *The Little Prince*, trans. Richard Howard (Orlando: Harcourt, 2000).